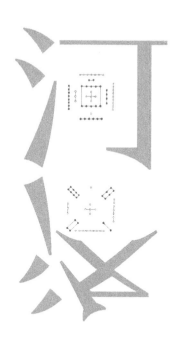

河洛文化研究丛书

台北知府陈星聚评传

任崇岳　著

河南人民出版社

图书在版编目（CIP）数据

台北知府陈星聚评传／任崇岳著．—郑州：河南
人民出版社，2018.2
（河洛文化研究丛书）
ISBN 978 – 7 – 215 – 11344 – 2

Ⅰ．①台… Ⅱ．①任… Ⅲ．①陈星聚（1817 – 1885）
—评传 Ⅳ．①K827 = 49

中国版本图书馆 CIP 数据核字（2018）第 027253 号

河南人民出版社出版发行

（地址：郑州市经五路 66 号　邮政编码：450002　电话：65788063）
新华书店经销　　北京虎彩文化传播有限公司印刷
开本 710 毫米 × 1000 毫米　　1/16　　印张 18.25
字数 240 千字
2018 年 2 月第 1 版　　2018 年 2 月第 1 次印刷

定价：126.00 元

目　　录

一、初入仕途，政绩卓异

（一）春风得意，考中举人

嘉庆二十二年（1817）二月十六日，陈星聚诞生于河南省临颍县陈村一个普通农家。

陈星聚老宅遗址（1）

临颍县是一个不知名的小县。西汉高祖六年（前201）设县，因颍河流经县境而称为临颍县，治所在今县城以北15里的固厢。新莽时改称监颍县，东汉时恢复旧称，仍称临颍县，一直沿用至今。隋朝大业四年（608），一场洪水冲毁了县城，县治南移至龙牌岗，即今天的县城。光阴荏苒，岁月沧桑，如今已经没人知道龙牌岗这个地名了。

陈村居民多为陈姓。据说是唐代开漳圣王陈元光之后。陈元光为光州固始（今河南固始）人。唐高宗李治总章年间，泉州、潮州一带发生山民骚乱，陈政、陈元光父子奉命前往镇抚，陈政卒后，由陈元光代领其众。闽南粗定，陈元光把精力放在了闽南开发上。朝廷在泉、潮两州之间设置漳州，任命陈元光为漳州刺史，陈元光在这里屯垦稼穑、重视农桑、兴修水利、发展教育，使这里成为一方乐土，如今闽南和台湾同胞都尊奉陈元光为"开漳圣王"。在固始县陈集乡仍有陈元光家祠，正堂上方书额"威震闽越，尘净东南"，楹联为"开闽数十年烽火无惊称乐土，建漳千百载香烟不绝祀将军"。陈姓是百家姓中的大姓，人口仅次于李、王、张、刘，居第五位，在福建、台湾的姓氏中，陈姓均排第一。福建前 10 位的姓氏是：陈、林、黄、张、吴、李、郑、王、刘、苏；台湾前 10 位的姓氏是：陈、林、黄、张、李、王、吴、蔡、刘、杨。

陈氏家谱（1）

陈村的陈姓何时由固始迁来，已不得而知，但是到陈星聚的曾祖父陈璞时，已家道中落，没有昔日的辉煌了。尽管如此，陈家毕竟是书香门第，耕耘之余，读书不辍，星聚的祖父陈肃雍、父亲陈锡畴虽然一生不仕，却也诗书满腹，算得上饱学之士。星聚弟兄 3 人，他为长，下面还有大弟星文，二弟星珠。加上叔伯的儿子，星聚堂兄弟 8 人，他排行第四。"万卷古今消永昼，一窗昏晓送流年。"这弟兄 8 人之中，书读得最好的当然是星聚。他"性沉毅，读书务穷理，遇人厚而持己严"（《重修临颖县志·陈星聚》）。学成文武艺，货与帝王家。在封建社会中，由科举及第而走入仕途，是莘莘士子的必由之路，陈星聚当然也不例外。道光二十九年（1849），33 岁的陈星聚终于由秀才而举人，算是科举及第。明清时期乡试登第者称举人，经会试、殿试而登第者称进士，只有中了进士，朝廷才授以官职。举人若不经过会试或会试而未登第者，如欲走入仕途，每 3 年一次赴大挑，由王公大臣验看挑取，大挑一等的可当知县，二等的以教谕身份回本省补缺。陈星聚从众多秀才中脱颖而出，考中举人，已是很不容易了。

中了举人固然无上荣光，但还须参加京师的会试，进士及第才能走入仕途。陈星聚自然不想功亏一篑，他参加了京师的会试，可惜出师不利，铩羽而归。他从京城回到家乡，本想焚膏继晷，过一段三更灯火五更鸡的苦读生活，然后再赴京会试，好金榜题名，衣锦还乡。但是咸丰元年（1851）爆发了震惊中外的太平天国起义，紧接着捻军攻入河南，兵燹四起，百姓一夕数惊，陈星聚忙着在家乡办团练，参加会试之事便搁浅了。

（二）举办团练，保卫桑梓

咸丰年间，捻军多次攻打临颍县及周边地区，老百姓饱受了刀兵之苦。早在嘉庆年间，河南东部与安徽的淮北地区农村便有一种秘密组织，他们在迎神赛会时要搓纸燃油烧香纸，纸要成捻，捻军即由此得名。当时的捻军"每一股谓之一捻。小捻数人、数十人，大捻二三百人。自嘉庆甲戌年（1814）起，至今不绝，年丰则少靖，岁歉则横行"（《捻军》第一册第 378 页）。捻军初起时，并无纲领口号，"方捻寇之初起也，不过饥穷乌合之徒，所至遮略剽杀，过城寨不攻，遇大军则走"（《捻军》第一册第 357 页）。他们是因饥寒交迫、走投无路而自发结合起来的农民群众，打家劫舍，在所难免。清朝统治者认为捻军只是疥癣之疾，不会酿成大患，因而没有大规模围剿。迨至太平天国的军队席卷长江流域及淮北地区时，淮北的捻军势力便蓬勃发展起来，但他们和太平天国并无联系，不受太平天国指挥。皖北的捻军首领是张洛行，豫东、苏北、鲁南也都有捻军活动。已故的史学家胡绳认为捻军有几个特点：一是声势虽大，但各自为政，不相统属；二是经常奔走流动，避免和敌人硬拼；三是没有农民革命纲领，也没有推翻清王朝的目标；四是他们领导人的成分十分复杂，有些人不愧为农民革命英雄，"但也有些领导者其实是在'大乱之世'投机应变的角色,甚至有的人本来就是地方上的土豪恶霸"(《从鸦片战争到五四运动》上册第237页)。皖北捻军首领张乐行就反复无常,多次接受招安,又多次反水,是个见风使舵的角色。

咸丰七年(1857)皖北捻军首领张乐行开始与太平天国军合作,太平军由河南进入陕西,给清廷造成了极大威胁。曾国藩在咸丰九年(1859)就说:"河南粤捻丛杂,东至清淮,西至确山,二千余里,无一干净之土!"(《曾文正公书札·复郭意诚》)这里所说的"粤",即指太平天国军队。进入临颍县的部队有3支:太平军、捻军、裕州(今河南方城县)土匪武装。最早进入临颍县的是太平天国军队。咸丰三年(1853)六月,"粤匪(指太平天国)初五日窜扰新郑、长葛至许州,初六日攻城,知州金梁御之。初七日南阳镇总兵柏山败之于八里桥,贼由临颍南窜"(《重修临颍县志·兵戈志》)。此为临颍罹兵燹之始。这里说太平军南窜当非事实。太平天国自咸丰元年(1851)起义以来,攻城克池,势如破竹,咸丰三年二月定都南京,当时太平军进攻的重点不在河南,而是在长江流域,攻打河南的只是一支偏师,作战不利即撤围而去。自咸丰三年太平军攻打河南,"此后盗贼蜂起,烧残杀掠,飘忽去来,十余年间,贼无岁不数数至,民之流离颠沛,十室九空,其祸不可胜言矣"(《重修临颍县志·兵戈志》)。战乱一直持续到同治五年(1866)方告结束。田园荒芜,庐舍丘墟,临颍百姓经历了一场浩劫。

太平天国军队活动的中心不在河南,因而在临颍的活动不多。临颍百姓遭受刀兵之苦最多的是捻军与裕州的土匪武装。从咸丰七年(1857)至同治六年(1867)10年间,临颍县的兵燹战乱从未停止,举其荦荦大端有:

咸丰七年四月,裕州土匪李汰春经确山、西平窜扰郾城,起初只有数百人,及至到了临颍县三家店一带,沿途裹挟,匪众已达2000人,有马百余匹。李汰春由临颍窜至繁城,放火纵掠,百姓携家将雏逃难者甚多。许州知州金梁忙调兵抵御，五月初二日，双方激战于繁城（今河南临颍县繁城镇）、椹涧（今河南许昌县椹涧乡）之间，毙匪十余人，匪始退去。

咸丰九年（1859）春，安徽捻军孙葵心、刘天福等多人由睢州（今河南睢县）进攻开封、陈州（今河南淮阳）诸县，声势甚大，豫东震动。清朝南阳镇总兵邱联恩出兵太康，出其不意攻打捻军，孙葵心等猝不及防，被击毙七八百人，捻军小头目王林等被擒。孙葵心、刘天福等分成小股进攻通许（今属河南）、扶沟（今属河南）、西华（今属河南）、临颍，邱联恩再败捻军于西华，捻军向西南溃退至北舞渡（今属河南舞阳）。邱联恩挥军追赶，到了北舞渡镇时，已是黄昏时分，清军人困马乏，正欲埋锅造饭，捻军却从斜刺里杀出，恶狠狠地向清军扑来，邱联恩与赶来增援的山西参将福瑞俱兵败身亡，残部退入许州，一时人心大乱。迨至十月间，清廷派黑龙江副都统关保抵达许州繁城镇（今属临颍县），捻军首领姜太林与其他几股捻军合势，进入临颍县北关，准备打仗。关保与河北镇总兵崇安督战，不久,河南巡抚瑛棨派知府李征松率军亦至,清军士兵多于捻军,双方激战于徐庄铺、土桥集,捻军不支,退至轩庄(今临颍县窝城乡轩庄),清军继续追击,捻军大败,辗转撤回安徽境内。

咸丰十一年(1861)二月,捻军攻长葛,被知县金缄三击走,由洧川(今河南尉氏县)南下至许州,又被知州叶世槐击败,捻军小头目张黑等被擒。捻军受此打击,遂由许州南下至临颍境内,临颍县知县慌忙调集兵丁,在临颍县境内的大石桥拦截,捻军被击败后,西行进入襄城县(今属河南),又从此南下进攻南阳府所属州县。进入裕州(今河南方城)的一支分作两股,一股由舞阳渡向东回到安徽,另一股由襄城、郾城一带再次进入临颍,被临颍县知县查以谦击败后,奔往鄢陵、扶沟,进攻太康,十一月间再窜往泌阳(今属河南)、舞阳,劫掠裕州、叶县(今属河南)、襄城、临颍。时值隆冬,大雪纷飞,捻军未再停留,由郾城东去。这是临颍县受捻军骚扰较为严重的一次。

同治元年(1862)正月,捻军首领张乐行派遣部下刘大老渊、刘二老渊等进攻河南,四月十三日由襄城进入临颍,为知县查以谦击退,刘大老渊等退往许昌。九月二十三日,又由许昌进入临颍五里河,大肆劫掠,被查以谦击败于瓦店村,老捻张玉等被擒,刘大老渊等不支,遁逃入西华县。

同治二年(1863)捻军首领张乐行被清朝大将僧格林沁擒获,另一首领姜太林降清,张乐行之侄张宗禹号小阎王者仍苦苦支撑残局。七月间,张宗禹挥兵西向,由太康、鄢陵直奔临颍,被击败后,捻军分为两路,张宗禹走禹州,程二老坎走襄城。与此同时,另一股捻军苗党、葛小牛部也于七月间由安徽入豫,由西华县之逍遥镇进入临颍东部,袭破民寨数处,南向趋往郾城,旋又折回临颍,围攻县城,知县查以谦动用了大炮,才将捻军击退。七月十七日,捻军在临颍县境内的大石桥又受到狙击,遂由茨沟(今河南襄城县境内)攻入襄城县城。

同治四年(1865)正月,捻军张宗禹由临颍、郾城转掠西华(今属河南),六月十五日,张宗禹所部至许州之五女店,临颍县之张潘镇(今属许昌)、大石桥乡,遭官兵袭击,奔往郏县(今属河南)、襄城。

同治五年(1866)捻军赖文光、任柱七月间由新郑(今属河南)、密县(今河南新密市)、禹县(今属河南)、长葛(今属河南)趋许州,驻扎于禹城、贺张诸村,劫掠骚扰,百姓纷纷逃亡,襄城县之颍桥、方窟、茨沟,临颍县之三家店也受到波及。

河南省提督周盛传闻讯，率兵至许州进剿，捻军由临颍经郾城撤往沙河。

同治六年（1867）捻军再度进入临颍，不久，便撤军而去。此后捻军在清廷打击下由盛转衰，无力再进攻河南，临颍百姓始得度过劫波，不再罹兵燹之灾。

捻军进攻临颍，兵临城下之际，难免玉石俱焚，一村一地根本不是捻军对手，要保家护宅，最好的办法莫过于连村结寨，戮力同心，举办团练，共同御侮。如巨陵寨王逢泰："咸同之际，发捻出没汝、颍间，时承平日久，人不知兵，逢泰约娄振玉协力同心，修守备，严教诫。附近若瓦店、杨斐诸寨皆失守，而巨陵寨独全。县令查公闻其名，访以守战之法，下其事于他寨，皆获无虞。"（《重修临颍县志·义勇》）大朱村的王步瀛："咸丰末年皖匪窜境，人民惊慌，君联十余村筑万全砦，挑选丁壮，指授方略，贼屡来攻，辄大挫衄而去。是时，附近若大朱、石佛陈诸寨相继失守，而此寨独完。"（《重修临颍县志·义勇》）临颍繁城人巩振元、柏冢（今属许昌县）人刘清魁也办团练守御家乡："咸同之朝，皖匪滋扰，烧残杀掠，过处成墟，捍御外侮，莫若连村结寨为当务之急也。振元、清魁各能倡明大义，集财募人，一筑繁城寨，一筑柏冢寨，远咨训练之方，广储战守之具，严其部武，振其精神，是以贼至如潮不惊。"（《重修临颍县志·义勇》）陈星聚也是在这时办起了团练，但他如何办团练？规模有多大？和捻军打了多少次仗？他和临颍县知县查以谦是如何配合的？因为文献阙如，我们无法得知细节，但从许多记载陈星聚因守城之功晋升知县的典籍中，可知他一定是为守御乡里免遭涂炭立下了功绩。《台湾省志》载："咸丰十年捻匪北窜临颍，（陈星聚）在籍督率乡团，以守城功保举知县。"《台北县志》称，陈星聚"捻党之乱，督族乡团，以功授知县"。连横的《台湾通史》称陈星聚"捻党之乱，督率乡团，以功授知县"。说得最详尽的是《台北市志》："咸丰十年，捻临兰封，围考城、通许，扰尉氏，将犯许州。星聚时方在籍,练乡团数百人,从总兵田在田征剿,以军功保举知县,授浙江省(按:应为福建省)某县正堂。"透过这些记载,可知陈星聚因守城之功而晋升知县当是事实。

长期以来,评价陈星聚时便受到他攻打捻军的困扰,因为他攻打捻军,似乎大节有亏,应该挞伐。这是值得重新审视的问题。前面已经说过,捻军是自发的农民武装,他们既没有革命纲领,也没有推翻清王朝的目标,领导人也鱼龙混杂,有不少投机钻营、见利忘义之徒,比如张乐行就是这样的人物。如果说早期他们有比较严明的纪律,到了后期便成了打家劫舍的流寇,给百姓带来了极大灾难。"咸同之朝,皖匪滋扰,烧残杀掠,处处成墟。""所至迫胁男女,轻之如蝼蚁,驱之如犬羊,狎之如倡优,贱之如奴隶。"(《重修临颍县志·义勇》)这些记载不能说都是地主阶级文人对捻军污蔑的不实之词。"文化大革命"前的史学著作中只要一提及农民起义,总是罔顾事实,赞誉有加,而对其破坏性不敢置一辞,否则便是立场问题,甚至对黄巢杀人,张献忠屠蜀都讳莫如深。这不是历史唯物主义者的态度,应该拂去历史的灰尘,还其本来面目,一就是一,二就是二,无须为尊者讳。自咸丰七年至同治六年 10 年时间里,临颍县城关镇、三家店、瓦店、繁城、杜曲等乡镇遭受了捻军无数次的洗劫,尤以南江、石佛陈、张潘等村破坏最为严重,庐舍丘墟,田园荒芜,百姓辗转沟壑,流徙他乡。而保卫家园的最好办法就是将附近的村子联结成一体,筑一大寨,挑选训练丁壮把守,这就是《重修临颍县志》所说的"莫若连村结寨为当务之急也"。陈星聚举办团练保卫家乡,抵御捻军的侵扰,何罪之有? 这正是他应该被肯定的地方,并不是什么污点。

（三）牛刀小试，出任知县

同治三年(1864)，在家乡蛰居了多年的陈星聚终于脱颖而出，被清廷任命为福建省顺昌县知县，从此走入仕途。这年他48岁，距他中举已15年之久了。

顺昌在今福建中北部，武夷山南麓，今属福建省南平市管辖。那里地瘠民贫，百姓生活拮据，星聚到任后，"兴利除弊，政绩颇多"(《顺昌县志·陈星聚》)。顺昌的社会治安尤为混乱，盗贼出没，民不聊生。闽浙总督左宗棠在同治四年(1865)九月给朝廷上的奏折中说，闽省的兴(今兴化)、泉(今泉州)、永(今永春)、漳(今漳州)诸州属县，负山滨海，民风犷悍，一向有乌白旗、红白旗、小刀会、千刀会等组织，结党拜会，杀人行劫，无恶不作。延平州所辖的南平(今福建南平市)、永安(今属福建)、沙县(今属福建)、顺昌等处，匪徒也时聚时散，乘机剽掠。左宗棠等多次出兵进剿，并出榜安民，同时督饬地方官员随时搜捕。同治四年春，延平府一带擒获了首犯郑基，还有几名要犯没有拿获。六月间，一个叫钟官仔的人纠集人众窜至距洋口40里瓯宁县(今福建建瓯)所辖的紫竹沥地方，大肆焚掠，杀毙多人。又连续骚扰大历口等乡，等到代理南平知县黄兰率兵擒拿时，匪徒已被各乡联甲击散，仅捉到陈云清等14人，对于焚村杀人一事供认不讳，当即正法。左宗棠又接到延平府文武官员禀报，说又有匪徒骚扰，要求增援，当下便派刑部员外郎张树带领兵勇500名进剿。队伍抵达延平府时，匪徒已经散去，仅在城外搜到匪徒数起，审问明白后已经处决。"其顺昌县知县陈星聚，于六月间饬团拿获匪首郭英一名，永安县联甲拿获匪首苏锡一名……均就地正法。"(《左宗棠全集》奏稿2)左宗棠的奏折也许有夸大其词之处,但顺昌县的匪患严重则是可以肯定的。匪徒中有些人可能是因饥饿所迫才铤而走险,其中也不乏作恶多端、剽掠成性之人。良莠不分,玉石俱焚固然不妥,但把那些为首的拿获正法,也在情理之中。陈星聚就任顺昌知县后捉到的郭英,肯定是匪首无疑。

陈星聚老宅遗址(2)

自左宗棠派兵进剿之后,闽省各地匪徒受到重创,社会秩序稍稍好转,百姓安于田亩,不再一夕数惊、惶惶不安了。当太平天国军势如破竹,占领南方各省后,清廷急于镇压太平天国革命运动,左宗棠奉命督师入粤,攻打匪徒的桂营、新右营均调出福建。只有漳州一地因匪患特别严重,左宗棠抽调了一部分亲兵,交给漳州镇总兵罗大春前往剿办。清军主力退出福建,各地的匪徒乘机东山再起,四处剽掠,百姓人心汹汹,耕稼皆废,这样,剿匪的重担又落在了地方官身上。"顺昌县知县陈星聚,上年闰五月率勇督团勘办吉舟山后十八窠土匪,团董何钦夏手刃拒捕悍匪二名,勇联奋击,复毙匪数名,坠崖死者七人,获枪、矛、旗帜五十余件,焚其巢。并陆续缉获竖旗纠众、起班抢劫匪首钟六满,著匪老卢、黄阿六、钟言宗、连金才、沈尔长、郑派、陈思约、刘冬、郑庆、李羊兰、陈琴等十二犯,均讯明正法。"(《左宗棠全集》奏稿2《续办上下府各属土匪情形折》)同治五年(1866)八月,"顺昌知县陈星聚督团缉获九龙山著匪辜留、潘巧、刘勒等三名"

（《左宗棠全集》奏稿3《捕治兴泉汀漳各处土匪折》）。这年十月，"顺昌知县陈星聚，获拒捕著匪林春、黄阿五二名。均讯明诛治，分别枭示，以昭炯戒"（《左宗棠全集》奏稿3《捕治兴化土匪事竣调回亲兵随征各军办匪大致就绪折》）。同治四年、五年两年之内，陈星聚4次在顺昌境内剿匪，并将捉获的匪首正法，可见那里的社会治安已经到了非剿不可的地步。

　　难能可贵的是，陈星聚并非一味杀戮，而是"迭用刚柔，兼施威惠，始连官民为一体。"（《重修临颍县志·陈星聚》）最值得称道的是，他感化九龙山上铤而走险、落草为寇的农民。九龙山地处顺昌县北部，富屯溪以东，山势蜿蜒起伏，长达数十里，林箐茂密，人烟稀少，端的是隐身匿迹的极好去处。历史上敢于反抗官府的壮士好汉，莫不以九龙山为栖身之地。据《顺昌县志》载，清康熙十三年（1674），三藩之一的靖南王耿精忠反叛，兵占顺昌，强迫居民供饷供役，百姓不堪负荷，纷纷逃入九龙山，耿精忠亦无可如何。咸丰三年（1853）顺昌百姓乘太平天国起义之机，也揭竿而起，攻占九龙山。清官府派郭万忠、守备王三韬率兵200余人前往进剿，在九龙山安富村（今名大布村）与起义军展开鏖战，起义军谙熟地理，神出鬼没，打得清兵疲于应付。激战3日，王三韬与总兵余飞凤、吴高升等皆殒命身亡。延平知府金万清奉命率300人马驰援，行至万全坑，陷入重围，金万清使尽浑身解数，也未能突出包围，300人悉数被歼，金万清也成了阶下囚。陈星聚来顺昌之后，九龙山上仍有占山为王的"草寇"，他改弦更张，不再动用军队围剿，而是单人独骑，挨家挨户劝说，使之更新向化，弃干戈而事农桑。顺昌县安富村（今名大布村）一位83岁的老人回忆说："听前辈人讲，以前九龙山到处是土匪，有一位外地口音的官员徒步来到九龙山上，逐家逐户做工作（安抚），做通一户，门口插上一面小旗，以示官军不再清剿。他奔波数月，引土匪下山为农，不再占山为王，祸害百姓，从而安定数年。"（《陈星聚在福建》）这是临颍县研究陈星聚的学者晁国顺先生两年前往福建顺昌县九龙山埔上镇大布村调查时所得的材料，当属翔实可信。那位"外地口音的官员"自然就是陈星聚。九龙山上早年建有庙宇，祭祀陈星聚，如今已颓圮不存。陈星聚的长子陈琢之在一篇《行述》中说，九龙山匪患二十余年，匪徒恃险劫掠远近，左宗棠督闽时欲发兵剿之。星聚为言：兵至良莠莫分，请先之以董劝，遂轻装入山，委曲开导，获送匪首数名，余皆向化。陈星聚在顺昌当知县距今已近一个半世纪，他的事迹仍藉藉人口，盛传不衰,可见他的人格魅力!

　　陈星聚任顺昌县知县时,还给该县郑坊乡郑坊村太学生张根旺的父母写过寿匾,寿匾上"极婺双辉"4个大字力透纸背,遒劲工整,大有颜真卿书法之风,此为目前大陆首次发现的陈星聚手迹珍品。匾额左上方署有"特授顺昌县加十级记录十次陈为",右下方落款为"六十寿太学生张根旺立,大清同治四年岁次乙丑冬月吉旦",共24字,每个字都清晰可见。该匾宽约2.6米,高0.85米,至今仍高悬于张根旺裔孙张昌培家中。"匾额的四周是传统云纹环绕,匾脚高12厘米,宽16.5厘米,图案为'麒麟献瑞',均十分精美。"(《陈星聚在福建》)太学生张根旺原住俸窠村坡桥附近,后因受土匪滋扰而迁居郑坊村。他善于经商,办有纸厂、木桶厂等实业,因热心公益事业而与陈星聚时相过从,故张根旺请他为父母题匾,陈星聚慨然允诺。匾额中"极婺双辉"中的婺字是指婺女星,为二十八宿之一,古代天文学家把太阳和月亮所经地区称为黄道,黄道上的恒星分为28个星座,因而婺女星也是一个恒星。婺女星既是恒星,"婺"字用在寿匾中就意味着长寿,"极婺"是指长寿达到了极致。"双辉"当指夫妇同时健在,因此,"极婺双辉"就是长命百岁的同义语,不过说得更文雅、更含蓄而已。

　　乍入仕途,牛刀初试,政平讼理,弊绝风清,陈星聚表现出了非凡的政治才能,得到了闽浙总督左宗棠的赏识。同治五年六月,同治帝下诏,令各省督抚、府尹于所属州县内留心察访,如有尽心民事,政绩可纪,为绅民所爱戴者,即将其事迹上报，以备任用。左宗棠与福建巡抚徐宗干在全省官员中详细甄择，堪膺荐举者只有5人：署同安县知县白冠玉、署福州海防同知彭光藻、署汀州府知府朱以鉴、署邵武府知府张梦元、顺昌县知县陈星聚。前4人的官职前加一"署"字表明他们只是暂时代理这一职务，只有陈星聚是实实在在的知县。左宗棠和福建巡抚为被推荐的5名官员都写了评语。给陈星聚的评语是："顺昌县知县陈星聚，听断缉捕，矢勤矢慎，宽猛协宜，舆情悦服。"（《左宗棠全集》奏稿3《保举政声卓著之员折》）这16个字的评语是对他剿匪事宜的肯定，哪里该剿，哪里该抚，陈星聚都掌握得清清楚楚，他勤勉谨慎，做事稳重，宽严相济，决不滥杀无辜，因此得到了百姓的拥戴。同治帝看了左宗棠、徐宗干的荐举意见，立即批示给军机处："白冠玉等着交部带领引见。"按照惯例，陈星聚既被荐之于朝，即被军机处记名升用，只要有机会，他便会升迁。同治六年（1867）还在顺昌知县任上的陈星聚奉命协助福建学政前往各府州考试欲应试的生员，同年被任命为建安知县。建安县即今日的福建建瓯县，与顺昌县毗邻。建安县设于东汉末年，属建宁府，是直接用汉献帝刘协的"建安"年号命名的县。江山依旧，风景不殊，只是当年的建安县衙已难觅踪影了。古县衙已荡然无存，古县衙所在地县前街，只留下一口古井受到保护。"三个井口用水泥砌出地面，周围有围墙护栏保护……经询问周围老人，回答是这是县衙后院的吃水井，现在已无人取水，仅供观瞻留念。"（晁国顺《陈星聚在福建》）

　　建安县经济不发达，文化教育也非常落后，大多数农家子弟都目不识丁。县里的书院考棚，因为读书人少，很少有人参加科举考试，多年闲置不用，门窗朽蠹，墙壁颓圮，破烂得不成样子。陈星聚到任后，便慷慨解囊，捐献薪俸，把书院考棚修葺一新。他还动员富户捐资兴学，增设义塾，使儿童能就近入学。经过这一番运筹擘画，建安县文风大盛，农家子弟在稼穑之暇，都愿意到义塾读书，不少人后来科举及第，走入仕途，成为朝廷命官。建安城东有个叫东峰屯的村子，康熙年间建有紫芝书院，供儿童入学读书，甚受百姓欢迎。刚开办时学生甚多，后来建安多次发生兵燹灾荒，百姓度日维艰，食不果腹，学生骤减。紫芝书院濒临停办窘境，又是陈星聚操办扶持，书院又恢复了当年弦歌不辍的景象。一次他公干路过紫芝书院，特意在这里盘桓小憩，并题辞勉励莘莘士子折节读书，以期学有所成。《民国建瓯县志》记载：

（建瓯县）邑东有东峰屯，文学甲一邑，是殆山川灵秀之气所钟毓，抑其乡先生培植之厚有自来欤？戊辰（同治七年，1868）春，（星聚）役过其乡，于斯院小憩，洋洋乎诵读之声如出金石，海滨之休，于斯为盛焉。颂之曰"学宗邹鲁"，志美也，亦以为多士劝。

"邹"是孟子故乡，"鲁"是孔子故乡，"邹鲁"是指文化兴旺发达之地，陈星聚希望紫芝书院的学生以孔子、孟子为榜样，弘扬传承传统文化。喜悦之情，跃然纸上！

陈星聚在建安知县任上只干了一年，第二年，即同治七年九月便又奉调任闽县县令。闽县即今之福建闽侯县，距省会福州近在咫尺，属福州市管辖。东汉建安元年（196）置侯官县，隋开皇十二年（592）改名闽县，后来又析出怀安、侯官两县。明万历八年（1580），怀安并入侯官县，自此闽县、侯官两县并设。民国年间两县合并，两县名各取一字为闽侯县，相沿至今，未再更改。陈星聚甫上任，便得知前任知县尸位素餐，不孚众望，案牍盈积而未加审理，即使已审过的案件也是颠倒黑白，是非不分，百姓含冤负屈，叫苦不迭。陈星聚调取案牍，仔细分析，或走访百姓，或重新调查，夙夜忧勤，未敢懈怠。经过他认真的清理，一些冤案、错案得到了平反昭雪，所有的案件都得到了妥善解决，做到了案无积牍。百姓额手称庆，奔走相告，称他为"包青天"。陈星聚一时名声鹊起，博得了朝野上下的一致好评，钦差大臣沈葆桢等人称他为"纯儒循吏"。

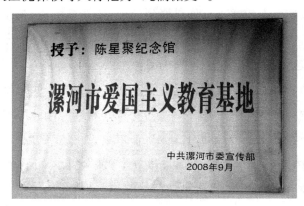

鸦片战争后，帝国主义列强纷纷染指中国，攫取利益，英法两国尤为积极。

他们公然提出要在闽侯县的川石岛构筑炮台。川石岛面海背江，四面环水，像一块柱石屹立在闽江入海口，战略地位十分重要。该岛内控闽江，外接大海，外国侵略者如果在此建造炮台，无疑是扼住了福建出入大海的通道，水路运输与海上贸易自然会受到控制，而这些炮台又将会成为帝国主义进攻中国的桥头堡。事关国家荣辱，陈星聚不畏强御，大声疾呼，据理力争，反对帝国主义在此修筑炮台。但清朝官府畏敌如虎，不敢提出交涉，任凭侵略者构筑炮台。陈星聚力争不果，便愤然辞职，挂冠而去。清廷舍不得这样的循吏退隐林泉，与烟波钓徒为伍，一纸调令把他调到了仙游县，仍任县令。

仙游地处福建东部沿海，唐代将莆田县西部析出设清源县，天宝元年（742）改名仙游县，隶属泉州，现归莆田管辖。当地父老传说，两千年前有9位姓何的兄弟在莆田县所属的九鲤湖畔炼丹修行，湖中的9条鲤鱼吃了炼丹时剩下的渣滓，受了仙气的浸润，竟然变成了龙头羽翅的庞然大物，于是何氏9兄弟便以9条鲤鱼为坐骑，乘风御虚，扶摇直上，升入天阙，何氏兄弟从此功德圆满，修成正果，位列仙班，成为逍遥自在的神仙。但他们又情系人间，经常造访九鲤湖，因是神仙遨游之地，该邑也就被称为"仙游"了。但是神话毕竟不是现实。仙游因为地处边陲，消息闭塞，民风剽悍，动辄便发生械斗，每次都有人伤亡，吃亏的一方便会纠集人员复仇，弄得耕稼俱废，邻里失和。除械斗外，那里的百姓还喜欢诉讼，稍有口角，便对簿公堂，不少人为打官司而倾家荡产。陈星聚莅任后，风尘仆仆地奔走于各乡村之间调解斡旋，与械斗的双方促膝长谈，苦口婆心地劝他们释怨和好。又敦劝他们送子弟入学读书，努力耕耘，敦睦邻里。凡有诉讼尚未结案者，当场办案，是非曲直，一一剖析明白，使双方尽释前嫌。因械斗而致伤者给以治疗，邻里有芥蒂者调解说服。精诚所至，金石为开。经过陈星聚的一番劝导，仙游百姓改掉了械斗、诉讼的陋习，民风淳朴，乡村宁谧，人人都成了懂得礼义的谦谦君子。陈星聚的长子琢之回忆说：

> （仙游）县俗素好兴讼，动辄械斗。先严亲赴各乡委婉劝导，所至乡之父老子弟环向而立，亲如家人。谕以读书力田之乐，为编八戒十劝诸歌，令相传诵，民间感激有流涕者。（《行述》）

为彻底改变仙游的民风民俗，促进社会和谐安定，陈星聚还亲自编写了《八戒十劝歌》。歌词是写给那些略识之无或目不识丁的百姓的，因此明白如话，通俗易懂：

> 八戒十歌到处传，社会平定都喜欢。
> 一戒械斗睦邻里，四海一家保平安。
> 二戒骄傲谦受益，和衷共济心相连。
> 三戒贪婪知足乐，不义之财手莫沾。
> 四戒淫欲固元气，身心双修享万年。
> 五戒嫉妒能上进，人人有长也有短。
> 六戒贪吃俭为贵，丰时莫把灾荒忘。
> 七戒暴怒仁为本，心平气和三冬暖。
> 八戒懒惰勤为美，哪怕千险和万难。
> 一劝爱国固海疆，拿起猎枪打豺狼。
> 二劝忠孝亲骨肉，养育之恩似海洋。
> 三劝读书作君子，学习圣贤好榜样。
> 四劝家和万事兴，一代更比一代强。
> 五劝人品要端正，诚信处世人敬仰。
> 六劝为富应多仁，义举善行大发扬。
> 七劝取财要有道，千万莫有非分想。
> 八劝心平气和善，不会吃亏和上当。

　　九劝修身固元气,精神旺盛体健康。

　　十劝勤俭满地金,家喻户晓齐传唱。(《台北知府陈星聚》第139～140页)

　　《八戒十劝歌》指出了械斗的危害,劝父老乡亲重视礼义廉耻,勤耕耘,多孝悌,戒贪欲,勤俭持家,耕读传家。陈星聚所到之处,动之以情,晓之以理,不少人感动得潸然泪下,改掉了陋习,境内大治。

　　同治十年(1871)春,陈星聚再调任古田县令。古田县因临闽江支流古田溪而得名。唐代开元年间建县,属福州都督府管辖,今隶属宁德市,该县多山地、丘陵,境内重峦叠嶂,林壑优美,溪谷纵横,流水潺湲,气候宜人,物产丰饶。只是该县水口乡农民的水田被邻县闽清县的豪绅夺占,田地乃衣食之源,农民失去了土地,便穷困得家徒四壁,炊烟不举。失地的农民多次讨要,但闽清县的豪绅串通了官府,古田的农民多次索要,均铩羽而归,为此双方多次发生械斗,问题依然如故。陈星聚履新伊始,便轻车简从,亲赴现场调查,得悉古田县农民的土地确实是被闽清县的土豪劣绅巧取豪夺,经多次与闽清县的县令商谈,据理力争,拖延了数十年之久的土地问题终于得以妥善解决。水口乡的农民感戴无涯,醵资为他建了一座生祠,命名为"陈公祠"。在陈星聚之前,还有一个叫陈清端的古田县令,也敢于为民请命,抑恶扬善,为表彰他的政绩,百姓同时修建了两座祠堂,合称"二陈祠",并立碑纪念。几年前因闽江蓄水建闸,"二陈祠"被淹,水口镇群众将石碑移至村南半山腰并泐石立碑纪念,写了详细的移碑记。当年的石碑因风雨剥蚀,字迹已漫漶不清,但当地群众仍视若拱璧,这里寄托着百姓对陈星聚的殷殷怀念之情。

　　除了解决土地纠纷外,陈星聚还大刀阔斧整顿钱粮积弊。原来古田县专门征收皇粮的粮胥,乘征收皇粮之机与地主豪绅勾结,上下其手,瞒天过海,以官斛欺人,多收粮食坑害百姓。然后又将盘剥来的粮食放高利贷,获取更大利益。粮胥们一个个大腹便便,脑满肠肥,而那些哀哀无告的百姓却生活拮据,度日维艰。陈星聚明察暗访,在掌握了确凿的证据后,将那些为非作歹的粮胥一一绳之以法,从此那些粮胥一个个循规蹈矩,不敢再越雷池半步,多年的积弊也从此绝迹。

　　当时帝国主义仗着船坚炮利,多次侵犯中国领土,陈星聚从组建童子军入手,好强健体魄,御敌于国门之外。"他聘请文武兼备的教师对童子军进行训教,学文习武之风在全县逐步盛行。该县大桥镇丘地村小村多武举,全村600多人皆陈姓。清道光年间出现'一门九顶戴,父子三举人'现象。至光绪十年(1884),全村共计考中举人13人,秀才60多人,大多数举人都分到各地任把总、千总、守备。"(晁国顺《陈星聚在福建》)

陈星聚任古田县令期间,还亲赴大东乡劝缴课税。大东乡位于古田东部,距县城80余公里,方圆约100余平方公里。因路远程赊,道路崎岖难走,交通不便,很多官员都未到过该地,山民欠税习以为常。陈星聚轻骑入山,弃轿步行,深入村寨,叩响每一户农民的柴扉,劝说他们缴纳赋税。淳朴厚道的大东乡山民见县令如此诚恳,都主动补交赋税,无一拖欠。就这样,一个荒凉凋敝、百弊丛生的小县,被陈星聚治理得井井有条,成了远近闻名的礼仪之邦。陈星聚的长子陈琢之回忆说:

> 古田县大东乡僻远,蛮悍积抗国课税以为常。先严莅任后,先为抑强扶弱,断结词讼,再为诸生讲论文字,劝戒善恶,乡俗大变,课皆自封投柜,无一滞欠。水口乡面山背水,瘠苦异常,居民素靠接连上游木植为生,邻邑势绅夺之,奉宪文已数月矣。先严不避嫌怨,力为争复。今水口有二陈祠,一为陈清端公,一即先严也。(《行述》)

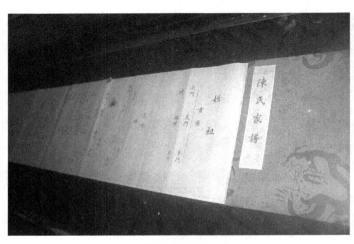

陈氏家谱(5)

《民国古田县志》说他：

> 同治十年令古田，莅事精明，存心慈恺。甫至，厘剔粮胥积弊，豁然顿清。试童子军，关防严密，无敢作奸。所拔多宿学寒畯，为政宽严并济，泽下于民。

由于陈星聚政绩卓异，被闽浙总督、福建巡抚联袂举荐为淡水同知。同治十一年（1872）十一月，陈星聚卸任古田知县，顺便请咨赴部引见，十二年（1873）八月赴淡水接印视事。原来淡水同知王镛在考核时因不称职被降级调往别处，朝廷调厦防同知马珍为淡水同知，但马珍不久便病逝任上，闽浙总督与福建巡抚想起了古田县令陈星聚。他们二人在给慈禧太后和同治帝的奏稿中说：

> 奏为拣员请升要缺同知以资治理，恭折仰祈圣鉴事……所有淡水同知一缺，应仍以原出缺之日另行拣调。该同知系台湾海外紧要调缺，例应在外拣选调补。查定例：台湾各缺俱令于内地属员拣选贤能之员调补。同知、通判、知县，无论历俸年限是否久任及知县本缺中简紧要，但得人地相宜，悉准调补等语。兹查淡水同知有经管仓库钱粮、承审命盗案件（之责），所辖地方负山滨海，民情浮动，械斗成风，加以界连生番，一切控制巡防，均关紧要。该处相距府城窎远，全赖该同知遇事持平妥办，非精明强干、熟悉海疆之员，不足以资治理。臣等督同藩、臬两司，于内地见任修补人员内逐加遴选，一时实乏堪调堪补之员，即应升班内亦无卓异引见回任候升人员。惟查有候升同知、直隶州之闽县知县陈星聚，年五十六岁，河南临颍县人，由附生应道光己酉科本省乡试中式举人。在籍守城出力，奉旨以知县不论单双月选用，部选福建顺昌县知县，于同治三年十一月初三日到任。在任听断缉捕，宽猛协宜，舆情悦服。汇案保奏，奉旨："交部带领引见，钦此。"委署建安县知县，调补闽县知县。（同治）七年（1868）十月初一日到任，请咨引见，奉旨："陈星聚著以同知直隶州知州回任候升，钦此。"领照回闽，委署仙游县知县。因甘筹饷出力，奏请赏戴花翎，调署古田县知县，同治十年（1871）分大计卓异，臣李到任未及三月，例不出考。臣王查该员守洁才优，实心任事，在

闽年久,熟悉海疆情形,以之升补台湾府淡水同知,洵堪胜任。该员卓异,尚未引见……合无仰恳圣恩,俯念海外员缺,紧要治理需人,准以闽县知县陈星聚升补台湾府淡水同知,实于海疆大有裨益。(《台湾省志》)

当时台湾属福建省管辖,台湾的官员多从福建调入。淡水背山临海,离台湾府城所在地台南甚远,民俗好斗,境内又有土著人(少数民族),因此必须得精明强干、熟悉海疆的人担任淡水同知。总督、巡抚会同藩、臬两司选择来选择去,只有陈星聚合适,便极力举荐他担任此职。

二、苦心孤诣,经营淡水

　　淡水同知的官阶为正五品,比起正七品的知县,无疑是风光多了。一般士人升官,肯定要宴请亲朋,弹冠相庆,但陈星聚却没有这种闲情逸致。他知道淡水经济落后,居民稀少,文化不发达,比治理内地的县要难上百倍,何况他当县令也不过六七年时间。想到这里,他不禁有如临深渊、如履薄冰的感慨。

　　淡水同知的办公地在新竹县,新竹原名竹堑,郑成功在台湾攻打荷兰殖民者时,曾在此地打过仗。竹堑之所以得名,"旧志以为环城植竹,故称竹堑,此大谬也"(《台湾通史》上册第 87 页)。郑成功收复台湾后,尚未设官,已有竹堑之名了。新竹县自康熙二十二年(1683)始入清朝版图,次年设诸罗县,隶属台湾府。南自茑松、新港,北至鸡笼山后,皆是诸罗县管辖的范围,当时该地"农功未启,行旅鲜通,故犹以荒远视之"(《台湾通史》上册第 87 页)。雍正元年(1723)诸罗县并入彰化,同时设置淡水同知,稽查北路,兼督彰化捕务。雍正九年(1731)又把大甲溪以北的刑名钱谷交由淡水同知管理,此时淡水同知的廨舍仍在彰化。乾隆二十年(1755)淡水同知始移至竹堑办公。到了光绪四年(1878)台北设府,裁同知,而知府仍暂驻其地。迨到台北府建成后,陈星聚才迁入新址办公。

清五品官服

　　淡水"其地南自大甲,北至鸡笼,绵长三百余里,自山至海,腹内所宽亦四五十里,较诸台邑固自倍之"(《台湾通史》上册第 128 页)。竹堑城周围 4 里,城内分东、西、南、北 4 门,城外郊区分为东、西、南、北厢及东北、西北两厢。竹堑城南、城北又分为若干保。同治十三年(1874),陈星聚统计淡水厅所辖地区人口分布的情况是:"闽籍五千一百三十五户,男六千五百七十二丁,女六千二百八十四口,幼孩三千五百八十一口,幼女三千三百七十口;粤籍一千二百零一户,男一千五百六十三丁,女一千五百五十五口,幼孩九百零三口,幼女八百一十八口,委系现存实在户口之数。"(《淡新档案》第 12403·47 号)从这一统计资料看,同治末年淡水厅所辖地区的福建移民有 5135 户,19807 人;广东籍移民 1201 户,4839 人,合计为 24646 人,偌大的淡水厅地面尚不足 2.5 万人。当然这只是广东、福建两省移入淡水的汉族人口,而淡水的土著高山族人数要比汉人多得多。据统计,乾隆二十九年(1764)淡水人口有 30342 人,此时闽、粤移民尚少,以土著居多。迨至嘉庆十六年(1811),淡水共有 17943 户,214833 人。从嘉庆十六年至同治十三年,其间为 73 年,淡水人口肯定会有增加,至少得 25 万人左右。如此算来,汉族人口只占淡水人口的十分之一,其余的皆系土著。如何治理这片番汉交错杂居的地区,是新来乍到台湾的陈星聚面临的新问题。

(一)编造保甲,便于管理

　　竹堑在道光、咸丰时期地方空旷,村落稀疏,加以海洋险隔,商旅鲜至,虽有福建漳州、泉州之人流寓于此,但田野未辟,杂草丛生,零星户口可得而数者,不

及同治末年的十分之一。同治年间，竹堑逐渐开发，福建、广东居民迁移于此者
络绎不绝，而海道又风平浪静，帆樯易通，来往方便，于是闽粤移民多聚集在一个
村庄之中，比邻而居，好有个照应。村庄大者百余家，小者或三四十户，或五六十
户不等。在他们安定下来后，又呼朋引类，不断迁入新的人口，村子中人数莫不
几倍于往昔。人数既多，"即不免有无业游民及异地匪棍混杂其间，若不严加稽
察，则此种奸宄之徒，既恃原籍解保，莫从钤制，又恃海外踪迹无人深知，难保不
乘闲生心，肆行无忌。此保甲一事，所以行于从前者，易可而宽，而行于今兹者，
虽难而不容或缓也"（《淡新档案》12403·42）。淡水所辖地域辽阔，虽有聚居之
村落，实无连接之乡庄。因村庄间距离甚远，编造保甲清册又须调查落实，因而
短期内不可能访查周遍。加上有些村庄客籍居多，迁徙不定，这就更增添了编造
保甲清册的困难。

陈星聚雕像

　　尽管编造保甲清册困难重重，但又势在必行。编造保甲清册不始于陈星聚，
他的前任就已着手此事了，但尚未蒇事，即调往他处。陈星聚到任后，便着力经
办此事，他不但多次督催，又躬亲下乡编查，但民间从未经历过此事，无所适从，
况且淡水所辖极南极北相去甚远，道路崎岖，往返不便，难免顾此失彼，不能够朝
举而夕成，因此同治十二年（1873）的保甲清册未能按期完成。直到同治十三年
（1874）五月，陈星聚在办团练时，兼及编查户口，将以前未经造册之处，限令一

律务送齐全,再行抽查比对,然后刷给门牌,以免挂漏。又几经督促奖劝,编造保甲清册之事才算有了头绪。

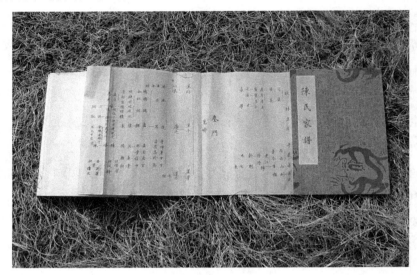

陈氏家谱(4)

虽然编造户口清册一事正常进行,但进展缓慢,不尽如人意,一直到光绪三年(1877)还未完成。台湾知府张梦元几次移文催促,陈星聚表示:"编查保甲系为弭盗安良之善政,敝辖滨临□□,闽粤杂居,窝盗藏奸,尤难稽查。必须实力稽查,方免盗贼湮迹。"(《淡新档案》1240 3·58)不是陈星聚不尽力办理,实在是办此事难度太大,初次办理,又没有往日经验以资借鉴,所以就拖了下来。后来陈星聚当了台北知府,新竹县仍未完成保甲的编造工作。个中原因是新竹面临大海,"海口渔船以及本地小船竹筏人数众多,难保无良莠不齐,平时救护商船,有事杜绝奸宄,亟应编联保甲,造具船号、人口、网数、住址、族邻、泊所清册,以凭查考而资钤束"(《淡新档案》12405·04)。至于驾驶船筏的丁壮,尤应分别老弱强壮,是否会泅水,某个码头若干人,以凭随时招募抽调遣用。直到光绪九年(1883),新竹县办理保甲之事尚未完竣。

(二)戡定匪患,维持治安

淡水辖地广袤,人口稀少,且山高林密,因此常有盗贼出没。淡水最著名的匪徒是吴阿来、吴阿富兄弟。吴阿来是粤人，祖父、父亲都是老实巴交的农民，循规蹈矩，没有做过不仁不义之事。迁徙台湾之后，依然是以稼穑为生。吴阿来在台湾出生长大之后，不喜欢耕田生产，只喜欢摆弄兵器，是一个泼皮无赖，整日游手好闲，滋事生非。淡水境内有一座牛斗口山，山上有个储藏硫磺的洞穴，生产磺油，这种磺油可用于军事。但是当地百姓文化落后，不知道硫磺的价值，因此无人问津。英国人偶经此地，发现硫磺可用于军事，遂以千金购此磺窟。不久，英人撤退回国，磺窟无人管理，弃而不用，吴阿来便乘机据为己有，想借此发一笔横财。淡水厅汛兵闻知，认为磺窟乃是禁地，私人不可随意侵占，便晓谕吴阿来放弃，吴阿来不肯，汛兵便派人拘捕。吴阿来持械拒捕，击毙汛兵 2 人，双方战端遂开。

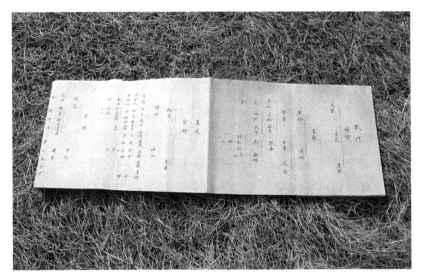

陈氏家谱(4)

吴阿来、吴阿富弟兄以淡水厅所辖的铜锣湾为巢穴，掳掠抢劫，无恶不作。官军多次缉拿，均未擒获。光绪二年（1876）五月，吴阿来纠集一帮匪徒到扎厝抢劫，官府闻知，差兵勇先后追捕，吴阿来之弟吴阿富及另一名匪徒罗昌国被击毙。淡水同知陈星聚乘战胜余威，招募壮丁 50 名，又拨兵 50 名协同进剿，活捉匪徒 3 人。吴阿来等见官兵势大，料难取胜，遂遁入靠近少数民族居住的老鸡笼庄，把内山的水源截断，凭险顽抗。内山中有芎村、中村、七庄 3 个村庄，有百姓上千人。一旦断了水源，村民便无水可用，生活马上成了问题。3 个村庄派人向淡水厅告急。吴阿来派匪徒四出捕人,弄得人心惶惶,一夕数惊。陈星聚委派"大甲司之许其棻勘验,甫至鸡笼山,吴阿来率匪围之,大甲司走脱"(《清季申报台湾纪事辑录》第 247 种)。陈星聚知道吴阿来藏身之处地处险僻,易守难攻,不可轻易进兵,于是与北右营游击乐文祥商定,携带炮火,添拨兵丁,并号召各庄联丁,陆续集合起 500 余人,连日进剿,把老鸡笼庄吴阿来匪巢及其存放火铳的铳柜五座一律拆毁,放出了被掳掠来的百姓蔡阿兴,所塞水源也当即开通,百姓高兴之至。吴阿来知道不可硬拼,便率匪徒逃窜至新鸡笼庄,与老鸡笼庄只隔一条溪,与官军对峙。几天之后,吴阿来见官军没有动静,便率众复出,欲重新夺回老鸡笼庄。官军以逸待劳,迎头痛击,乘胜涉水来到溪南,吴阿来招架不住,且战且退,退入一个叫竹围的村子守御。北右营游击乐文祥当即占据有利地形,居高临下向匪徒开炮,2 名匪徒猝不及防,当场毙命,受伤的匪徒更多,官兵也有 6 人受伤。乐文祥又俘获匪徒 2 人,经过审讯,得知是吴阿来每月以银元 5 元雇来抗拒官兵者。那 3 个村庄的百姓高兴之余,不免又担心起来:官军虽然得胜,但并未彻底击溃匪徒,吴阿来也未擒获,如果官兵退走,吴阿来必然卷土重来,为害更甚于前,因此乞求官军留下剿匪,百姓愿助一臂之力。陈星聚亲眼目睹百姓哀哀无告,情形可悯,而攻打吴阿来又须从长计议,仓猝间难以得手,便答应了百姓的请求,就近移请管带福锐新右营都司杨金宝带领兵丁 200 名,于六月间由铜锣湾进剿,官兵直捣鹿湖庄吴阿来老巢。吴阿来未料到官军竟深入至此,虽倾力抵御,仍然败下阵来。官军紧追不舍,吴阿来忙忙似丧家之犬,急急如漏网之鱼,带领残兵败将,逃到了黄麻团一带。黄麻团是一个偏僻小村,位于丛山之中,箐深林密,与当地土著居民毗邻。羊肠鸟道,山路崎岖,官军大队人马骤难深入,进剿一时受阻。陈星聚思虑再三,决定悬赏 1000 元,有提供吴阿来藏身之处者,给予奖赏。同时又打听到有个叫吴定新的村民,曾受吴阿来的扰害,避居后山,熟悉黄麻团一带的地形,让他作向导找吴阿来。又请求调统领飞虎各军的总兵吴光亮支援,吴光亮当即应允,叫来守备吴三胜,面授机宜,驰赴鹿湖进剿。同时晓谕吴姓人丁与吴阿来划清界限,不要为虎作伥。又选集庄丁百余名随同吴定新入山,于七月间将吴阿来团团围住。吴阿来不甘束手就擒,负隅顽抗,对峙数日,庄丁中有受伤者。陈星聚得知消息,立发洋银 500 元,给受伤庄丁疗伤。一时群情踊跃,斗志更旺。相持十余日,吴阿来手下一个叫邱阿郎的匪首被官军擒获,斩于市曹。吴阿来虽然受挫，但仍困兽犹斗，不肯投降。转眼到了七月中旬，山中大雨滂沱，连下多日不止，吴阿来手下的兵丁一个个被淋得患起病来，身体虚弱，拿不动兵器，官兵乘机攻打，吴阿来拒捕时腹部受镖伤，又复患病，走投无路，乘黑夜逃往谢阿伸家。谢阿伸是当地居民，平日吃够了吴阿来的苦头，敢怒而不敢言，今见他投宿于此，不动声色安顿住他，待他睡熟后，一条绳子缚了，送入官军手中。匪巢既破，且首领被擒，有道是鸟无翅不飞，蛇无头不行，众匪徒一哄而散，这场匪患宣告平定。

大功告成，淡南士民无不同声称快。吴阿来系惯犯，且剽悍之极，既不可纵虎归山，也不可长期拘押，免得夜长梦多，在审讯之后，械至竹堑，斩于市曹。闽浙总督文煜将所有剿匪有功人员一一上奏，请求旌奖，并拟"将尤为出力之台湾淡水同知陈星聚，以知府用，先换顶戴"。台湾北路右营游击、候补游击乐文祥，以参将仍留福建尽先补用。已经革职的福州城守左军都司杨金宝恢复原官，花翎守备吴三胜，以都司留于福建尽先补用。光绪皇帝在奏折上御批："陈星聚等，均着照所请奖励。余依议。该部知道。钦此。"（《清季申报台湾纪事辑录》）陈星聚剿匪有功，自然该受到奖励。淡水同知为正五品官员，换了知府顶戴，就意味着他已经成为从四品的官员了。

（三）劝民行善，敦风励俗

淡水地面广阔，人烟稀少，文化落后，民风剽悍。其中"三角涌素称积匪之乡，抗官拒捕，四出抢劫，有数年矣"（《淡新档案》12505·01）。陈星聚莅任后，派官兵前往缉拿匪徒，官兵入乡后，不是见人就捉，而是认真调查，区分良莠，该乡人无不欢喜踊跃，跪迎道旁，并且帮助官兵缉拿盗匪。陈星聚认为，百姓中善者居多，不好者千万人中不过数人而已。而这些坏人不是生下来就泯灭良知，之所以如此，那是父兄教育不力，地方官没有尽职尽责的结果。于是他特地抄录当地耆绅吕新所作《好人歌》发给百姓，劝民行善，敦风励俗。

歌词是：

天地生万物，惟人最为贵。

人中有好人，更出人中类。

我作好人歌，尔民请听记。

好人先忠信，好人重孝悌。

好人知廉耻，好人守礼义。

好人不行凶，好人不嫖妓。

好人不赌钱，好人不尚气。

好人不仗富，好人不倚势。

好人不欠粮，好人不侵地。

好人不教唆，好人不妒忌。

好人不说谎，好人不谑戏。

好人没闲言，好人不谤议。

好人没歹朋，好人没浪会。

好人不村野，好人不狂悖。

好人不懒惰，好人不妄费。

好人不轻浮，好人不华丽。

好人不狂言，好人不坏俗。

好人惧法度，好人勤耕织。

好人救患难，好人施恩惠。

好人行方便，好人让便宜。

富人做好人，阴功及后世。

贵人做好人，乡党不咒詈。

贫人做好人，说甚千顷地。

贱人做好人，不数王侯贵。

少年做好人，德望等前辈。

老年做好人，遮尽一生罪。

弱汉做好人，强者自羞愧。

恶人做好人，声名更千倍。

好人乡里宝，好人天地瑞。

好人四海传，好人千古记。

我欲学好人，一生学不会。

一切好人事，总不与违背。

不枉做场人，替天出口气。

吁！嗟乎！百年一去永不还，休做恶人涴世间。（《淡新档案》12505·
01）

《好人歌》全用俚语，读来琅琅上口，且内容全是劝人行善，勿做恶事，因此
大受百姓欢迎，街头巷尾、阎间之间广为流传，影响甚大。种田稼穑、引车卖浆者
流固然喜欢《好人歌》，甚至能够背诵；就是那些市井游手，流氓无赖之徒，受了
《好人歌》的熏陶，浪子回头，改恶从善者也所在多有。陈星聚煞费苦心抄录的
《好人歌》，总算有了良好效果。

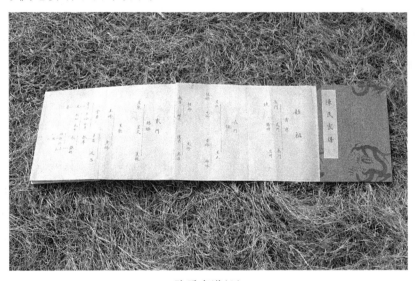

陈氏家谱（2）

陈星聚是个恪守官箴、勤政为民的官员，公余之暇，他喜欢去百姓中体察风
俗民情，然后采取措施，纠偏补弊。他发现农村中贫寒之家的女孩子在幼小时便
卖给大户殷实人家作婢女，那些女孩不是孤苦无依，就是穷困失所，隶身供役，受
尽苦楚。等到女孩长大，应该谈婚论嫁之时，主人却久留不嫁，使之服役终身。
淡水所辖地区绅衿庶民之家蓄养婢女，竟有 20 岁以上甚至 30 余岁尚未字人者。
究其原因，是因为别处所买婢女，自幼豢养，及长而嫁，可以收到优厚的聘金，即

使卖人为妾,也可获得几倍的利润。而台湾风俗素来无人聘娶奴婢,亦不屑买来作妾。主人无利可图,便让婢女终身服役,至老不嫁。"甚有地方棍徒设计抱养女孩,名为苗媳,及长不为之择配,迫令为娼者,伤风败俗尤堪发指。"(《台湾私法人事编·亲子》)为改革此等陋习,陈星聚规定:凡绅士庶民之家,如有不让婢女婚配,致使其孤寡者,杖责80下;如果绅士合伙开设妓院,引诱妇女藏匿其中或强行贩卖事发者,不论良人奴婢,不管已卖未卖,审讯得实,为首者将立即斩首,从犯则发往云南、贵州、广西、广东烟瘴蛮荒之地充军。凡犯此罪,决不宽宥。又晓谕绅士军民人等:"尔等当思谁无子女,何忍令婢女独无伉俪之欢;谁无妻室,何忍令婢女独抱辱身之事。自示之后,凡婢女年至十八岁以上者,当念其服役有年,及时早为遣嫁,不得狃于积习,经久锢留,亦不得假以抱养苗媳为名,及长不为择配,迫使为娼。倘敢故违,经本部院访闻得实,或被告发,定即按例治罪,决不稍从宽贷,仍将婢女当官嫁卖,财礼入官。"(《台湾私法人事编·亲子》)经过陈星聚刻意整治,淡水所属地区的那些士绅,谁也不敢恣意妄为,以身试法,禁锢婢女不嫁了。

(四)改革陋习,严禁赌博

淡水文化落后,赌风甚盛,有花会、铜宝、摇摊、抓摊、车马炮、掷骰子等项,名目繁多。花会多在僻静山乡,铜宝、摇摊则多在重门邃室之中。其余的均在城乡市肆,诱人猜押,无知者往往堕其术中,迷不知返。因债台高筑、穷极无聊而卖妻鬻子者有之,输钱相争,而受伤酿命者有之,还有被索赌债受人凌辱情急轻生者,更有家产荡尽,无计谋生,流而为匪者。且赌场为盗贼藏身之所,混迹之区,地方因之多事,街巷为之不安,实为百姓一大公害。陈星聚到淡水厅莅任不久,便发现无论城乡均有赌场,游手好闲、市井无赖之徒麇集其中,严重败坏了社会风气,当即决定禁赌。他拟了一张告示,命人在城乡张贴:

> 赏戴花翎特授淡水总捕分府陈为严禁赌博事。照得开设赌场,既为盗贼之媒,更为地方之害。盖一经赌输,则倾家荡产,廉耻不顾,无所不为,其患有不可胜言者。然而罪魁祸首,尤在开设赌场之人,倘使无人开赌,此种

好赌之徒，又将从何托足耶？乃台地有种不务正业之人，多半以开赌为务，历经严禁，其风终未尽革，是皆未经加重惩创之故，言之实堪愤懑，合行示禁。为此，示仰阖属军民诸色人等知悉：尔等须知赌博最干例禁，无论何人，均不许开赌聚赌。自示之后，倘取仍前赌博者，一经察觉或被告，定即照例分别军流枷杖，从重惩办。邻右、屋主、总保、差役有敢窝容徇隐，得规包庇，一并严拿究治，均不姑宽。此非寻常禁止之件，务在令出惟行，慎勿视为具文，自贻伊戚。凛遵，毋违。特示。（《淡新档案》12502·20）

这是台湾历史上第一张禁赌告示。陈星聚的前任虽然也曾禁赌，但不曾发布过这样的告示。陈星聚在告示中历数了赌博的危害，也表明了他禁赌的决心：无论何人均不得开赌聚赌，一经发觉或被告发，都将严惩不贷，并谆谆告诫军民人等，此布告非寻常文件，切勿视为具文，自贻伊戚。

陈星聚的告示贴出后，很快便引起了福建分巡台澎兵备道兼提督学政夏献纶的重视。当时正是列强虎视眈眈，欲侵略攻打台湾之际，台湾孤悬海外，要守卫宝岛，就亟须办理海防，办海防就要招募兵丁聚集。兵丁聚集之处，倘有人开设赌场，极易滋生事端。夏献纶下令，凡人丁兵勇聚集之处，不得有赌博之事发生，"倘有如前招集游手无赖之徒，再行开设赌场，定即一面查封，一面讯明，按律重办。如敢聚众抗殴，即行禀明，按照军法从事。营县徇庇，同干参办"（《淡新档案》12504·01）。福建巡抚部院一个王姓官员对禁赌之事也颇感兴趣，行文给陈星聚，要求他将禁赌告示"照抄多张，遍贴晓谕"（《淡新档案》12506·03）。陈星聚接到通知，立即差人"分投驰赴来往通衢，满浆实贴晓谕，毋致风雨损坏，仍取具乡、保总甲收管状，缴案备查"（《淡新档案》12506·05）。禁赌博的告示贴遍了淡水厅所辖地方的城乡村巷，并派专人负责，又让乡、保两级官员时时检查，以免告示被风雨损坏。《淡新档案》中有一份陈星聚开列的所贴告示处所的清单，除了所有的村庄以外，城内衙门、军营、城门以及每条街巷里弄都贴上了禁赌的告示。当时军营赌风最盛，军中所开赌场比百姓开得还多，陈星聚请求福建巡抚，又转发了巡抚部院发来的禁赌告示，一并贴在军营门口：

赏戴花翎升授淡水分府随带加七级记大功五次陈抄蒙。钦命兵部侍郎、福建巡抚部院王为示禁事。照得台地军民赌风最盛,而开场聚赌,又营兵居多,废时失业,酿祸启争,大为风俗、人心之害,除通饬查拿外,合亟出示严禁。为此,示仰台属军民人等知悉:尔等须知四民应务本业,聚赌设有专条,自示之后,务各洗心革面,力改前非。倘有利令智昏,仍然赌博,一经访拿到案,勿论军民,尽法严办。各宜凛遵,勿违。特示。(《淡新档案》12506·04)

福建巡抚部院为使禁赌一事能家喻户晓,特编《戒赌俚歌》100句晓谕四方,俾军民人等有则改之,无则加勉,儿童有能背诵歌词者,给予奖励:

> 劝人莫赌博,赌博例严禁。
> 无论兵与民,犯者即枷杖。
> 开场聚赌者,罪名更加重。
> 初犯杖一百,并要徒三年。
> 再犯杖照式,远流三千里。
> 首赌拿赌者,若有真赃据。
> 赌博之财物,一概归入官。
> 半赏首赌人,半作充公用。
> 职官犯赌博,无论文与武。
> 革职永不用,枷责不准赎。
> 生监与职衔,犯则先褫革。
> 照例亦枷责,一体赎不得。
> 尔等富贵子,何以要去赌?
> 多因不肖辈,开场来引诱。
> 或备酒肉饭,或设烟花局。
> 令尔入迷途,朝夕恋不舍。
> 输赢用筹码,悉听头家计。
> 岂知一结算,盈千并盈万。
> 现交不能欠,无钱借贷凑。

重利受滚盘，变产还亦愿。

从今富贵家，赌博当禁绝。

子弟早约束，勿致受人骗。

堂堂体面人，肯做下贱事？

如今人首告，受辱何能堪？

若是买卖中，自有生财道。

何可起贪心，思发赌博财。

更有一般人，可笑更可怜。

轿夫及挑夫，受尽苦与辛。

赚来血汗钱，都送赌博场。

凡属开赌者，必非善良人。

无赖与街混，勾结衙中蠹。

暗地纳陋规，白日敢开赌。

或设于街坊，或摊于庙内。

招集市井徒，纷纷趋如鹜。

从此贼日多，由于聚赌来。

此等不肖辈，非可言语劝。

惟有地方官，严饬保甲查。

分别罪轻重，照例即详办。

租屋与人赌，知情应封锁。

街市若有赌，保邻当禀拿。

容隐被人告，杖责亦不饶。

既往姑免究，从今当痛改。

出示严禁外，更撰五言戒。

条例详指示，根由说其概。

大家当共醒，大家当共戒。

及早想回头，长作好百姓。（《淡新档案》12506·33）

陈星聚派人将《戒赌俚歌》送往各保，要求满浆实贴，毋致风雨损坏，所贴之处须呈报给台湾府。计有："竹堑城、东门、西门、南门、北门、厅署前、竹南一保、中港街、竹南二保、后垄街、竹南三保、吞霄街、竹南四保、大甲街、竹北一保、杨梅坜、竹北三保、中坜街、桃涧保、桃园街、海山保、三角涌、兴直保、新庄街、大加蚋保、艋舺街、谷仓口、芝兰保、沪尾海关前、摆接保、枋桥头、拳山保、暖暖街、大稻埕、金包里保、圭笼保、三貂岭、石碇保。"(《淡新档案》12506·40)有些地名时至今日还在使用。

《戒赌俚歌》对赌徒固然有震慑作用，但官府中人若徇私舞弊，上下其手，暗中参与或操纵赌博，或开设赌场，或包庇纵容，由此带来的危害，将比百姓赌博更为严重。陈星聚下令兵役人等不得包庇赌徒，也不准捕风捉影，借端滋扰。在各人管辖范围内，不论闹市深巷，或是僻遥暗室，认真查访，昼夜梭巡。同时，"先行遍谕庄正、头人，令其约束众庄子弟，不准开场聚赌，谁敢故违，准即指名据实具禀，定行严拿赌场首从各犯，及纵容不首之父兄。邻右、乡保，一并从重惩办。该役及营兵人等，有敢得贿包庇，或敢捕风捉影，借端骚扰，查出亦即提案重究，决不姑宽"(《淡新档案》12507·12)。那些与赌场有染的官员见陈星聚如此严厉，且言出法随，不得不有所收敛。

查禁赌博是一项长期艰苦的任务，百姓良莠不齐，禁赌也不可能在短期内毕其功于一役。陈星聚从同治十三年(1874)开始禁赌，虽然大见成效，但赌博还未绝迹。时间一久，便有人故态复萌，铤而走险，重新聚赌。虽然陈星聚不时派出差役到乡村查访，如发现有人赌博，便立即惩办，但还是有人以身试法。而派出的差役中，也有与赌徒同流合污者。如蔡标、汤才二人便因此被革职查办。有的地方禁赌告示墨迹未干，通衢大市竟"又有棍徒排列赌具聚赌，官来则远远有人通风躲藏，官去则该棍徒复又明目张胆，肆无忌惮，任意赌博。并又访闻更有一种赌棍，或藏密室之中，或居各家店后，夤夜聚赌，达旦不止"(《淡新档案》12507·45)。陈星聚于光绪三年(1877)再出告示严禁开场聚赌：

陈星聚父母之墓（4）

　　赏戴花翎补用府正堂特授淡水分府陈为出示严禁事。案奉抚宪丁札:
照得本部院撰拟严禁赌博以除民害一案告示,札发到厅,业经发贴严禁,不
准兵役人等得规包庇,亦不得捕风捉影,借端骚扰,并分饬各对役按段认真
查拿在案。兹今日久,又闻城厢各处乡村,奸徒复萌故智,仍然开赌,殊堪发
指。除分饬查拿严办外,亟应重申禁令,以靖地方,合再出示严禁。为此,示
仰阖属军民、士庶、总董、商者人等知悉:尔等须知,赌乃破家引盗之源,一日
不禁,民间一日不安,盗风一日不息。自示之后,毋论兵役、总保人等,敢有

得规纵容,再有开赌情事,一经被人指控觉察,定即严拿犯赌首伙,按法严办,并将容赌之房屋封变入官,慎勿视为具文,轻易尝试也。其各凛遵勿违。特示。(《淡新档案》12507·48)

陈星聚父母之墓（3）

陈星聚的告示贴出后,赌博之风有所收敛,竹堑、淡北各村庄已没人敢再开赌场了,但在大甲这个地方,还有不法之徒开场聚赌,对禁赌令置若罔闻。陈星聚通过查访得知,赌徒之所以有恃无恐,是因为乡保人等收受赌规,对聚赌之人不闻不问,纵赌害民,才造成了赌博屡禁不止的局面。陈星聚于是为此对乡保人等作出批示:

　　赏戴花翎台湾北路淡水抚民分府陈为收受赌规，纵赌害民事：照得赌为藏奸之薮，地方之所以多贼，皆赌为之也。本年以来，堑城以北淡北各庄，实无复敢开赌者，大甲百姓岂不畏法，若非该对保、乡保人等收受赌规，何致毫无忌惮如此？言念及此，实深发指，除严密查拿外，合行示谕。为此，示例该对保、乡保人等知悉：尔等须知赌场一日不禁，贼风一日不息，民间一日不安。自示之后，大甲一带如再有棍徒开赌情事，不问而知，为尔等得规纵容，本分府唯有先毙尔等于杖下。古人云，一家哭，何如一路哭，本分府断不能为尔一二人而置生民涂炭于不顾也。其各凛遵勿违。特示。（《淡新档案》12507·29）

　　陈星聚在这里引用了宋朝副宰相范仲淹的话。范仲淹当参知政事（副宰相）时，有意整顿吏治，拿出诸路监司的名册，把不称职官员的名字一笔勾掉，他的好友富弼在旁边说，你这一勾容易，焉知一家哭矣！范仲淹回答说，一家哭总比一路（宋代的路约相当于今日的省，但管辖范围较小）哭好！陈星聚表示，不惜把受贿的乡保人员毙于杖下，也不能再让百姓受到荼毒！

　　光绪三年（1877）六月，皂役禀报，驻扎在竹堑的北右营内兵丁，在兵营中"邀集群党，开设赌场，阻之以谓文武不相统属，较之诚恐致滋祸端"（《淡新档案》12507·64）。陈星聚苦心孤诣禁赌，虽然效果显著，但兵营内若成为赌场，难免不贻害地方。欲得要管，却是文臣管不了兵营，欲待不管，兵营又在竹堑境内，思索再三，便给北右营副总府一个叫吴海筹的武将写了一封信，请他协助办理，严禁在军营内赌博：

　　致北右营，径启者：窃照赌博为淫盗之媒，害难擢数。上年奉抚宪送札严禁，厉若风霜，当经会同设法禁止，民人颇觉获福。无如日久玩生，现在访闻竟有一种不法棍徒，在干城厢街市，或深巷僻街，昼夜聚赌，实属不成事体。若稍因循姑容，则贻害地方，当此劝令严切，关系我辈考成，亦非浅鲜。至于牛灶，现闻渐又开设，此禁一弛，则偷牛、抢牛之案日出，农民何以安生，亦为地方大害。除分别示禁饬差拿办外，合亟奉布。务祈海筹仁兄协戎大人察照，迅赐一体查禁，俾靖地方。仰叩臂助，不胜铭感，并祈见复是荷！（《淡新档案》12507·54）

后来陈星聚又与吴海筹会衔贴出告示严禁赌博,并不许兵役、总保人等纵容包庇。赌博之风才得到了遏制。

陈星聚父母之墓

彻底根治赌博并非易事,特别是在兵营中,只要稍有松懈,赌博之风便会死灰复燃。光绪九年(1883),时已任台北知府5年之久的陈星聚忽然接到闽浙总督何璟的公文,说是福建诏安营游击施才学侵吞兵饷,并亲带兵丁在新竹县溪东等村向各花会议定场规,容忍赌博,请饬查办。原来花会是赌博形式中的一种,经陈星聚严厉打击,花会赌博只能在暗中进行,现经施才学公开收费,等于承认花会赌博合法,无怪乎闽浙总督大为震怒,行文查办了。陈星聚接到通知,立即札饬新竹县:"如有棍徒开设花会赌博,及弁兵、胥吏得规包庇各情事,务即严行拿办揭参,不得稍涉徇纵,并未干便,仍先将奉文遵办缘由具复察查。"(《淡新档案》12509·13)新竹县令自然不敢怠慢,彻查了兵营中的花会赌博案件,并上报给了陈星聚。至此,一波三折的禁赌事件,才算告一段落。

(五)关注农业,禁宰耕牛

陈星聚莅任淡水同知前,这里贩卖屠宰耕牛之风甚盛,严重影响了农业生产。此风倘不煞住,将造成无牛耕田,田园荒芜的局面,百姓生活没有保障,势必造成社会动荡。陈星聚到任不久,便命人四处张贴告示,严禁私宰贩卖耕牛:

> 特授淡水分府陈示:私宰耕牛贩卖,棍徒接盗销赃;得规包庇容隐,均干例禁綦严。当知粮食资力,务须改业营生,剀切严谕差保,灶贩指禀姓名。倘敢扶同隐匿,察出一体严惩。

> 为严禁查拿事。照得民间耕作,全资牛力,盗卖私宰,设灶贩卖,兵役得赃包庇,地邻容隐,例禁綦严,节奉宪行遵办在案。兹查城乡内外有种奸民,设灶私宰,公然售卖,棍徒接盗销赃,不一而足,无非地邻容隐,兵役得规包庇所致,亟应示禁查拿。除出示严禁外,合饬查拿。为此,票仰六班头役,迅协总保,责成按段稽查;速将保内设灶宰杀、贩卖耕牛各姓名,克日逐一开报呈送,不许一人遗漏,限半月内改业营生,倘敢故违,许即按名拿送讯究。仍勒令各地保及该差役,按季出具,并无容隐得规包庇各干结,禀缴赴辕,以凭加结详报查核。去役毋得违延干咎。速速。(《淡新档案》12502·21)

由于陈星聚重视耕牛保护,淡水厅属下的官员也纷纷就如何保护耕牛献言献策。职员林尚义提出,民为邦本,食是民天,如无牛耕田,虽有田也只能看着荒废。近者有一些以牛为奇货可居的凡夫俗子,纷纷改行屠牛,为了买到耕牛,不惜行贿兵丁、胥吏,买牛屠宰,致使被杀的耕牛越来越多,不少耕牛"鞭瘢尚结,皮已入夫市廛,衔血未干,肉遂供乎口腹"。如今各衙门的诉讼官司,一半与耕牛有关,偷牛成风,农夫之家十室有九家耕牛被偷,此种行为上戾天和,下伤农业,若不重惩,此弊难革。恳请公祖大人立碑刻石,保护耕牛,并移请北右营游击乐文祥配合,同时晓谕百姓周知,"庶村有耕牛,野无旷土,人人戴德,物物沾恩"。为保护耕牛立碑刻石,是台湾历史上旷古未闻的创举,陈星聚欣然同意,马上批示:"宰牛有干例禁,所禀亟宜举行。兹会同北右营游府剀切示谕,务交各处总保一体勒石,以挽颓风,而垂久远。"(《淡新档案》12502·02)同时照会北右营游击乐文祥,请他檄属各汛兵,认真严查买卖屠宰耕牛一事。

陈星聚纪念馆碑廊（3）

陈星聚保护耕牛一事受到了台湾府知府孙寿铭的重视,他下令调查属下官员有无受贿枉法,插手屠宰耕牛事件。结果查出台湾县典史陈诗学与牛贩子上下其手,收受卖牛陋规,即收了牛贩子的钱,便对牛贩子宰杀耕牛视而不见,不管不问,包庇纵容。孙寿铭立刻将他撤职,追究渎职之罪。台湾县县令白鸾卿失于觉察,也负有一定责任,记大过3次。台湾府除将对陈、白两人的处理情况通报各厅、县,希望引以为戒外,又提出牛墟陋规坑害百姓,也应当勒石永禁,并请陈星聚设计出石碑样式,然后将碑模送台湾府立案。陈星聚接到通知后,一方面"克日饬匠即速勒石,立于署前,永远遵守"(《淡新档案》12502·0.15),一方面将碑模样式送往福建巡抚、福建分巡台澎兵备道、台湾府等处察核。又行文给艋舺县丞、竹堑巡检、大甲巡检,将告示勒石立于署前,俾便遵守。陈星聚为保护耕牛而立碑刻石,表明了他对农民生计的重视,不愧是关心民瘼的官吏。

尽管陈星聚雷厉风行地禁止抢掠屠宰耕牛,但是有人为利益驱动,还是干出了杀人抢夺耕牛的勾当。光绪二年(1876)七月底,家住大湖庄的31岁农民吴阿昌,正在田里耕种,忽然从斜刺里冲出100余名熟番和生番——当地的土著少数民族,文化程度较高的称做"熟番",文化程度较低的称做"生番",他们居住在狮潭底一带,距大湖庄并不太远。这些人蛮横无理,强行牵走耕牛 20 余头,吴阿昌的胞兄吴阿水、胞弟吴阿胜上前理论,都被铳枪打死,并被割下头颅。这一飞来横祸,使吴阿昌悲愤恐惧不已。八月五日夜晚,吴阿昌于熟睡中被一阵敲门声惊醒,吴阿昌诘问是何人来此,话音未落,一伙熟番、生番即破门而入,当即放起一把大火,将吴阿昌、张阿竹、吴阿宝 3 家的房屋烧毁。又用铳枪打死吴阿昌的胞兄吴阿苟、吴阿昌的妻子徐氏,其胞侄吴阿北、兄嫂邓氏、侄女阿招也同时毙命。吴阿昌及其两个儿子、兄嫂彭氏均受铳伤。若非屯垦户吴定新组织人员救护,吴阿昌一家将被斩尽杀绝。吴阿昌无奈之中,只得到淡水同知衙门告状申冤。陈星聚得知后甚为震惊。他莅任后已经了解到汉人垦荒户与当地的"熟番""生番"有矛盾,晓谕各地头人帮助垦户防范堵守,不要闹出人命案子。但头人们未予重视,化解矛盾不力,终于导致流血事件发生。陈星聚当即在吴阿昌的状纸上批道:"大湖地方生番抢牛杀人,阅呈殊深悼愤,前已谕饬各头人等帮同垦户吴定新防范堵守,何以该头人等竟置不理,候再严谕认真协办巡查,如遇生番出扰,定惟各头人等是问。"(《淡新档案》17105·01)同时又命令垦田户陆成安等即日起多派壮丁协同垦户吴定新等巡查所垦地区,防止生番前来骚扰。他严厉指出:"谕仰某等即便遵照,克日多派壮丁,协同垦户吴定新分头防范堵守,认直巡查。如遇生番出扰,必须立即向前围擒,不论生番、熟番,谁敢杀害民人、焚烧房屋,均准尔等登时当场格杀,或捆送究办。自谕之后,尔等再不认真设法协力查拿,以致生番出扰无忌,民人受害者,定惟尔等是问,决不姑宽。"(《淡新档案》17105·02)自此之后,"熟番""生番"杀人越货、抢夺耕牛之事便很少发生,百姓得以安于畎亩,无忧无虑地耕耘了。

光绪元年(1875)三月,新竹县竹北一保石壁潭庄农民刘阿华报案称,他正在田犁种,突有恶棍刘阿武、刘阿浪、刘阿清及不识面十余人将耕牛及农具抢去,找村中总保说和,也不肯归还,请求查处。耕牛乃农民种田不可缺少之牲畜,一旦耕牛被抢,势必影响耕耘,陈星聚一向关注民生,对此案非常重视。但转念一想,刘阿华与刘阿武既然认识,又都姓刘,相距不远,恐系同宗,刘阿武不可能无缘无故抢夺耕牛,其中必然别有缘故,于是在状纸上批道:"刘阿武为尔等素识,又系同宗,何致凭空纠夺?苟非捏饬妄控,即属另有讼葛。姑候饬差查传集讯,分别究坐。"(《淡新档案》22901·01)然后立即派差役协助该地总保查明原委,再带被告赴辕讯究。

陈星聚纪念馆碑廊（2）

陈星聚的揣猜不错。差役协同总保查明,刘阿武之父在日,过继给刘阿华的祖父为嗣。据刘阿武称,因有刘家公田一处系刘阿华掌管收租,刘阿华每年应分给刘阿武租谷 20 石,去年刘阿华不肯缴纳,是以刘阿武抢夺其耕牛 1 头,后经总保着令将牛交还。刘阿华则称与刘阿武系属同姓不同宗,二人各执一词。陈星聚当即批示:

> 分府陈批:刘阿华应分给刘阿武租谷,谅有旧章可寻。乃刘阿华存心枭赖,已属不合。迫刘阿武忿恨夺其耕牛,既经总保当时着令交还,而刘阿华尚以强夺牛只农具等情架控,尤为非是。候换票饬传两人等即日报到,以凭讯明究结。(《淡新档案》22901·03)

刘阿华得知陈星聚在批示中指斥自己"存心枭赖",心中不服,又上诉说,陈阿武将牛牵往树杞林庄徐阿茂家中窝匿,又指使徐阿茂游说我出钱赎牛,"时华无牛犁种,恐误春耕,不得已被勒赎银十二元,始将耕牛牵回"。说小人因抗纳租谷 20 石,才被牵走耕牛,也是一桩冤案,差役不究虚实,真是不分曲直。说小人抗纳租谷,请问可有契约为凭? 如无契约,凭甚么说小人抗纳租谷? 陈星聚仔细阅读,发现了两点疑问,一是刘阿华之牛被抢后已经归还,但他在诉状中没有提及,二是他说差役不究虚实,胡乱作证,是否怀疑差役得贿祖护。看来还须派人调查，弄清原委，于是又批示：

> 赏戴花翎升受台湾北路淡水总捕分府陈批：案据差禀，系尔图侥刘阿武应分租谷，因刘阿武夺牛泄忿，尔即瞒却已还一层，仍以强夺架控，现呈谓是该差得贿袒护，究竟其中有何缘委？候饬传人证确讯究断。（《淡新档案》22901.04）

为了一头耕牛，陈星聚竟然作了几次批示，可见他对农业生产的重视。正是由于他细心断案，一丝不苟，抢夺耕牛案才得以圆满解决。

光绪三年（1877）十一月，新竹县竹北一保中城庄村民张桂兰状告同村人陈阿西、陈芋生在田间抢走了他家的耕牛、犁具，请求陈星聚做主追还。陈星聚一向关注农业，深知农村无牛便无法耕耘，于是立即批示：

> 赏戴花翎并授台湾北路淡水总捕分府陈批：如果陈芋生强抢耕牛、犁具，殊属蛮横，候饬差谕止，一面拘讯究断。尔即检契呈验，毋延。（《淡新档案》22412·03）

同时派衙门差役许辉、苏清协助该地总保查明有无强抢耕牛之事。两人调查的结果是陈阿西叔父病故，向张桂兰借银20元，因已到期，张桂兰屡屡催讨，陈阿西只还10元，尚欠10元。另外，陈阿西有田一块，系张桂兰之父送陈阿西之父自种自食，立有字据。张桂兰讨银时，也欲将地收回，两人因此发生口角。张桂兰派人犁田，陈阿西等拦阻，将耕牛、犁具夺去。经村中耆老调解，两人散去，陈阿西把耕牛、犁具归还给了张桂兰，并无抢夺之事。陈星聚这才放心，吩咐将此案移交新任台北府核断。后来此案得到了圆满解决。

陈星聚关注耕牛的事例远不止这几件，这里所叙述的不过是信手拈来的例子而已。

（六）打击奸商，平抑米价

淡水地区本为鱼米之乡，平常年份，风调雨顺，城乡殷实人家，均有稻谷存仓,市场上稻谷价格公道,即使是贫穷之家,也无乏食之虞。光绪元年(1875)十一月,陈星聚接到总甲的禀报称,竹堑城内米市街米价突然上涨,上等米每元四斗五升,中等米每元四斗七升,下等米每元五斗,每日递增,有加无减。陈星聚认为淡水地区收成还算丰稔,何致米价递增,显系有奸商市侩人等,从中囤积居奇所致。于是派衙役汤才协同总甲许辉、总保等,"立即驰赴米市细心查访,如有奸商市侩任意抬高米价,以及囤积居奇,装运出口,致碍民食者,克日按名禀带赴辕,以凭究办"(《淡新档案》14101·65 之一)。同时在米市、淡水厅衙门前以及四城门都张贴告示,禁止高抬米价。

陈星聚的告示不能说没有效果,到了次年春天,米价略有下降,上等米每元四斗二升,中等米每元四斗四升,下等米每元四斗七升。尽管米价有所回落,但贫苦人家仍然难以承受。陈星聚又对卖米的耆户发出告示:"示仰阖属殷实耆户人等知悉:自示之后,尔等务须磨米挑赴米市,平价发售,无论城乡不准再有高抬、囤积居奇,致使本城米价愈昂,有碍贫民日食。倘敢违抗,许即严拿究办。"(《淡新档案》14101·67 之一)

陈星聚纪念馆碑廊（1）

竹堑米价昂贵固然有不法米商牟利心切,哄抬米价的因素,但也有其他原因。如大甲地方的第三、四保地方狭窄,溪多田少,收粟有限而又人口浩繁,以本地所收之谷养本地之民尚不宽余,而去年早晚二季稻谷少收,今年又值闰月,还须供应军营稻米,这些因素也促使了米价上涨。但是这些因素并非不可弥补,因为淡水连年丰收,各乡都有存谷,且无远商搬运大米出境,米价突然高涨,当然不是正常现象,米商操纵物价显然是主要因素。于是陈星聚再出告示平定米价,以济民食。他对稻谷生长及米市情况了若指掌,分析也切中膝理,采取措施也非常有力:

　　赏戴花翎特授淡水分府陈为平定米价,以济民食,剀切晓谕事。照得淡属南北,连年早晚丰收,米谷价值甚平,城乡市镇均有积谷存仓,既非民鲜盖藏,又少远商大批搬运出口,何致米价腾昂,市无出粜? 如因本春以来雨水过多,天气寒冷,恐碍禾稻,现在遍查四乡,禾苗茂发,丰稔尚可预卜,亦不应米市鲜粮,价值日长,显系市侩乘间居奇,畚户借此昂价,而积谷有余之殷户,亦从而囤积不粜,致使米价愈昂。而地方贫弱小民,既有乏食之虞,强悍棍徒,既有强买之事,若不照时公平定价,势必滋生事端。除一面禁米出口,并访拿囤积居奇之刁户,及严拘短价强买,乘机抢夺之棍徒究办外,合行公平定价,出示晓谕。为此,示仰阖淡业户畚户米市人等知悉:尔等须知米粮关重,民食有无相济,方能贫富相安,况刻值青黄不接之时,正城乡发谷畚粜之候,凡尔有谷之家,务各照常畚碾,挑赴米市公平交易。照现在市价,上等之米每元定以三斗八升,中等之米定以每元四斗,下等之米定以每元四斗三升,不准再事高抬。要知各业户有谷积存,自必身家殷实,今以平价发售之米粮,隐属接济贫民之义举。足食自无不仁之虑,济贫即是保富之谋,尔等其知之乎? 自示之后,倘再有为富不仁,藏米不粜,囤积居奇,定即择尤惩办,而刁恶棍徒若敢不照定价公平交易,硬欲短价强买,以及乘机抢夺,亦即立拘严办,决不姑宽。各宜凛遵勿违。特示。光绪二年四月十一日。(《淡新档案》14101·73)

　　"足食自无不仁之虑,济贫即是保富之谋",陈星聚说得何等好啊! 他发布告示后,又奔赴各地查看米情,发现后垄、中港、吞霄三地的富绅畚户,均各自减价值,一律公平交易,不待官府催促,已主动将家中存米交付畚户,让他们公平出售,百姓受惠甚多。陈星聚欣喜之余,忙写信给大甲巡政厅守备营,希望他们所辖之处均能照后垄、中港、吞霄三处富绅砻户,自减米价,公平交易。他说:"倘尊处所辖,均能照后垄、中港、吞霄办理,极为妥善。想淡南殷绅砻户,自必仰体弟与阁下意,在贫民安,则绅富安矣……弟于贫民谋食,自当体贴艰难,不使乏食。若地方恶棍强民,亦决不能稍事姑容,谅阁下自有同心也。"(《淡新档案》14101·75)但在中港以南及大甲等处,仍有地棍短价勒买,再高价出卖,扰乱米市。陈星聚除严厉究治外,又谆谆告谕积谷多的殷绅富户,把稻谷交给砻户碾粜,平价出售,以济乏食平民。济贫之中即寓保富之意,总要贫富相安,不致滋事。在陈星聚的不懈努力下,淡水地区的米价趋于平稳,贫穷人家不再为买不到平价米而忧虑了。

陈星聚纪念馆碑廊

陈星聚刚刚平抑了米价,便有一些无耻奸商,见有平粜之米,冒称贫户,往往以一人而买一斗之粮,继而转手再买一斗,或者暗中联络数人,各籴一斗,以斗米而凑成石,即时转卖渔利。从此奸贩猬集,局面不可收拾,不论米市上有多少平价之米,顷刻便抢购罄尽,贫穷之家因买不到平价米而叫苦不迭。陈星聚平粜之举,原为接济贫民,在一个村庄内实行平粜,只能接济一庄之贫民,如果以一处平粜之米而分济邻庄各户,显然不能使人人沾得恩惠。况且有奸贩混入其中,购买平价之米,转手高价倒卖,牟取暴利。而店户居民中并非贫窭者,也竞相购买平价之米,致使真正贫困之家,反而购不到米,举家老小仍陷于饥饿之中。陈星聚除差人查拿购买平粜稻米的奸商外，又晓谕各庄总理地保："编查实在贫民户口，造册填票，使各贫户先期领票，至粜米公所，照票发粜。"(《淡新档案》14101·82)具体办法是：本庄积谷碾粜本庄贫户，各管各庄，不准聚各庄之众，向一庄争粜。如遇小庄村落，居民不多，又无殷实富户，可在毗邻村庄富户、大村庄先开出户口，报给邻富大庄殷绅业户，就近籴米。如果本庄没有积谷之户，可向稻米富裕的邻庄流通买籴，大庄不准遏籴，公平交易，互相接济。倘有奸贩浑水摸鱼，收购贫户之米，再转手倒卖，准该村绅富扭送乡保究治。或者各庄已办平粜，仍复结党成群，向别庄抢购大米，一经发现，也要惩办。当然，平粜也不能千篇一律，要因情况不同而异。如竹堑以南至大甲一路，米价尚平，民间可以按照市价公平买卖，不须强制平粜。竹堑及淡北艋舺等处米价昂贵，贫苦之家买不起米，因此必须举办平粜。对于米价，陈星聚也经过再三斟酌，一定要定价公平，"于碁户业户之碾米发粜者，不致过形亏折，于贫民之谋食升斗者，亦不致粒食维艰"(《淡新档案》14101·93)。陈星聚考虑得真是周到！

陈星聚纪念馆

但是旧的矛盾刚刚缓解，新的矛盾又跟踵而至。淡水地区原是鱼米之乡，所产稻米除供本地军民人等食用外，外地商贩也多来此购米外运。当时正值四月，新谷尚未登场，旧谷已经售罄，青黄不接，居民存米无多，外商再来购买，必将导致米价飙升。陈星聚考虑再三，决定暂时禁止稻米出境。光绪二年(1876)四月十一日,他命人在各处张贴告示:"即以本月十五日起,凡有出入各口商渔船只,除本船应配食米外,不准装运米谷出口,以裕本境民食。此外百货什物各料,仍照常经商行运,概所不禁,此为留备本地民食起见。"(《淡新档案》14101·74)外来船只不准来淡水港装运稻米,陈星聚已有告示张贴,但本地船只偷偷运米出境,则没有明文规定,有些不法之徒便趁机运米出境贩卖。四月二十一日,皂头役汤才向陈星聚禀报,在石观音这个地方发现有几艘沪尾(即淡水港)船只,装载大米800余石,据石观音头人称,其中400石运往沪尾,余下的400石在石观音出粜。陈星聚立即决定暂时禁港,即本港船只也不准运米外出。本港之米按上、中、下三等定价,"不准任意高抬,致使贫民谋食维艰,亦不准郊户装运米石出口,一俟收成之时察看情形另示开港可也"(《淡新档案》14101·79)。

陈星聚纪念馆系类(6)

陈星聚立意虽好,却是言者谆谆,听者藐藐。光绪三年(1877)正月,外地商船仍然偷运大米出境,致使淡水境内米少价昂。陈星聚不得不再发告示,专禁米粮出口:

赏戴花翎补用府正堂台湾北路淡水分府陈为专禁米粮出口事。照得国以民为本,民以食为天……第刻值本地乏粮,即应暂禁出口,特告南北船户周知,合亟出示谕禁。为此,示仰各口船户、郊商、出海舵手人等知悉:尔等须知本地现值米少价昂,尔等船往外江各路,正应买米来台,以资接济,岂能再以淡米搬运出口? 兹定本月二十九日为始,凡有来往出入各口商船,准将各项货物照常买卖行运,特不准装载本地米粮,贩运出口。所有在船食米,大船准带食米二十包,中船准带食米十五包,小船准带食米十包,以示限制。如有多装米石,即照私运米谷出洋办理。若出示以前装米在先,寄锭守风者不在示禁之内。总以此次出示之日起,各船户敢有驳运米谷装船出口,一经守口文武员弁拿获到案,定予从严惩办。至于其余各项货物,仍听商民照常行运,例所不禁。倘该船户等,并无私运米粮偷搬出口,而差甲汛兵人等及地方不法棍徒,敢有借端滋扰,一经访闻,或被扭禀到辕,立提讯办,亦不能曲从宽贷也。自示之后,其各凛遵毋违。特示。(《淡新档案》14101·95)

陈星聚纪念馆系类（5）

这个告示公布之后,不论外地或是本港商船,都不敢再外运稻米了,稻米外流之风得到了遏制。不准外地商船运米,又禁止本港船只运米外出,固然杜绝了大米外流,但又产生了另一种弊端,那便是禁止米谷流通之后,有些地方竟然无米可买,又造成了人心恐慌。比如淡水厅所属的中港、头份等村庄,田少山多,人烟稠密,去年禾稼歉收,而本地稻米不多,因而殷实户甚少,每遇灾荒之年,就须仰给他处。近来米价暂贵,储积空虚,按户清查,大多是朝不保夕。值此荒月之际,人情汹汹,嗷嗷待哺者不止一家,啼饥号寒者也不止一人。鉴于这种情况,头份街庄总理陈云汉、贡生陈穆森、监生黄逢用、庄耆黄德长及铺户等人,联名给陈星聚写信,请求稻米能在淡水所辖区域内流通。他们说:"尝思国以民为本,民以食为天,古来梁王移粟河内,本邦亦有通流之方,秦伯输粟晋人,邻封尚有转移之义。"(《淡新档案》14101·80)梁王移粟之事见于《孟子》。梁王即魏惠王,因其都城在大梁(今河南开封),故又称梁惠王,简称梁王。梁王对孟子说:"寡人之于国也,尽心焉耳矣。河内(今河南黄河以北地区)凶,则移其民于河东(战国时以今河南范县、山东聊城、冠县一带为河东),移其粟于河内。河东凶亦然。"这是说战国时魏国河内发生饥荒时,梁惠王把河东的粟米移往河内,反之,河东遭灾时,梁王又把河内的粟米输往河东。秦、晋在春秋时本为邻国,晋国缺粮,秦国输粟。这两则救济灾荒的例子,在历史上传为佳话。陈星聚饱读诗书,自然熟悉这些典故,他接信后立即批示:"准如禀所示,劝谕通流并禁遏籴,一面稽查社仓动碾发粜,以济民食。"(《淡新档案》14101·80)

就在这时,发生了一件因购米几乎导致械斗的事。原来头份等村之人来中港籴米三四石,正要挑运回村时,突然被中港街林姓诸人抢夺,几乎酿成大祸,后来街众总保出面调解,此事才算和平解决。通过这次事件,陈星聚认识到,以前虽然也规定了平粜之法,但不够详尽具体,因而在执行过程中,难免不发生纰漏。如欲解决这一问题,必须制定出更为完善的平粜办法。在经过深思熟虑之后,陈星聚制定出了详尽的平粜措施:

第一,"平粜定价,各归各庄办理。"要办理平粜,必须先清户口,以防冒领滥领。平价粜米,原为贫民朝升暮合之粮,但是竟有无耻奸民铺户,混入贫民队伍中,买平价米做糕饼以获利,以一人而顶冒数人,一日而往买数次,以少凑多,平价买米转手高价卖出,从中牟取暴利。因此平粜之法,首先要清查户口,如一庄之内,某姓大人若干人,小孩若干人,某日应粜平价米若干石,按户造册,就册给单,凭单发粜,以杜冒滥。淡水有一个陋习,一些人急需平价之米,却又怕别人耻笑自己贫穷,不肯报开户口,因此虽有平粜之粮,这部分人却未去买。陈星聚认为,该地区的绅富应该明白贫富无常之理,今日贫穷,他日可能大富大贵,又何必讳言贫穷而不肯报名呢?只要弄清户口,每日应卖出多少米才有确数。有了名单,才可杜绝冒领。

第二，平粜各归各庄协济。分庄办理平粜，固然容易办到，但也有穷僻村庄，户数不多，村中没有绅商积谷之家，此等小庄，应在就近大村庄平粜，大村庄应当协济小村庄，查清小村庄内有多少真正贫户，然后逐户造册，按册填单，凭单发粜，这样方可避免贫者向隅之苦。

第三，平粜分庄举办，而粜米贵在流通。各庄大小不同，积谷多少不定，有些村庄谷少人多，虽有绅富郊商但存米不多，难以供应全部贫民，此时应由小村庄中的富绅凑钱，向大村庄中余谷最多的富户买谷碾粜，不准囤积不粜，碾粜米谷由该管总保头人押送，以杜奸贩流弊。米谷运送出庄及沿途经过之处，有人敢纠众抢夺者，除将抢米棍徒惩办外，押运的总保头人也应担责。

陈星聚纪念馆系类（4）

第四，平粜之事，各个村庄一律照办，现在正值春季，离夏收还早，更应设法购米，以济困乏。现在虽禁米出口，但并不禁船出港，所有出口运货各船，或至浙江宁波，或至上海、厦门、香港，均属有船来往，并非专为往福州（按当时台湾属福建省）经商。"所有出口运货船只，所到售货之地，即以所售之银，采买各路之米运回淡水，米价听商贩与百姓洽定，官府不作干预。商米进口之后，按市场价格分卖给各个村庄，各村庄再平粜给百姓。此举在商人可以获利，而地方不虞乏食，但得各路之米，源源而来，则市米当亦不致久昂，不独民食有所接济，而商贾流通，市米有盈，价当不减自平矣。"（《淡新档案》14101·96）

应该说,陈星聚殚精竭虑制定的这一平粜方案,对于平抑淡水米价、保障穷苦百姓生活,起了决定性作用。尽管如此,他犹恐各村庄绅富人等不肯执行,给他们写了一封措辞恳切的信,晓谕他们支持平粜:

> 径启者:去冬米价昂贵,业奉抚道各大宪酌定价值,劝办平粜,当经出示晓谕在案。欣闻尊处业已照行,济贫善举,钦佩实深。惟各乡已有举办,而尊处尚未举行,未免失望。现在时交春令,正值青黄不接之时,而米价昂贵,贫民粒食维艰,除由厅出示禁米出口,一面劝谕各庄平粜,并定以协济流通之法,使各乡不虞乏食外,第念平粜原为济贫,而周急即以保富,盖饥馁所迫,即生事堪虞。与其犯事而惩之以法,于绅富已受其累,不若弥患而先济其贫,于地方各得相安。所有厅中示谕各条款,兹特照抄函达,即祈阁下查照办理。素知阁下仗义疏财,久为里党所推重,自必慷慨乐施,谅不待谆谆赘述也。此请台安,并候玉复不一。
>
> 光绪三年正月二十三日。(《淡新档案》14101·97)

陈星聚提出的平粜一事,在淡水厅所辖各地得以施行,使贫民沾惠,受到了百姓的称赞。但禁港一事,则并未施行。虽然陈星聚就这一问题分别给闽浙总督、福建巡抚、福建藩台、臬台、粮道、台湾知府都禀报过,但福建省城粮食亦不宽裕,需要台湾运米接济,一旦禁港,省城福州也有乏食之虞。台湾知府林达泉认为,陈星聚作为淡水厅的行政长官,为淡水百姓着想,提出禁港无可厚非,但省城须台米接济,而泉州兵民粮食一向仰给于台湾,一旦禁港,后果堪虞,因而陈星聚有请禁之禀而无禁米出口之事。福建分巡台澎兵备道夏献纶也以"省垣须借台米接济,未便禁港"为由,不准禁港。禁港虽未推行,但设立平粜制度,却给淡水地区的贫苦百姓带来了实实在在的好处。

(七)清庄联甲,防范盗贼

清朝末年,台湾尚未开发,地广人稀,因而不断有闽、粤籍的汉人迁入,他们多数以垦荒种田为业。台湾还有不少原著民,也即少数民族,他们多生活在深山

陈星聚纪念馆系类

老林之中，经济文化落后，生活贫困。这些土著与来台湾垦荒的汉人比邻而居，而垦荒中闽籍、粤籍之民也分开居住，于是就造成了"民番杂处，闽粤分居"的局面。垦区既与原著民毗邻，难免产生矛盾，械斗之事时有发生，且多是土著袭击垦荒之人。为防止这种情况发生，官府想到了设隘。台湾设隘，始于郑成功。他收复台湾之后，在各地实行屯田，开拓土著民地区的土地，往往遭到土著人的滋扰，于是便筑土牛作为界限，禁止出入。所谓土牛，即是造土如牛，置于要害之处，派兵戍守。有的地方则设置红线。所谓红线，就是以土筑短垣，上设红砖以为标记，耕田者不得逾越。入清以后，仍沿郑成功时旧制，但田地愈垦愈多，渐入深山之内，官府不能提供有效保护。"乃为自卫之计，设隘寮，募隘丁，以资捍御。其经费则由隘内田园征之，谓之隘租。"（《台湾通史》上册第255页）招募隘丁把守，以防原著民骚扰，又晓谕垦田户严加提防，其法不可谓不善。但是时间一久，便积弊丛生，有一些无赖之徒，学会原著民语言，穿上原著民服饰，自称熟悉原著民情况，可与之沟通，要求充当隘丁。各屯垦户认为他们既熟悉原著民语言、风俗，也就默允他们充当隘丁。如果隘首能严格约束，也许他们能循规蹈矩，不敢胡作非为，倘若防范有疏漏，这些无赖之徒本来就与原著民熟悉，于是乘机勾结在一起寻衅滋事，民间被劫案件，层见叠出。一听说官府查拿严紧，便贿赂原著民头领，逃入深山原著民地界，致使官府差役无处捉拿，不敢过问。究其原因,固然是隘丁勾结原著民所致,但垦户若能认真约束,留心整顿,隘丁便不敢滋扰抢劫。陈星聚札饬各垦户、隘首必须严管隘丁,隘丁若犯抢劫之罪,隘首也要担负一定责任。"今与尔垦户、隘首约,嗣后务须加倍谨慎,严管隘丁,止许伊等把隘,不准伊等为匪。如果该垦户所守地界之内,再有抢劫掳掠之事,是棍徒,则着落垦户,是隘丁则兼着隘首,必令按名获送惩办。"(《淡新档案》12301·01)

但是一纸布告并不能使混沌世界变成朗朗乾坤,虽然陈星聚与垦户、隘首有约,但他们能否遵守仍是未知数。陈星聚又张贴告示,晓谕那些打家劫舍的盗贼改恶从善,弃旧图新。这一篇布告写得委婉深沉,颇能打动人心,体现了陈星聚忧国忧民的情怀:

陈星聚纪念馆碑廊（4）

赏戴花翎特授淡水分府陈为出示劝谕盗贼改过自新,以免犯法而图保全事。照得羞恶之心人皆有之,今试于稠人广众之中而指一人曰贼,未有不怫然怒者,羞恶之心,所见端也。顾有恶贼之名,而甘蹈贼之实者,何也?亦未及利害以权之也。人人同此精神,同此气力,用之善则成正人,而获福无穷;用之不善,则流为匪类,而作孽难逭。何谓善?务农桑作商贾是也,以精神气力置之陇亩尘世之间,安其生业,守其本分,既不失为良民,又可保其身家。何谓不善?为盗贼大肆抢窃是也。以精神气力费之纠伙犯法之地,不顾性命，不惜名声，既悬心吊胆于作事之先，又吃苦受刑于到案之后，不知作盗贼者，果何所图也。将谓图钱财乎？吾见力田服贾者，田连阡陌，货盈架箱，银钱广有，未见盗贼之能致巨富也。将谓图安逸乎？试想作盗肆劫，本非不劳而能，兼致虑于缉拿，身心俱瘁，何如农商之犹有时安逸也。本分府不忍尔等以绝好之精神气力，用之于极坏之处，合亟出示劝谕。为此，示仰阖属军民诸色人等知悉：尔等务各勉为善良，有已身曾作盗贼者，急宜改过自新，本分府定当宽其既往，乐于迁善之路。有亲友曾作盗贼者，急宜诱掖劝导，本分府定当奖其明理，幸观风俗之敦。此示以后，如敢视为具文，仍蹈覆辙，则是不自爱精神气力也，则是不愿善用其精神气力也，本分府又何敢故予姑息，惟有执法严办而已。其各凛遵，毋贻后悔，切切。特示。同治十二年(1873)十二月初三日。(《淡新档案》12301·04)

陈星聚纪念馆牌坊（16）

这是陈星聚在台湾居官期间写的最长一篇布告。从这篇布告里，我们看到了陈星聚悲天悯人，愿天下皆为尧舜的慈悲胸怀。他在布告里先以情动人：羞恶之心，人皆有之，若于稠人广众之中指一人为贼，他肯定会勃然大怒。人人都有一种精神，用得好则能成正人，用不好便成为匪类，贻害四方。人有善恶之分，务农经商是善，老实本分，养家糊口是善。什么叫不善？为盗贼抢劫攘夺是也。作奸犯科，不顾性命，不惜名声，既提心吊胆于作事之先，又吃苦受刑于到案之后，不知盗贼到底图的是什么？是图财吗？那些田连阡陌、货盈架箱之人，无一是偷盗得来。是图安逸吗？作案之后被缉拿之时，何曾有一刻安逸？因此为盗贼者急宜改过自新，本官当不咎既往；有亲友曾作盗贼者，应循循劝导，务必弃旧图新。如果执迷不悟，一意孤行，一定严惩不贷。殷殷嘱咐，情真意切，如围炉絮语，希望盗贼改恶向善，但劝谕中又不失威严。这篇布告刚柔相济，以理服人，以情动人，诵读的人莫不被其感动！

当然，仅仅是就事论事，定出奖惩措施，还不一定能全部消弭盗贼，还必须有其他的配套措施。就在这时，一个叫三湾的村庄送来了联庄规约，让陈星聚审查定夺。所谓联庄，就是几个相邻的村子有互相救助之责，如盗贼在甲村作案，乙村之人便前来协助捉拿，反之亦然。尽管规约未尽完善，但仍不失为一个创举。陈星聚于是想到了清庄联甲。他召集各乡业户、垦户、头人、隘首、总理、乡保、庄耆等商议此事。清庄联甲的宗旨是"敦守相望相助之义，若无盗贼则轮留巡查，协力防范，一遇盗警，则乡邻救护，齐心兜拿。果能实在奉行，自见地方安靖，抢劫永息"（《淡新档案》12301·08）。"相望相助"只是一个设想，要实现这一目标还须有详细法规，为此须要会集有关人等，迅速将所管近山各庄保内，何处设有隘寮几座，每座有隘丁若干人，铳柜望楼几座，所设之隘是官隘、民隘，某处之隘是何人管理，自何处起，至何处止，是何地名，与何处隘防毗连；或某处之隘靠山临水，并无毗连邻隘，互相守望，某处之隘原设何处，从前隘丁多少名，现在进设何处，实有隘丁若干名，某隘系民隘，年给丁粮若干，是否就地取粮；某处官隘，额设隘丁若干名，现在实有若干隘丁，年领官给口粮若干，或某处从前有隘，今日已废，改移别设，均须一一查清地名段落，各隘能否联络声势及隘丁名数，一定不能含糊。同时命令各保："务限七日内，将该保所设官民各隘几处，隘丁若干，是何地方，前后交界四至，及接壤处所，经理隘务何人，年额丁粮出纳，逐细禀复，绘具图说，备造各隘丁册，依限禀送到辕，听候核察。"（《淡新档案》12301·09）只听禀报，陈星聚脑海中的印象似乎还不明晰，因而要求各保绘出图来，以便随时查阅，一旦发现问题，好采取补救措施。把各保关隘绘成图册，这是陈星聚的睿智之举。

陈星聚雕像

陈星聚既有了绘图册的想法，便付诸行动。他派衙门中的皂头役汤才，调查了7处关隘，其中有官隘，也有民隘，"计七处俱各绘图说，夹禀前来，合将各处隘务绘具图说，伏乞大老爷察核施行"。陈星聚看后，见图说中有不完备之处，便批示："迅将各隘丁额花名，及年额支取口粮各数，补造清册速送，勿得违误干咎。"（《淡新档案》12301·11）陈星聚仔细查看了这7处绘图，仍觉得不够详尽，又从这7处中抽出竹北二保咸菜瓮庄垦户郑国梁办理的民隘查看。郑国梁汇报称，咸菜瓮庄共建新隘18座，募隘丁60名，把守四至界址，各守其业，各把其隘。郑国梁于是"将旧时官隘、民隘，与现时新隘民居地名界址，悉绘图中，断不敢仿佛情形，糊涂隐匿，粘图禀缴"（《淡新档案》12301·16）。陈星聚阅后表示满意。

不过，并非各保都像郑国梁那样积极配合，仍有行动迟缓，至光绪元年（1875）尚未绘图呈报者。陈星聚又差班头役李益、蔡照、汤才、李禄、蔡标5人前往各保催促，命令他们"立将该管保内，某处几座隘防，某隘若干隘丁，与某隘相距若干里数，以及东西四至界址，分别挨次开明清单，限五日内禀送到辕，以凭饬房汇造总册呈报。"（《淡新档案》12301·13）在李益等的督促下，各保隘很快绘成了图册，然后汇总再修淡水地区的图册，这样，陈星聚对所管辖淡水地区的隘守情况便了若指掌了。

陈星聚纪念馆系类（12）

陈星聚纪念馆牌坊（8）

　　绘制图册之举虽为陈星聚防范盗贼提供了方便,但因淡水地区道路崎岖,闽粤两省之垦户又有门户之见,在防盗方面难免出现一些纰漏。如竹南二保苦中、七石等村庄人烟稠密,但村与村之间却相距遥远,盗贼作案,不易察觉;又如竹南三保吞霄街之地有闽粤两省籍之人,他们平日往来不多,因而在防范盗贼上互相协助不够,给了盗贼以可乘之机。陈星聚调查清楚后,谆谆告诫竹南二保的苦中、七石村及竹南三保吞霄街的总理、绅耆、头人、士庶:"尔等须知守望相助,古义可风，凡遇匪徒窃劫，毋论何处何家，亟须协力防御，共相救援。即如无事之秋，亦宜挨户轮留支更，小心巡逻防守，并宜父诫其子，兄勉其弟，毋许流为盗贼，以及逞凶抑掠滋闹，致罹法网。至于同乡共井，原应彼此周恤，虽则闽粤各异，既已偕住淡水地方，即不可视同陌路。而总理为该庄办公之人，凡尔居民均系责成总理为之保护，断不可因其正副有分，率事偏袒。"（《淡新档案》12302·04）陈星聚所说的"不可因正副有分，率事偏袒"，是指有闽、粤两省人共同居住的村庄，各选一人充当本村的经理，总理有正副之分，大体上是闽人多的村庄以闽人为总理，粤人为副总理，反之亦然。如果发生了纠纷，自然是闽人总理向闽人，粤人总理向粤人。陈星聚要求各村庄的总理，不论是闽籍或粤籍，都应不分畛域，一视同仁，不得偏袒本省之人。特别是吞霄地处南北往来通衢，东连青山，西毗海岛，闽粤杂处，因而社会秩序不靖，竟有不法之徒掳掠勒赎，牵走耕牛，或者乘黑夜盗窃财物，弄得人心惶惶，一夕数惊。吞霄总理饶迁褒、黄有升以及街正、乡长、铺户、佃户等于光绪元年十一月间在淡水所属的慈惠宫会商，设章程立约："遇有盗警，登即鸣锣吹角为号，各庄踊跃齐出护救，截堵围拿，解案究治。"陈星聚阅后，在上面批示："察核所议规条，尚属妥洽，着督协庄众人等，实力办理，毋得徒托空言，始勤终怠，切切。"（《淡新档案》12303·01）至此，陈星聚防范盗贼，维持治安的措施才算完成，淡水地区的社会秩序明显有了好转。

陈星聚纪念馆(7)

（八）建回春院，保护义冢

建回春院，保护义冢是陈星聚在淡水同知任上的又一件关心民瘼之举。回春院原名回生洞，位于淡水厅治东门内（今新竹市区），创建于道光二十九年（1849）。据同治十年《淡水厅志》记载："厅治东门外前皆义冢，道光己酉年（即道光二十九年），各董事捐款清冢，将骸骨收掩数处。其开费余剩银项，于东门内置屋三间，谓之回生。凡客民无亲属可依者，病亟时，送入其中，遣人看视，没则埋之。然看视者多未得其人，故存者卒鲜。"回生洞原本是收容鳏寡孤独者之所，但因管理不善，送入的病人未几便一命呜呼，生存者甚少，因此来的人便渐渐少了。回生洞既无人入住，渐渐被废弃。光绪元年（1875）陈星聚正在淡水厅任上，为收容行旅病人想创办一个慈善机构，便召集淡水地区的士绅商讨筹办事宜，地方士绅一致同意，并自愿捐输金钱，同时也获得了当时地方上有声望人士陈振合、李祖深、陈三省等人的鼎力支持，民间更是热烈响应。陈星聚当即拍板决定，在新竹市东门创设回春院，赓续原回生洞的事业，陈星聚为此倾注了不少心血。回春院一直坚持到日本侵占台湾后才被废。

陈星聚老宅遗址

台湾地广人稀，淡水厅所在地竹堑城南门外巡司埔、中冢、外较场、枕头山、虎头山等地多有官地义冢，掩埋贫穷无依之人骸骨，但因管理不善，官地被不法奸民混占，在那里开田筑陂，栽种树木，损坏坟墓，损坏骸骨，官地义冢一片狼籍。当地百姓将这一情况报告给官府，官府马上认真办理，官地义冢始恢复原貌。但在淡水厅长官离任后，奸民又乘机将冢地侵占，在那里栽种树木，阴翳丛杂，以致贫穷人家死无葬身之地，所埋骸骨也无干净之所。更有甚者，奸民在官地中筑田开陂，陂即池塘。往往是池塘在上，坟墓在下，池塘注满水后，坟墓先受灌溉之苦。奸宄之徒将坟上插标，号召其子孙凭标领银，然后将坟迁走。这时竟有人冒认死者子孙，拿标领银。然后将尸骨抛往别处，而尸骨之真正子孙，却无处寻觅乃祖乃父骸骨，受害不浅。陈星聚得知情况后，马上贴出告示，让军民人等知悉："嗣后不准再往各处官地义冢有坟墓之所栽种树木，致使树根穿结，损害棺骸。其从前栽种现已成林者，除本坟之子孙亲手所植以为荫树及他人所栽无关碍坟墓均予不计外，其余定限出示十日内，各照工本栽树界址一律采毁，并应芟除根节，务令净尽，以妥幽灵而免戕损。"（《新竹县采访册》卷3《义冢·竹堑堡义冢》）至于有坟茔之地，无论何人均不得开田筑陂。未开之田，永远不得再开，已经开垦者，必须立即填平。如附近田地无法灌溉，可选择无坟空地开筑陂圳，以为水道之用。这样，死者才能入土为安，不致受陂水渗漏灌浸之苦。官地义冢如有真正子孙情愿迁葬者，自应听从其便。但不准奸宄之徒为种树开陂而借口插标招葬，也不准真正子孙及他人假冒亲族贪领迁坟补贴银。

陈星聚家族墓地（1）

光绪二年（1876）三月，陈星聚再次贴出告示，保护竹堑堡义冢：

为出示严禁事。照得南门外巡司埔、中冢、外较场、枕头山、虎头山、十八尖、鸡卵面、蜈蜞窝、金山面、平面冢、出粟湖、双溪、崎头、青苗湖、头埔、二埔、中心仑、粪箕湖、芎蕉湾、隙子山等处官地义冢，均系埋葬骸骨。前有不法奸民私在各处筑陂开田，栽种树木，戕害坟冢，损害骸骨。经严前分府亲监诣勘，定立界址，绘图附巷，饬拘占冢奸民到案追办，并出示严禁各在案。不意日久弊生，奸巧射利之徒不顾有伤阴德，仍将官山冢地栽种相思树木，致贫人死无葬身之地，骸无干净之所。续经本分府出示严禁，仍然虚应故事，竟不将所种相思树木尽行砍伐。若不重申禁令，从严办理，将来奸弊百出，混占者愈无忌惮，势必至棺柩尸骸被其侵损暴露。除本分府即日亲临诣勘，清出界址，再行立石，并饬差查拿外，合行出示晓谕。为此示仰阖属军民人等一体知悉：嗣后一切官山冢地均不准筑陂开田以及栽种树木。所有前栽相思一切树木系在官山界内者，限三日内概行采毁，连拔根节。其前此已开田园陂塘，亦须一律填平，以妥幽魂而免戕害。如有不遵，立即严拿重加究治。凛之，切切毋违！特示。（《新竹县采访册》卷3《义冢·竹堑堡义冢》）

陈星聚家族墓地

　　经过陈星聚一连串的整顿治理,淡水地区侵占官田义冢的事便很少发生了。

　　陈星聚取消埋葬税的举措,也颇值得称道。他初到台湾莅职后,喜欢微服私访,调查民风民情。他看到许多居民家门口都厝放着棺材,这与中原地区的埋葬方式大为不同,不禁大为诧异。询问之下,居民含泪相告,谁不想亡灵入土为安,早升天界,但是官府规定,凡死人之家,须先报告官府,并交纳3至5两的埋葬税,才能安葬,否则不准下葬。死人须交埋葬税,真是旷古奇闻! 百姓家死人,与官府毫无关涉,收埋葬税于情于理,都不契合。当时台湾生产力低下,农业不发达,蚩蚩小民度日已经艰难,哪有余钱交税? 无奈之下,只得把棺材厝放在庭院或门口。埋葬税显然是一项蠹国害民的弊政,这些银子未入国库,悉数都流入了贪官的私囊,弄得民怨沸腾,人人詈骂。陈星聚立即张贴告示,宣布取消埋葬税,凡是死人之家,官府资助白银3两,作为安葬费用。取消埋葬税已使百姓感戴不已,再补贴埋葬税,百姓更是欢呼雀跃,额手称庆。就这样,相沿已久的陋习被陈星聚破除了。陈星聚足迹所到之处,覃恩信,除弊政,充分展示了一个政治家的襟抱。《台湾省通志》、连战的祖父连横先生的《台湾通史》、《台北市志》、《台北县志》、《苗栗县志》、《新竹县采访册》以及陈星聚任过知县的福建《古田县志》、《建瓯县志》、《仙游县志》,他的家乡《临颍县志》提及陈星聚时都赞誉有加,这不是溢美之辞,陈星聚当之无愧!

(九)修桥筑堰,造福百姓

　　淡水地区多溪圳、沟港,但桥梁甚少,道路迂曲,给当地军民带来诸多不便。农副产品因道路不畅,无法运送出山,农民购买一些日用品,也须绕道很远的路程,官员下乡视察及部队官员校阅营伍,更是多涉险阻之地,往往贻误时日。同治十二年(1873)台湾镇总兵张其光照会淡水同知陈星聚,他要到所辖地方巡查并校阅营伍,而要经过的南北沿途一带,俱多溪圳、沟港,但未架设桥梁,若不准备竹筏、船只,便只有涉水而过。沿途路途虽然并不陡险,但多是鸟道羊肠,舆马难以经过,应即择要修理,预备竹筏、船只,本镇不日循例按临南北路巡阅地方营伍,顺抵噶玛兰一带察看情形,希望贵厅"速将沿途溪港应用竹筏、渡船,务须早为准备"(《淡新档案》14503·146)。陈星聚接到通知后,立即命令六班头役督同乡保将该管保内之桥梁、道路、渡船修整完固。各乡保虽在短期内修整了桥梁、道路、渡船，但要彻底解决道路行走不便，还需时日。同治十三年（1874）正月，陈星聚差人会同乡保、总董等人修整各地桥梁，并限半个月内修整完固：

　　赏戴花翎特授淡水分府陈为特饬赶修桥梁，以济行旅事：照得地方所设各处桥梁，所以济来往之行人，亦地方应办之善举。历于镇、道宪北巡，饬归该管对保承修在案。去年镇宪北巡，正值冬令水涸，所坍各处未修之桥，尚无碍乎轿马、行人，刻下春水方生，急宜先事修办，以济行旅。合行单饬。为此，单仰对保头役某立即督同乡保、总董，速将该管保内已坍、未修木桥，务限半月内一律整修完固。自此次谕饬之后，一经本分府因公经过之时，再有仍前倒塌未修，致使往来轿马及肩挑来往行人涉水行险，定唯各该管对保是问。该对保于修整之后，即将承修处所及工料出纳用项，开单裹送到辕，以凭察核。

　　修理桥梁系照旧章，应归对保承办，但不准苛派乡民……应将修桥工用，贴示民间，并报明查核，以候奖赏。（《淡新档案》14503·154）

陈星聚纪念馆系类（18）

陈星聚强调，修桥是为了"济行旅"，且强调"不准苛派乡民"，足见他情系百姓!

　　同修桥一样,兴修水利也是利国利民之举。但限于当时的情况,官府拿不出这笔资金,所有修建水利设施的费用,均由各农户负担。民间兴修水利设施,难免会为出资问题而产生纠纷,须陈星聚调解矛盾,主持正义,修好灌溉用的石垒(即用石头砌成的河堤)。同治十二年九月,一个叫王邱乾山的石匠受业户、贡生曾逢春的委托修筑石垒,双方立有合约。王邱乾山雇佣50多人修筑,每日工费就得10余元,这些钱本应由各业户负担,但都推诿不交。王邱乾山无奈告到官府,官府命曾逢春催缴,曾逢春却挥金贿赂,摆脱姓名,工资毫厘不交,王邱乾山只得以自己家产抵工资,请老爷拘传曾逢春。陈星聚当即批示:

　　赏戴花翎特授台湾北路淡水总捕分府陈批:修筑石垒,系为保护众田,所需工资,自应各业户匀派,经前分府谕饬并催收在案,何以曾逢春等尚不交清,殊属玩延。候催差协同首事按户押缴。(《淡新档案》14505·11)

陈星聚纪念馆系类 (17)

　　如果曾逢春如告状人王邱乾山所说,水渠已修成,他不肯缴纳工费,属于玩延,自应按户催缴,但事实真相如何,还须派人调查,于是陈星聚命差役杨合兴、庄和两人协同总保前往了解情况。两人见到了王邱乾山,据他说去年十月石垒即已完工,各户玩延不肯缴纳堡费。而曾逢春则说,修堡尚未成功,以致各户不肯缴清,二比互相争论,未知孰是孰非,杨合兴、庄和二人只得呈请陈星聚裁决定夺。陈星聚又好气又好笑,在两人的呈文上批道:

> 分府陈批:二比互相争论,该役即无所适从,可谓没用之极。该处石堡果否成工,已经修筑若干丈尺,工资既未交清,王邱乾山有无半途而废情弊,岂不能一往查勘耶?该役无功而求标赏,及奉此票,竟办不来,实属不堪造就,自应另派干役,协同原差押令摊交,以期妥速。现票销。(《淡新档案》14505·14)

陈星聚另派差役前往查勘,得知该处石堤80丈,仅筑成首尾40余丈,其中段石堤30余丈未筑成工,以致众佃户曾逢春等尚欠堡费300余元。差役将此一情况禀报给陈星聚,要求传讯双方到庭。陈星聚认为,事情如能解决,小民不必到庭。他批道:

> 批:既据勘明中段石堤未筑,众佃费亦未交,该差等即应理谕该佃曾逢春等各将所欠堡费,报照原议工价,悉数交出,一面押令承办工程之匠首收其工价,定期完工。如此则工竣费清,两造自可相安无讼。乃该差等不善办事,坚请传讯,兹必使小民匍匐公庭而后快,是何诚心?殊不思费不交而责匠首以完工,该匠首终将借口而工不筑。而责众佃之交费无,该佃亦岂甘心。该差等着即传谕两造,按数交费,立限完工,以泯讼端而息事端,又何庸传讯为耶?票缴销换给。(《淡新档案》14505·15)

陈星聚的批示有两层意思:一是能在公堂之外调解的诉讼不必把百姓传到公堂,他不忍心看着茕茕小民匍匐公庭,足见他情系百姓;二是水利设施须尽快投入利用,诉讼双方必须"按数交费,立即完工",匠首不把石堡修竣,佃户自然不会交费,不交费用,匠首自然不肯修堡。陈星聚写完批示,又差魏清、杨合兴、庄和等协同总保,按照名单将各业户所欠堡费,按原议工价,悉数交出,并催促匠首定期认限完工。等工竣费清之后,两造息结完案。陈星聚的判词可谓干脆利落,用心真是良苦。但是双方仍有许多纠结,影响石墾修建。不久,溪圳庄业户陈分称其已缴墾费,而王邱乾山仍将他列入抗欠工资名单中,陈星聚又批示道:

> 赏戴花翎特授台湾北路淡水总捕分府陈批:尔既将应出工资交清,王邱乾山仍敢列名控追,殊属非是。惟查尔执收字内载银九元,王邱乾山单列尔欠十一元,数目不符,是否王邱乾山混行多开,抑尔尚有欠找。候限差查明复夺。(《淡新档案》14505·23)

根据当初协议,王邱乾山欲收取墾费,必须会同保人王阿鸽同领,工程材料才有着落,于是陈星聚差人会同王阿鸽协助总保,押令名单上各业户将所欠墾费悉数交清。至于陈分一户,如果工费已经交清,应从欠费名单中摘除。王邱乾山又禀告说,去年七月间洪水冲坏石墾,曾逢春上告说墾未修完,其实是墾修好后遭洪水冲毁。官府责令小人修墾,否则带案讯究。小人欲雇工修理,但工钱、粮食没有着落,曾逢春等置之不理,乞大老爷明断。陈星聚再次批示:

> 赏戴花翎特授台湾北路淡水总捕分府陈批:该处石墾有关农田水利,如果曾逢春等抗欠工资,致尔停工不修,则该墾完工之日,而附近田亩将有冲害之患,两造均有不是。着限一月内赶修完竣,一面限差十日内将各业户应出墾费押交清楚,庶几而有裨益。倘何人抗违不遵,定即提案严究。陈分等四户既已交清,候即删除可也。(《淡新档案》14505·28)

在陈星聚坚持不懈的努力下,淡水厅所属地区的水利设施有了很大改善。

光绪四年(1878)十一月,陈星聚代理台北知府不久,便处理了一件水利纠纷。据新竹县竹北二保大旱坑庄监生许廷辉上告称:小人自置水田一所,地址在北坑,原带北坑埤水灌溉,谢阿强、陈阿番贪图埤头水源充畅,屡次要小人相让,小人不从,彼等纠集十余人将埤头填塞,小人之母前去理论,险被殴倒,小人之子许阿田与彼争论,反被掳去。保长邱和顺理应秉公处理,竟敢受贿,将小人殴掳酷禁。陈阿番、谢阿强、邱和顺等听讼师林天送把持,以为衙门皆共熟惯,故张牙弄爪,任控莫何,乞大人做主。陈阿番则上诉说,坡圳水源乃一方禾稻所赖,合庄居民必需,许廷辉父子凭借水源欲索众人钱财,谁知众人不从,便先向衙门告状,独不思乃一方物命有关,谁肯甘心听人索钱,乞大人做主。陈星聚将被告双方传集到案后,许廷辉供述,小人之田系用北坑之水,陈阿番用的是小东坑之水,他将小人北坑水头截往小东坑,致使小人田业无水,现有契约可验。那小东坑有 10 股水,小人应得 1 分,与小人北坑有山隔住。前有控告,断归小人掌管之公山,被陈阿番霸占,才引起诉讼。陈阿番则说,小人家的田地系道光年间开垦,带荫东北两坑之水,小人有契据呈验,并无载明两坑字样。许家北坑余剩之水,应归小人东坑,许家新开两埤将水头截住,致小人之田无水。那小东坑 10 股水,系小人之田,小人雇人放水,许家不肯,还诬小人掳他。所呈是实。陈星聚听完,已知曲在陈阿番,他不该强行破埤引别人之水灌田,遂当堂晓谕道:

> 堂谕:案据许廷辉呈控陈阿番毁埤绝源等情,审得陈阿番田原带本坑上嵌十股坡圳水份,并本处右片阴沟泉水通流灌溉。许廷辉田原各带坑圳水通流灌溉充足,陈阿番以原带本坑十股之水,其田在众股之下,往往水到该田不敷田用,因将许廷辉水坡头破流已圳灌田,许廷辉以田水被破不敷田用,许廷辉男许阿田出头阻止,被陈阿番掳至山内酷禁,许廷辉因而具讼。查该田各有原带水份载在契字,足用与否,只有听其自然。陈阿番何得本水不敷,破人田水,甚至引人出阻,纠众掳禁,实属强霸。断令陈阿番原带来十股坑水,仍旧引十股坑水灌田,所有破埤引水之处,实时填塞,取具依结完案,两造查呈契据发还。(《淡新档案》32604·27)

陈阿番理亏,只得遵照陈星聚所断,不再引许廷辉之水灌田,并将破埤引水之处堵塞,这桩官司始告结束。

(十)明镜高悬,秉公断案

陈星聚在淡水同知任内,处理过不少案件,这里边多是民间纠纷,当然也有一些其他案件,陈星聚都处理得非常公允,得到了百姓的好评。

同治十三年(1874),一个叫温天送的跑勇(跑腿送信送东西的差役)从官署领到工食银十三元五角,送往大甲站馆,当作薪资发放。他在途中因赌博输了银钱,无法交差,潜逃至彰化栖梧港,后被缉拿归案。据他自己交待:"小的在署领工食银十三元五角,并带站书吕洲浅长衫一件、小帽一件、棉短裘一件、织花短裘一件、寄染白布一匹、雨伞一枝等物,要往大甲。途至后垄,被那黄缺威邀小的食酒,串谋陈苟、林秀、李天下等,诱小的赌博,将小的所带工食银十三元五角一概赢去,连衣物尽行典当是实。"将公款赌博输掉,又潜逃他方,使官府费尽了周折,才拿获归案。陈星聚怒不可遏,当堂批示:"重责二百板,洋银、衣物等,限半月如数呈缴。"(《淡新档案》11304·06)就在温天送想方设法筹措款项时,"突染风痧肚痛,手足冰冷",看守的狱卒给他服药,但没有效果,只得禀报陈星聚处理。陈星聚以为温天送虽有罪过,但不至死,既有疾病,应该调治,于是"立传医生潘春荫,前往外室,诊视犯人温天送一名病症,小心用药,调治务痊,禀复赴辕,以凭察核"(《淡新档案》11304·08)。温天送病愈后,便立即筹备款项,但能帮助他的人只有母亲和侄子。他的母亲平时度日艰难,家无余钱,侄子虽然愿意帮忙,但只有五元钱,无法凑够欠款,只得请求陈星聚宽限。陈星聚慈悲为怀,知他不是故意拖延,便当堂晓谕:"再限三日内呈缴,如违,重比不贷。"(《淡新档案》11304·09)温天送的母亲见儿子无法销案,只得含泪忍痛表示愿意赔付,但是家境委实贫困,一时凑不齐银钱,温天送再次恳求:"现在小的母亲甘愿认赔,因银项未齐,不敢缴案。今蒙提比,总求再限三日,备齐缴案。"陈星聚第二次堂谕:"据称,伊母承认,求再限三日呈缴,姑准免究,着仍交差带。"(《淡新档案》11304·11)温天送虽在羁押之中,但并未遭受皮肉之苦,陈星聚只是催他缴齐赌输款项,没有用刑。谁知过了三天,温天送仍未凑够银钱,又一次请求延期:"小的母亲在外措备,尚未齐足,求限三日,将银如数缴案就是。"陈星聚没有犹豫,第三次堂谕:"限三日缴银,此谕。"(《淡新档案》11304·13)再过三天,温天送终于凑足了十三元五角洋银,并表示以后不再赌博。陈星聚好言抚慰一番之后,当堂将温天送释放。一个封建社会的官吏,既不违背官箴,又能体恤偶尔触犯法网的普通百姓,一而再、再而三地宽限温天送缴银的日期,这样的官吏真不多见。

陈星聚神道碑文

　　陈星聚处理过多起民间纠纷案件,他都做到了不偏不倚,秉公处理。光绪二年(1876)九月,一个叫曾云坛的 50 岁男子,状告一个叫陈邵氏的女子。状称:他在竹堑北门街有房屋一座,有郑荣章、陈邵氏夫妇租住,议定先交押金 10 元,全年租金 9 元。讵料夫妻反目,郑荣章不知何往,陈邵氏竟纵容女儿招凉卖淫,招诱良民,日夜喧扰。曾云坛认为陈邵氏此举有伤风化,且恐酿祸,于是归还押金,辞屋赶搬,但陈邵氏置之不理,甚至与邻里多次吵闹。因男女授受不亲,曾云坛无奈,唤儿媳郑氏交涉,反遭陈邵氏之子陈松、女儿招凉等殴打,拒不搬迁。"似此城厢法地街衢之间,奚容恃妇撒泼,任讨奸霸,有伤风化。"陈星聚接到诉状,心中甚为怀疑,当即批示:"尔不愿将屋租与陈邵氏居住,既经将其碛地银(即押金)十元投交对役,如数送还收清,何以陈邵氏母子竟不搬让?候饬该对役确查,押搬了事可也。"(《淡新档案》22103·01)曾云坛的邻居吴清俊也帮腔向衙门陈诉:陈邵氏租住之地北门街系属冲衢大道,商贾云集之区,不应该吵扰喧闹,去年三月间,有郑荣章向本街曾云坛租税店屋居住,嗣后郑荣章罔知所之,陈邵氏同其女招凉在租屋开馆卖奸,赌博歌唱,拐骗良善子弟,害得许多人倾家荡产,叩乞大老爷俯念风化事重,恩迅饬差严押陈邵氏、陈招凉等赶逐出境,街衢可安,风化可正。陈星聚对曾云坛兴众诉讼一事甚为反感,本是两家打官司,何必让街坊插手,闹得满城风雨?于是提起朱笔批示道:"已据曾云坛具呈批示矣,此种租屋卖奸之事,何必动众扛讼耶?"(《淡新档案》22103·02)

当然,无论是曾云坛的诉状,抑或是吴清俊的诉状,都是一面之词,且两人是街坊邻居,难免有串通作弊之嫌,还应听听陈邵氏的意见。陈邵氏则称:同治十二年曾租过曾云坛房屋居住,历来税银清楚。因曾云坛与吴协图谋,欲拐我女儿招凉通奸,被我觉察斥骂,不遂其意,彼等挟恨将押金交还,逼我搬出,片刻难容。我恳求缓搬,房租照交,曾云坛也已应允。不料到了光绪二年九月二十五日,曾云坛与吴协等人恃强赶逐,百端辱骂,无容分辩,"将氏拳足踢殴倒地,肚脐下、左右乳下、脊背等处及遍体均受重伤,昏迷不省"。陈星聚见事态严重,便将陈邵氏提来检验,其实只是轻伤,远非她在诉状中说的那样严重,便在诉状上批道:"候即饬差查理,至提验该氏微伤已经平复,何得以重伤命危之词耸听。特斥。"(《淡新档案》22103·03)而陈邵氏之子陈松则说,母亲陈邵氏在租住曾云坛房屋期间,被曾云坛协同吴协、吴枝殴成重伤。起因是陈松胞姊曾嫁人为妻,那人40余岁,在内地本有妻子,而陈松之姊才19岁,不愿与其同居,吴协便串通曾云坛拐诱她卖奸,被陈松之母得知阻止,双方发生口角嫌隙,便乘其母赴市廛买东西之际将其打伤,"胸膛、肚腹各有拳伤一处,微红色。左膝盖、右手腕、左肩胛各受擦伤一处,均各平复"。陈松自然为母亲回护,说是吴协伙同曾云坛欲胁迫其姊卖淫,为母亲阻止,故遭毒打。但他所说陈邵氏之伤情不甚严重,且均已平复。陈星聚读完曾云坛、陈邵氏、陈松3人的诉状,孰是孰非大概已了然于胸,便在陈松的状纸上写道:"提验陈邵氏伤痕,均属轻微,业已平复。据供,曾云坛租厝与吴协等,挟嫌滋事。候饬差查明禀复,再行核夺可也。此谕。"(《淡新档案》22103·05)在陈星聚看来,陈邵氏被打实有其事,但"均属轻微,且已平复",曾云坛与吴协则是"挟嫌滋事"。但这两件事均须派人查明,再行定夺。由此可以看出陈星聚对这宗官司的慎重。

就在陈星聚差人调查取证期间,曾云坛与陈邵氏双方又互相控告,陈星聚在弄清了事实真相之后,判道:

> 审得曾云坛有厝屋一所,租与陈邵氏居住,每年番银九元。近因陈邵氏租番拖欠,曾云坛即将陈邵氏碛地银十元,除抵欠租外,一概给与陈邵氏搬移他处,陈邵氏不愿,曾云坛迫令搬移,因而滋闹诉讼。查物各有主,陈邵氏厝租拖欠,曾云坛迫令搬移,亦属应然。乃陈邵氏恃妇不搬,究有不合,断令陈邵氏实时搬移,惟所欠数月房租,曾云坛从让不要。虽尝提验陈邵氏有拳伤、擦伤数处,而滋事在前月二十五日,何以下月初四日始行投验?且事已十日,若拳擦等微伤,岂尚不能平复乎?显有妆点情弊,应毋庸议,取具依结完案。此谕。(《淡新档案》22103·11)

在陈星聚看来,陈邵氏租住曾云坛的房屋,因拖欠房租,曾云坛让她搬走,那是房主应有的权利,应该尊重。而陈邵氏自恃是女流之辈,不肯搬迁,实在不合适。曾云坛免收陈邵氏数月房租,也算义气。陈邵氏身有拳伤、擦伤,应该及时报案,何以上月二十五日发生之殴打事件,直到下月初四日才去验伤?况且已经过了10天,拳擦等微伤,岂有不能平复之理?陈邵氏自称被打成重伤,显有妆点造作之嫌。案情既已清楚,双方应取具依结完案。由于陈星聚判案公允,曾云坛与陈邵氏均未再提出异议。

光绪二年(1876)五月,一个叫陈本的人来淡水厅喊冤,他现年51岁,大屯庄番社角人。邻界沪尾有个叫郑荣记的人,到他孙子时因人口众多分家,分作诗、礼、传、家4房,家房已经衰败,将家产卖与诗、礼、传3房掌管。光绪元年十一月，诗房郑伯麟、礼房郑心贤、传房郑伯履3房人等，将其在大屯庄番社角公业田山共6段，托中人郑来发、郑朝瑞说项，让我购买，价银1782两，银清契立。立约后，我当即将田租给王谅耕种。立契同时，礼房郑心贤又把私业卖给郑语。小人恐怕因田界不清而产生纠葛，先在契约上开到四至，并向郑语说明，不要侵越田界。但郑语仗着与卖主是宗亲，将小人承业内上手潘关荣第一段之田东、南、北三界，其山东、南二界，共5处毗连田丘、水沟强行侵占，任凭小人说得口干舌燥，郑语也不肯拿出契约核查，又率儿子、侄儿等十余人，将小人田苗毁拔，田岸毁掘，水沟填塞。本佃王谅劝阻，反被郑北（郑语之子）等掳去吊殴，生死未卜。叩请大老爷明镜高悬，审理此案。陈星聚当即批示："尔凭中契买郑伯麟等山田，既将四至对明，郑语何得因界毗连，毁掘侵占，甚至将尔佃人王谅掳去？候即饬差押放，吊契传讯。"（《淡新档案》22411·01）

按情理推断，陈本既将所买田地四至写清，郑语不会因界址毗连而侵占田地，更不该将佃户王谅掳去。详情究竟如何，还须传原告、被告等人询问，同时又差衙役江龙前往调查。调查结果是："被掳之王谅一名，未奉票之前，经郑北等惧究，先将王谅一名交土目潘照宗、总理陈克铭领回，现在无从押放。"陈星聚又批示道："王谅既已回家，速即传齐全案人证一并报审，勿延。陈本、郑语等管业契据，既皆投税，着传谕两造自行携带，随堂缴验可也。"（《淡新档案》22411·03）

就在陈星聚批示传原被告双方审问之际，陈本又呈上来了第二份状纸，内称：佃户王谅已经放回，郑语则化名郑绍基，捏词诬控，意图霸占田地，当时契约上已将田地四至界址与郑语交待清楚，始行交割。今被郑语、郑北等混界强占，明明欺我孱弱，才敢如此。现在正届早稻收成之际，郑语等欲强行抢割，伏乞大老爷做主。陈星取阅读之后，第三次批示："（王谅）本未掳也，何云放回？候催差吊契赶集带审。至郑绍基在堑具控，是否郑语变名岐陷？俟此案人证到齐，检核归并讯断可也。"（《淡新档案》22411·04）

就在双方笔墨官司不断之际，芝兰乡乡长林进清、保长周永安发现郑语纠集壮汉十余人，欲强行收割稻谷，林进清等闻知，便邀同总理、业户、庄耆等到地谕止，"劝令两造所争稻谷存交公人收割候断"，陈本等已遵劝停止抢稻，但郑语刁蛮不遵，人不撤散，请求陈星聚处理。如不及时处理，双方势必酿成械斗，陈星聚紧急批示："该乡务必随□□弹压,毋于两造滋事之际,袖手裹足……一禀具报塞责也。"(《淡新档案》22411·05)接着芝兰三保总理陈克铭、土目潘照宗也上书陈星聚,恳求制止双方因抢割稻谷而发生械斗。

陈星聚神道碑（2）

陈星聚神道碑（1）

　　能不能妥善处理这起争田纠纷，关乎着一方社会秩序，陈星聚对此极为重视，就在他正准备彻底解决此案时，陈本又送来了第三份诉状，说郑语欲抢割田稻，该地总保谕止不止，恳请大老爷抑强扶弱，谕止郑语将聚集之人解散，封收稻谷，讯断稻谷归属谁人。陈星聚思忖：郑语是强势一方，聚集人众企图抢收稻谷是实，但他并未到淡水厅告状；陈本 3 次告状喊冤，看似弱势一方，但他也曾纠集人众准备抢割稻谷，因此他断定："两造汹汹抗衡，互图抢割，均非安分守法之徒,候即饬差赶紧谕止,解散封收,速集人证,以凭质审定断。"(《淡新档案》22411·07)几天之后,陈星聚又作出详尽批示:

> 赏戴花翎特授淡水分府陈为饬催谕散,封收集讯事。案据芝兰三保大屯番社庄民陈本呈控郑伯麟将大屯庄公业田山共六段,托中郑来发等恩伊承买,银清契立,瞨佃王谅耕作,岂疑郑语将伊承买毗连田丘强横侵占,佃人王谅理阻,反被郑北等掳去吊殴等情一案,当经饬差押放禀复,批饬提讯在案。兹据乡保长林进清、周永定以陈本、郑语争业界,纠众抢收等情。并总理陈克铭、屯目潘照宗及陈本以郑语纠众抢割等情,先后呈催各前来。除分别批示外,合行饬催。为此,票仰原差江龙飞往该地协同总保,立即查明两造果有纠众抢割情事,务必赶紧谕止解散,封收候断,一面传集后开有名被、原人证各正身,限日内禀带赴辕,以凭质审。该差毋得玩延干咎。(《淡新档案》22411·08)

案件还未宣判,童生郑绍基便连次告陈本"纠匪占业,列械聚扎,欲行抢割",请求陈星聚派人制止,又告陈本串通多人将其父郑语捉出酷禁,"哀乞青天大老爷俯怜孱懦,无辜受屈,恩准先将其父放回,一面齐集质讯究诬,俾免弱肉强吞"(《淡新档案》22502·14)。而陈本也状告郑语"变名捏谎,瞒渎占业不还,禀请淡水同知陈星聚恩准在艋核讯究断还管"(《淡新档案》22502·10)。陈星聚一面传被告陈本、中人郑来发、卖主郑伯履、原告郑绍基、郑语5人到案,一面又"断令陈本耕田仍应耕至礼房田尾,不准越界,郑语所买郑姓礼房之田,载明界限,陈本不得占耕"。从陈本在光绪二年五月状告郑语到九月间陈星聚传5个当事人到案,这期间经过了4个月之久,陈星聚反复调查研究,已对全部案情了解于胸,孰是孰非已经完全清楚,他在原被告及证人到齐之后,当堂宣判道:

> 案据陈本呈称郑语混界占管,佃被掳去,郑绍基呈称陈本越界占耘,恩迅拘讯等情。审得郑伯麟等四房,以诗、礼、传、家四字为派,将可分田产立合约字分管,抽出公租一百四十石,土名大屯溪底,载明东接礼房田尾为界,光绪元年出卖与陈本为业。礼房分得中寮下份水田埔园一所,西与陈本所

买郑姓公田毗连，亦于光绪元年出卖与郑语为业。陈本买契，郑伯麟等情将契内东连礼房田尾为界一句，改作东至礼房横丘为界，陈本遂越田尾而耕至横丘。郑语不愿，因而互控兴讼。断令公田一份合约字内，载明东连礼房田尾，出卖之时何得改写横丘，致滋争端。陈本耕田仍应耕至礼房田尾，不准越界。至郑语所买郑姓礼房之田，载明北至山脚透仑顶车路分水为界，则车路分水以南即郑语之田，陈本不得占耕。至陈本控掳不实，着责惩示敬，取具依结完案。两造一切契据发还。此谕。(《淡新档案》22302·19)

陈星聚的判词可谓细致入微，分毫不差。陈本、郑语结怨的起因，是因为郑伯麟先将田产卖给陈本，注明"东接礼房田尾为界"，后将另一处田产卖给郑语，注明"西与陈本所买郑姓公田毗连"，但郑伯麟在写契约时，将"东连礼房田尾为界"一句改作"东至礼房横丘为界"。陈本见有机可乘，遂越田屋界而耕至横坵，郑语当然不愿，遂引出一场官司。郑伯麟写契约应当慎重，误写田界四至，等于是授人以柄，陈本非是良善之人，明知契约是误写，偏偏要去占便宜。至于郑语所买郑姓礼房之田，已写明"北至山脚透仑顶车路分水为界"，则车路分水以南之田，当属郑语所有，陈本更不该占耕，这场官司本由陈本挑起，他却恶人先告状，捏造情节，混淆是非，控告郑语抢割稻田，掳走佃户王谅，应该惩罚示众。这一判词不偏不倚，公正严明，赢得了淡水百姓的赞许。

光绪二年(1876)七月，家住竹南一保后垄街的街民杜忠，赴淡水厅衙门喊冤告状。他说自己祖籍福建同安县，乔迁来此，因家贫，靠卖火炭谋生。他与一个叫詹兰的人开的炭窑约定，从那里买火炭再担往市廛贩卖。本月二十二日，他与侄子顺元购买火炭26担，雇工挑至竹堑城东门外，突然被一个叫谢屉的人拦住,称这批火炭是他先购买,应该让给他。杜忠当然不服,便与他理论,谢匮纠集党羽赵谅、王大英及生员谢锡畴等人大打出手,杜忠势单力孤,敢怒而不敢言,"本欲抬辕检验,奈身受重伤,诚恐远行冒风不测,不得已抬回医治,另容稍愈补验"(《淡新档案》23404·01),哀乞大老爷严明德政,拘提谢匮、谢锡畴、赵谅、王大英等人到案讯问。据生员谢锡畴供状称,杜忠与谢匮因买火炭而发生纠葛,小生员出为婉劝。但杜忠称炭窑老板詹兰欠谢匮银钱十余元,陆续归还,尚欠3元,因此谢匮才截留了杜忠26担火炭藏于家中。"今蒙提讯,断令再着谢匮限二日内邀烧火炭人詹兰到处理会,若再不出理会,即将火炭统归杜忠,不准谢匮再行相争。小生员甘愿具遵完案就是了。"谢锡畴所言当是实情。詹兰与谢匮有银钱纠纷,本与杜忠无干,无故抢夺杜忠火炭,毫无道理,谢锡畴不明就里,糊里糊涂给谢匮帮忙,实属荒唐可笑。陈星聚当即堂谕:"限二日内烧火炭人詹兰若再不出理会,即将火炭统归杜忠,取具依结完案。此谕。"(《淡新档案》23404·03)这场纠纷中的关键人物是詹兰,只要他一出面,这一矛盾便可涣然冰释,因此陈星聚才限他在二日内到案,否则火炭统归杜忠。杜忠又告谢匮"面是心非,暗结山内匪类,侦忠欲往挑炭,希图拿酷(捉拿之意)以报宿恨,幸工人先往探知回报,方得免遭毒害",恳求青天大老爷为孱弱之人做主,严拘谢匮等全案人证到案追究。

陈星聚遗墨

陈星聚看完了这份诉状,是非曲直已昭然若揭。杜忠是本分之人,他买詹兰之炭,银货两讫,并不拖欠,卖炭糊口,正大光明。谢扈与詹兰的纠葛,不应当牵连杜忠,谢扈图谋抢夺木炭,显然有悖情理。于是他先在杜忠的状纸上批示:"案已断令将火炭二十六担统归于尔收回,是尔毫无吃亏矣。现在詹兰既亦唤出,尔往挑炭,谢扈何得因詹兰之欠租而阻挠尔之挑炭乎?俟饬差照断,押令将炭还尔收领可也。"(《淡新档案》23404·06)然后又派差役徐祥至谢扈处,将其扣押的26担火炭交给杜忠领回。陈星聚再次批示:"立即押令谢扈遵照堂断,将炭二十六担交还杜忠收领挑回,不准谢扈藉以詹兰之欠违断阻挠,并取具杜忠收领状呈缴备查,限三日内禀复赴辕,以凭察核销案。去役毋得违延干咎。火速。火速。光绪二年九月五日。"(《淡新档案》23404·07)陈星聚处理得如此入情入理,公允无私,使谢扈、詹兰、杜忠等人心悦诚服,不再诉讼。

陈星聚用过的物品（1）

光绪二年(1876)八月,一个叫陈朝纲的职员赴衙告状。自称住新埔五份埔庄,年50岁。他买了一处农田,在一个大坑的南面,许阿万兄弟有农田一处,在大坑之北,双方的田地只隔一坑,两边皆有旧石礐(按:礐音 què,溪。石礐即用石头砌成的溪)为界。本年七月间,洪水泛滥,两边石礐均被洪水冲坏,许阿万等不按旧址修理,凭空越界二丈余,强筑新礐,坑水冲坏了陈朝纲家田地,工人陈石妹上前理论,被许阿万等"扛殴倒地,肩背胃膛受石击伤,生死未卜,旁观戴阿盛向前救止,肩背亦被击伤,奔投总理彭青云暂住。兹将陈石妹、戴阿盛二名并抬赴辕请验"。据他所说,许阿万越过田界修筑石礐,又将工人陈石妹打伤,实属恶霸行径,应予严惩。但另一个叫许延辉的监生(即许阿万)也同时控告寻衅滋事,将人打伤,请求惩治。状纸中说,他在道光六年(1826)购买大旱坑溪北田,原带石礐护田,屡有修茸。今年石礐被大水冲坏,小民依旧整修。棍绅陈朝纲在溪南买田一小段,价银数元,小民所买之田,价银千元。陈朝纲久欲越界霸占田地,趁小人修茸石礐之际,命其子陈庆云督率陈石妹、陈石佑等二十余人,各执木棍,如狼似虎,不分青红皂白,将石礐拆毁,小人之弟许阿广向前理论,"被木棍乱加头顶,头破血流,并左眼、左脚腿、左脊背、左胳膊均受重伤,甚将修礐家器抢夺",也乞大老爷秉公审理。陈朝纲与许阿万都控告对方打伤人,孰对孰错,自然不能凭一纸诉状断案,还须调查研究,才能得出结论。

陈星聚像(1)

陈星聚反复阅读诉状,认为两人所说均与事实不符,有夸大其词之嫌。他先在陈朝纲的状纸上批示：

　　该职员与许阿万田既系中隔一坑，则是天生界限也。该处石礧既经被水冲坏，谅必当有旧址可稽。乃该职员谓许阿万等越界强筑，而监生许延辉续来具呈，则谓该职员不让照旧整修，将礧拆毁。究竟孰虚孰实？候向差秉公查勘。至抬验陈石妹伤甚轻微，而戴阿盛则并未成伤，何得架砌浮词，牵株多人？特斥。(《淡新档案》22503·01)

陈星聚像

孰是孰非姑且不论,陈朝纲所说陈石妹"受石击伤,生死未卜",戴阿盛"肩背亦被击伤"云云,显然不是事实。查验的结果是"陈石妹伤甚轻微,而戴阿盛则并未成伤",因此陈星聚怒斥陈朝纲"何得架砌浮词,牵株多人"。陈星聚又在许延辉的状纸上批示:

> 礐经冲崩,旧址总在。该监生果否照旧修整,抑有越界强筑之事,两造示凭旧址,以理分说。乃始而互殴,继而互相架袒,均属不合。许阿广伤已验明,候饬差查理可也。"(《淡新档案》22503·05)

是否越界修葺石礐,双方应出示旧址证据,以理评判,且旧址仍在,自不难调查清楚,双方始而打架,继又为自己辩护,均不合情理。可以看出,陈星聚秉公断案,不袒护任何一方。

为尽快查明事情真相,陈星聚立即差役"查明陈朝纲有无田界被许阿万等强筑新礐情事,如果属实,克即秉公查勘处理,均着二比照旧修理,不能相争,以免讼累,一面将理处情形据实禀复赴辕,以凭察夺。"光绪二年九月。"(《淡新档案》22503·08)大概是陈朝纲与许阿万的争端使邻里感到不安,竹堑城内的汤奇才、新埔街监生张济川、蔡景熙、曾福堂等自愿调解双方息讼。经陈星聚所差之人与汤奇才等共同调查,才得知陈朝纲与许阿万同乡共井,又兼有亲戚之谊,于是邀同双方实地勘定各界址,"劝其照旧修筑,并劝令两造各受微伤,自行调医。其二比俱各遵听调处,悦服息事,和好如初"。但双方既已对簿公堂,调解人自然不敢擅自息事,因此请求陈星聚"恩准将案批销,以免缠讼"。事情既调查清楚,双方又愿撤讼,和好如初,陈星聚自然乐见其撤案,于是在汤奇才等人的状纸上批示:"既据既明,准予销票。"(《淡新档案》22503·09)这场久拖不决的官司在陈星聚的调停下,得以圆满解决。

光绪三年(1877)十一月,陈星聚又受理了一桩房产争夺案。告状人王乌目,家住竹北保新埔庄,年63岁。据他称,他有一堂兄王庆,咸丰二年(1852)将瓦店房屋典当给赵金、赵蔂掌管,原限10年为准。典当后不久,王庆病故。10年之后,赵金欺王庆一家绝亡,只有一子远流异地,遂起歹心,将店霸为己有。小人见王庆家所遗神牌共21人停悬废祀,目睹心伤不已,于是邀请中人连俎生取赎,以便收税祭祀。但赵金坚持必须王庆之子王进来到场,方肯听赎。王进来到后赵金仍想霸占此屋,听从一个叫陈壳的把持阻挠,小人投总保斥赎,赵金仍不理会。可怜小人生则无处栖身,死则绝禋废祀,冤惨已极。"叩乞仁慈大老爷俯怜人鬼无依,恩准饬差吊契,拘集赵金、赵懋等验讯押赎,以儆奸贪。生衔死结。"王乌目的诉状写得可怜兮兮,看来似有冤情,但是真是假,遽难断定,陈星聚不能表态,一面在状纸上批示"姑候差查理赎复夺"(《淡新档案》23203·01),一面差人"迅协该地总保,立即查明赵金、赵懋有无承典王乌目瓦店,坚听陈壳、连俎生阻挠抗赎情事,如果属实,克日确查理赎。仍将查理缘由禀复赴辕,以凭察夺"(《淡新档案》23203·2)。

　　被派去查明此案原委的人叫钟典,是一个精明强干之人。据他查明:"赵金所典之瓦店一所系是王进来承父遗下之业,与王乌目无干,系是花宗叔侄。现在王乌目恃其父子强悍,王进来卵石莫与敌。询据王进来称此座瓦店现在是无嗣之业,神主二十一身倘要找赎,必于自己亲场花押。现王乌目出为吵扰,要索多金,王进来被其欺辱,不敢向前。役难以理赎,理合将确查情形据实禀明。"(《淡新档案》23203·3)

陈星聚生活用品

　　据钟典的调查,此案中有两组矛盾:一是王乌目、王进来叔侄的矛盾,二是王乌目与赵金、赵懋的矛盾。陈星聚对于钟典的调查并不完全相信,因为王乌目告的是赵金、赵戆,那才是主要矛盾,如今却突然成了王乌目、王进来叔侄的矛盾,即使二人有矛盾,也应是在房产争回之后,现在房屋尚在赵金手中,二人何来矛盾,这不能不令人疑窦丛生。要么是钟典行程匆忙,未及仔细查问;要么是钟典调查中所得材料不实,因此他在钟典呈上来的调查书上批示"换票传讯"4个字,意即将原被告双方都传来询问,然后再作定夺。就在这时,王乌目的街坊竹南一保中港街总理叶春魁及乡保长等也送来状纸,表示愿意调停销案,以息讼端。根据他们的调查,王进来的祖父王宇将房屋典当给赵金之父,院内余地又与张姓有纠葛。去岁冬天,王乌目出头欲赎回房屋,但手中银钱不够,而院内余地因与张姓有纠葛,赵金也不敢让王乌目赎回,因此双方争执不下。现在经过调停,劝赵金备银45元,作为地基业价,并劝王乌目等邀同张家勘明四至界址,立尽根契字付赵金掌管,双方均心悦诚服。赵金既交地基银,契约自然成立。店屋及余地归赵金所有,双方各签花押,立即生效。"据情禀乞青天大老爷爱民无讼,讯准将案注销,以清尘牍,得安生业。"双方既已平息争端,不再诉讼,陈星聚于是批示:"既据理明取结求息,准予销案。"(《淡新档案》23203·04)

陈星聚在任淡水同知期间,判过不少案件,每一个案件都判得公正公平,丝毫没有枉法徇情,深受百姓爱戴,是封建社会中不可多得的循吏。

陈星聚用品

同治十三年(1874)四月三日,陈星聚受理了一件租佃关系的讼案。家住大溪埔庄的郭何氏状告佃户叶阿度抗租不交。郭何氏的诉状称：自己 47 岁，夫丧子幼，祖上是大溪埔荒埔的业户，祖上在此开荒有年，垦田不少，但因地势高，缺乏水源，所开荒地亦只 3 年一收，但皇粮必须缴纳，只能依靠佃户纳租缴粮。同治七年(1868)，佃户叶阿度恃其兄武生叶从青之势，将所收之租谷兑换私盐，抗纳租谷。小妇人只得上告，蒙前任大老爷饬追在案。叶阿度不遵守判决，买通了一个叫林本源的人呈文为其掩饰开脱。小妇人乃一女流之辈，告状实非得已，亏有邻亲出来劝解，让小妇人少收租谷，息事宁人。谁知叶从青贪心无厌，将租谷减之又减，迁延时日，并不交纳。小妇人住处离城数十里，一来呈催往返必多花路费，二来今年遇旱欠收，无力可催。去岁叶从青谎称存谷待纳，赴案一味胡言，小妇人拿着前任大老爷的批文前去催讨，适逢粮差陈隆催粮，小妇人即托他收纳。叶从青打算出谷百石缴纳，继而派人来城打探，得知前任大老爷离任，小妇人所呈还未落实，仍抗颗粒不交。伏乞大老爷明察秋毫，为小妇人做主。陈星聚把状词读了几遍，郭何氏所述是否属实，尚须调查，而叶从青抗租大大不该，于是批示道：

赏戴花翎升授台湾北路淡水总捕分府陈批：叶从青果敢抗纳不还，候提案讯追。如果讯系虚诬，定即照例反坐。(《淡新档案》2212·19)

到了五月三日，这一案件还没有眉目，郭何氏再一次将叶阿度、叶从青告上淡水同知衙门，陈星聚一面派差役江龙传涉案人员赴辕讯究，一面又作出批示：

赏戴花翎特授台湾北路淡水分府陈为饬提讯追事。案据业户郭龙明即郭何氏(按：郭何氏已故丈夫叫郭龙明)具控，虎佃叶阿度恃兄武生叶从青势焰，抗纳租谷，控蒙前宪饬追在案。讵叶阿度胆嘱林本源捏情饬禀，空言骗延。此次向收，仍不交纳，叩请拘追等情。查此案先则任氏具控，当经前分府饬追在案。嗣因久不呈催，业经将案注销，旋据续催，又经批饬自行收纳去后，兹据前情，除批示外，合行提讯。为此，票仰本役迅协各地总保，立即传集后开有名被、原告人等各正身，限五日内禀到赴辕，以凭讯追。去役毋得刻延干咎。速速。(《淡新档案》22102·21)

原来前任淡水同知曾处理过此案,因郭何氏久不催促,此案已经注销,此次郭何氏重新诉讼,陈星聚才又立案,传原被告到案询问。

双方对簿公堂时,郭何氏说,她自丈夫亡故后,承接祖父遗下的开垦业户收租,为缴纳皇粮而收的租叫大租,所缴给官府的皇粮叫正供。这叶从青从同治六年(1867)抗纳小妇人大租,转米兑换私盐,小妇人派工人阻止,被殴成怨,至今九年。他所耕之田系小妇人卖给陈经的,价银一千余元,后又转卖给叶从青,银价不详,商定大租一九五抽的(即100石中抽取9.5石),丰年有90余石,契约内均已载明。同治四、五两年,天气干旱,叶从青筑陂塘引水,再三恳求,故此大租未纳是实。叶从青另买小妇人埔地一段,价银70元,现已开筑成田,大租也未完纳。武生叶从青则供称:他也是种田为业。同治二年(1863)他买陈经旱田一段,价银270元,大租一九五抽的,一年丰收时可收一百余石,亢旱时只收七八十石。同治四年(1865),生员完纳郭何氏大租9石5斗,5年完纳13石余,均有单据可查。因同治六年(1867)郭家久欠正供,前任大人下令封收各佃大租,生员是以将租额收存,并非抗纳。田地契约前向桃仔园林芬借银时作为抵押,如今还未领回。生员另买郭何氏埔地,每年大租4石零,已卖给林本源支收,亦有单据可凭。求大老爷宽限数天,生员一定带契约呈验。陈星聚听完两人陈述,双方虽各执一词,但均有不妥之处,遂当堂口谕说:

> 堂谕:复讯叶从青、郭何氏互控大租一案。查叶从青所买田业,系纳郭何氏大租,按收成丰歉一九五抽的,同治四年完九石五斗,同治五年完十三石,俱有郭龙明收单可凭。同治六年未完兴讼,至今抽的从何核算,只有照从前完单最多年份,断以每年还大租十三石,至今八年,该大租一百零四石,明年仍照原议一九五抽的。乃郭何氏抗不遵断,坚以必验叶从青买契为词,叶从青屡限不缴买契,亦确必无取巧情弊。着将叶从青发学(按:叶从青是生员,故发往学校)限缴,并传郭何氏,抱告(陪伴告状之人)郭六、郭猛到案质讯究结。此谕。(《淡新档案》22102·34)

陈星聚用过的物品（5）

在陈星聚看来，只要叶从青按照原来协议纳租，就不算违约，郭何氏不必纠缠检验叶从青的地契，而叶从青屡次不交验地契，也使人疑窦丛生，总之，双方均有错误。叶从青认为自己是遵谕封储租谷在仓，并非抗租不交，反遭郭何氏诬控，请求陈星聚公断；郭何氏又讼叶从青纵容胞弟叶阿度抗不纳租并冒认越界业户林本源为主人，恳请陈星聚究办。陈星聚再次堂谕：

> 堂谕：复讯郭何氏、叶从青互控大租一案，当经吊验叶从青买契，内载明分田十一甲，则每年断不止纳大租十石零，实因该田抛荒已久，经叶从青买后筑坡灌溉成田，花费工本，所以前三年内灭纳大租，叶从青即执完单以为例，郭何氏不允，因而兴讼。从六年起抗欠至今，颗粒无纳。查该田系一九五抽的，每田一甲按丰歉年份折中，约莫有二十石左右，迄今八年抽的，核以每年三十零石，合二百四十石，着叶从青如数缴案给郭何氏收清，嗣后每年仍照原议一九五抽的为断，取具依结完案。此谕。（《淡新档案》22102·42）

叶从青3年未纳大租，事出有因，是因为他买到的是抛荒已久、没有灌溉设施的田地，需要投资兴建灌溉系统，而郭何氏非要他照数纳租，由此引起了诉讼。

该缴的租谷,叶从青必须交给郭何氏,以后仍按一九五老例抽租。陈星聚断得合情合理,公正允当,双方均无异议,这桩官司就此尘埃落定。

陈星聚用过的物品（4）

光绪三年(1877)九月,陈星聚接到新竹县竹北一保新社庄村民周孙畏、周来成、周九等人的诉状,称小人等的先人从内地先后来台,共聚一方,因都姓周,便商议捐资共祀一神,所捐之款除祭神外,存留生息,以备各家有急事时使用。但例贡周希文入泮(科举时代学童考进县学为生员,俗称入泮)之后,将利息尽行霸占,我等人的先人不忿,在大人的前任黄大人处控告,蒙讯断在祭祀款内每年拨谷10石,作为他读书的费用,现有案可稽。而周希文声称祭祀款愈积愈多,势必引起纷争,不如将祭祀银盖一祖祠。众人认为盖祖祠也是善举,遂将祭祀款3000余元购买砖瓦、木料,专等动工兴建。不料左等右等,不见开工,再一打听,才知砖瓦、木料已被其子周秋变卖,祭祀田也已转佃他人。小人等与他理论,周秋纠集凶徒数十人,各执铳械围困我等。欲举手相抗,必酿成巨祸,就此罢休,又不甘心,恳求大老爷明镜高悬,拘传周希文到案察讯究断。因为这只是一面之词,是真是假,无从判断,陈星聚只得批示:"分府陈批:据禀是否属实,候先饬差谕止解散,一面吊据提讯究追。"(《淡新档案》22704·01)

陈星聚用过的物品（3）

就在陈星聚打算派人调查之际,周孙畏等又呈来一纸诉状,称周希文得知被人控告,怂恿儿子周秋率一帮恶徒抬着周希文挨家撒野行凶,必欲与小人等拼命,身藏鸦片欲吞吃讹诈,小人等奔报耆老,虽婉劝暂回,窃恐复至,祸生不测,恳请大老爷为民父母,迅速饬差谕止。陈星聚得知周希文如此寻死觅活,知他必然理屈,于是批示:

　　赏戴花翎补用府正堂淡水分府陈为饬谕止提讯事。本年九月初八日,据竹北一保新庄结首周孙畏等佥称,伊等各□□鸠资祀神,存留生息,被例贡周希文将尝祀生息网霸,借欲公盖祖祠,积霸十余年,有三千余元,购买木料砖瓦,仍怂其子周秋变卖。兹复将先人公置祀田,欲行变卖,伊等侦知向阻,胆听周秋纠党凶徒,拥围佃家,必酿巨祸,叩请谕止拘讯等情。据此,除批示外,合饬谕止,吊据提讯。为此,票仰本役迅协该地总保,立即查明该例贡周希文如果纵子党众滋端,克即先行谕止解散,一面吊齐二比契据,提同被、原告人等各正身,限三日内禀到赴辕,以凭讯究。去役勿得刻延干咎。速速。

　　计开:被告例贡周希文、纵子周秋、原告结首周孙畏、周嘉锥、周来成。

　　光绪三年十一月初三日。(《淡新档案》22704·03)

陈星聚用过的物品（2）

周希文见周孙畏两次控告他，也不甘服输，呈文为自己辩护。他说，小人继承了祖父的一块祭祀田，租给郑意耕种，租谷160石，以备祭祀及族中丧喜费用，同叔父周迈一起掌办，已历40年。不料去年叔父病故，郑意居心叵测，拐诱小人堂侄周永、周嘉锥、周来成等私授短借，将租扣抵，意图霸占，废公利己。迨至今年五月间，小人无奈将郑意交来的耕定银4元交还于他，但他还不肯罢手，挑唆小人堂侄周文等阻挠，滋闹不休，几生祸端。祖父以千金之资买来的祭祀田，一旦遭到废灭，小人于心何安？伏乞公祖大老爷施恩布德，准许将祭祀田要回另租。周希文虽然呈上了诉状，但他未呈上祖上所遗祭祀田的印契，把田租给别人也没有证据，因而陈星聚并不相信他说的这一番话，在诉状上批示：

赏戴花翎升授台湾北路淡水总捕分府陈批：祖遗祀田既无印契检验，赎佃抗租又无佃批呈缴，似此一面之言，试问凭何核追。不准。（《淡新档案》

22704·02）

福建官绅挽联

　　陈星聚不准周希文的诉状，周希文仍不死心，他不回答周孙畏等人的控告是否真有其事，而是接连两次控告佃户郑意将祭祀田私授分肥，怂恿希文之侄周嘉锥等造谣惑众，纠集人众执械拥田，强犁占播，要求陈星聚过问。陈星聚见周希文王顾左右而言他，绝口不提周孙畏的控告，未免心中不快，提笔批道：

> 赏戴花翎升授台湾北路淡水总捕分府陈批：案查先据周孙畏等以该贡生久霸祀产，复欲变卖公田，纠党围拥佃家等情。控经饬差谕止，提讯在案。乃尔并不赴诉，辄敢瞒情另作新案迭控，希图怂准，殊属刁钻。候催集质讯究断。（《淡新档案》22704·06）

　　正在双方争执不下时，周希文的侄子周培萱上状说，他曾祖所买祭祀田租人耕种，每年收谷160石作为宗族祭祀费用，由胞叔周希文掌管，郑意耕种。郑意与周族孽子周猫水密谋，欲把周希文有夫侄女夺来为妾，周希文恼怒，欲收回郑意所耕之田，另租与他人。郑意摆设筵席贿赂周三桂、周嘉锥、周来成等控告周希文年老糊涂，指使儿子霸占祭祀田。周希文老耄，其子周秋人际关系不佳，众人讨厌他是实,其他则是子虚乌有。周培萱在学堂读过书,识文断字,自称肄业生。陈星聚认为周孙畏、周希文双方孰是孰非,他自会调查清楚,斜刺里杀出个周培萱,只会把事情搞乱,于是他又批示:"案据周孙畏、周希文等互控,业经差传集讯在案,庭质自有公断,该生毋庸扛帮插讼也。"(《淡新档案》22704·07)

　　周孙畏、周希文双方互相控告,从这年九月至十二月,迄未休止。陈星聚派人传集有关人员、印契等赴辕究断,只有周孙畏到案,周希文、周秋父子及周培萱借口自己是例贡,须由儒学转达,才肯到案。陈星聚在作了大量调查取证后,公允地判决了这宗案件,双方均心悦诚服,没有异议。陈星聚春风化雨般解决矛盾的做法,获得了百姓的好评。

出生台陈镇

（十一）伸张正义,敦睦人伦

陈星聚之墓（1）

　　家庭是社会的细胞,只要家庭安宁,就能促进社会稳定和谐。陈星聚对于消弭家庭矛盾、敦睦人伦,也下了很大功夫。同治十三年(1874)正月,家住淡水城北门街的寡妇陈吕氏,年62岁,状告螟蛉子陈遏浪荡嫖赌,不务正业,到处借钱挥霍,却逼陈吕氏还债,陈吕氏训责,陈遏竟将母亲推倒在地,随即闯荡在外,现

在又值科举考试,陈遏欲赴郡治台南赶考,恐他又四处借钱,乞大老爷严加管束。陈星聚读完状纸,当即批道:

> 吴遏本非陈姓之子,难继陈家宗支,速令复遂本姓。则虽挪借他人银钱,总与该氏无干。仅以科考为请,计亦左矣。(《淡新档案》21401·07)

陈星聚之墓 (4)

陈星聚得知陈吕氏年已 62 岁,风烛瓦霜,来日无多,孤孀嫠妇,谋生不易,心里自是无限同情。收养的螟蛉之子陈遏又如此目无尊长,胆大妄为,不啻是衣冠禽兽,于是说出了他并非陈姓之子,难继陈家宗支,令他恢复本姓的话。他欠下的账目,自然不该由陈吕氏偿还。陈吕氏诉状中仅说陈遏要赴郡考试,恐他再借钱,才想出了让官府管束的主意。陈星聚认为仅说科考一事,没有说中要害,才有了"计亦左矣"的批语。

一个月之后,陈吕氏再次将陈遏告到官府,状纸称:小妇人雇工人吕叶往中港枭谷,被陈遏得知,躲在半途等候,将吕叶卖谷银 93 元抢走。吕叶追喊,又叫来该地农夫帮追,陈遏慌忙躲避一树林中,挖土将银埋藏,不料被人看见。等到众人赶到,陈遏又移躲另一棵树下,银已被人取走。吕叶同众人搜寻不果,回家报知,小妇人只得自认倒楣。讵料一个叫林重开的人与陈遏朋比为奸,借此勒索庄民,硬说庄民挖走了银钱。小妇人已控诉 3 载,但未蒙审理。此事吕叶完全知情,应该出庭作证,但他胆小怕事,一听到官府传讯,便连夜逃回老家。小妇人一门孤寡,未出庭户,窃恐差人一到,又生许多枝节。伏乞大老爷俯怜孤寡,审理此案。陈星聚认为,林重开为何与陈遏狼狈为奸,诉状中未说清楚,而吕叶并未犯案,不过是出庭作证,实在没理由逃跑,便批示道:

　　赏戴花翎升授台湾北路淡水总捕分府陈批:林重开原控情节本有可疑,惟吕叶原控系被供指要证,不妨到案备质,何必逃回,该氏即速谕令赴辕,以凭提同林重开等确审究结。(《淡新档案》21401·08)

陈星聚之墓

　　五月间,陈星聚又收到了陈吕氏控告吴遏纠党强行肆抢佃人张江乱租谷,并欲结党强收各佃租谷,恳请陈星聚究治的诉状;竹堑保中港街庄总理叶春魁等细查吴遏纠党截抢工人租谷,确有此事且逃脱无踪,禀明淡水同知陈星聚过问的诉状;陈吕氏为吴遏纠党强行肆抢佃人租谷并掳禁佃人张江乱,禀明淡水同知陈星聚严拘匪类的诉状;差役李益为吴遏纠党铳械,聚扎三角店,声称欲抢陈恒裕租谷,总保到地弹压,全不理睬,禀请陈星聚定夺的诉状。陈星聚当即差李益三日内把一干人众传到衙门审讯,批示道:

　　赏戴花翎特授淡水分府陈为特签谕止拘讯事。本年五月二十九日,据本城民妇陈吕氏称:蜈孳吴遏听案匪陈聪主党强抢佃租,经佃户奔投总保弹压,氏恐恶心不泯,亲往中港督收谷石。于二十七日,陈聪复纠匪陈番婆等多猛(人),截住三角店,乘佃户张江乱运谷经过,拥出截抢,将谷搬陈番婆家藏匿,并将张江乱掳禁。(陈吕)氏闻报赶往理论,陈聪反敢与主党吴遏将(陈吕)氏推跌乱撞,叩请谕止押放拘究等情。据此,查此案前据陈吕氏迭次具呈,业经批饬传讯极呈前情。除批示外,合饬签差谕止解散。为此,签仰对保头役迅协该地总保,查明吴遏有无纠同陈聪截抢租谷,将张江乱掳禁情事。如果属实,立即谕止解散,并将张江乱押放带讯,一面拘集后开有名被告,传同原告人等各正身,限三日内随签禀带赴辕,以凭审究。去役毋得刻延干咎。速速。

　　计开:被告蜈孳吴遏即陈遏、主党案匪陈聪、截抢藏贮陈番婆、被掳佃人张江乱、喊呈民妇陈吕氏、抱告陈怀。

　　同治十三年五月三十日。

关于陈星聚文献石刻 (3)

　　批:着先缮签印发,随后补判。(《淡新档案》21401·09)

这不是正式判词,因为当事人双方尚未到案,陈星聚才说出了"随后补判"

的话。从陈星聚这段准判词的字里行间,从他称被告吴遏为"螟蟓",称吴遏的同伙陈聪为"主党案匪",称另一同伙陈番婆为"截抢藏贮"来看,陈星聚同情陈吕氏的态度是很鲜明的。后来陈星聚惩处了吴遏、陈聪、陈番婆等人,伸张了正义,维护了陈吕氏的正当权益。

光绪元年(1875)七月,仍在淡水同知任上的陈星聚,接到一个叫郑义的人的状纸,状告他义父郑璧的妾梨春。称梨春为郑璧生下一子后,郑璧病故,梨春将契券、衣物尽行卷藏外逃,一见小人之面,即与小人拼命。小人暂避其锋,不料梨春将门封闭,而后围聚一班恶徒,必欲将小人掳回殴毙。伏乞大老爷首正纪纲,特准提讯公断。陈星聚把状纸连读数遍,不禁伏案沉思:梨春只是一柔弱女子,既嫁人为妾,证明她娘家不是富有人家,岂有呼风唤雨,纠集人众,殴打丈夫义子的能力?郑义是不是恶人先告状,诬陷梨春,好独霸财产?即使不是如此,按辈分说,梨春也是郑义的庶母,儿子状告母亲,未免有乖纲常,不顾伦理。于是在状纸上批道:

> 赏戴花翎升授台湾北路淡水总捕分府陈批:梨春虽是女婢,俨然尔父之妾也。既已生下一男,则又居然尔之庶母也。名分攸关,岂容犯上兴讼。况天下无不是底父母,只须尔尽其为子之道,再请族亲代为引罪转圜,自可解除一切,率恳提讯,大属荒谬。此呈掷还。(《淡新档案》21402·01)

陈星聚极其厌恶犯上兴讼之人,信服"天下无不是底父母"那句老话,即使郑义所说是实,也应该尽为子之道,邀请族人说情,平息事端,不该一纸诉状把庶母告上公堂。郑义的行为"大属荒谬",因此陈星聚拒绝受理郑义的状纸。

郑义碰了钉子,不思悔改,一计不成,又生一计,再次状告梨春等人。诉状称:小人堂弟郑辉(郑义义父郑璧弟弟之子)自幼不务正业,学拳习棒,小人胞弟(郑璧之子)郑英之妻陈氏与郑辉勾搭成奸,碍郑英在家,怂恿义父将他革逐。郑英无奈,只得外出谋差,不幸惨死大甲。及义父亡故,郑辉又与义父之妾梨春勾结,将契券、衣物卷逃远寄。郑辉贪心无厌,企图得到义父所遗,自己不能办理,欲盗卖他人,被小人阻止,怨恨成仇。本月某日,郑辉与郑英遗孀陈氏通奸,被郑辉之妻发现吵闹,郑辉挟恨,纠集学拳伙伴十余人寻衅,意欲霸占应属小人之财产,求大老爷惩办郑辉,并责成梨春返回契房、衣物。陈星聚读完一遍,不觉怒气冲冲,郑乂告了庶母、堂弟、弟媳,而自己却没有一点不是,而状纸的内容又大多是有关风化乱伦之事,这些根本不该写在诉状里,更何况这些乱伦之事是否能够坐实,因属于隐私,也无法调查清楚。仅从诉状上看,郑乂不是个善良之辈,于是提笔批示道:

> 赏戴花翎升授台湾北路淡水总捕分府陈批:前呈业已批示,现词又添许多情节,而情节支离龌龊,足见尔处家人骨肉之间全是一股戾气,无论他人能容尔否,尔先不能容人。如梨春,尔父妾也;郑辉,尔堂弟也;陈氏,尔胞弟妇也,尔皆架词而指控之,是尔将全家亲人,尔一一视同眼中之钉,必尽拔除之而后快,尔之居心果何如哉?若曰为刑房□□及承发经营起见,则衙门中书吏、官自主之,彼不能私相授受,却亦不能与健讼之徒作争讼之资也。此种无情无理之呈,仅予掷还,犹是恕道,尔猛省否?(《淡新档案》21402·02)

这一判决真是斩钉截铁,痛快淋漓!郑乂将全家亲人一一视同眼中钉,必欲拔除之而后快,真是居心叵测,这种无情无理的诉状,当然不能受理,掷还犹是仁义之举,希望郑乂猛省,幡然悔悟,能尽孝道。

关于陈星聚文献石刻 (13)

就在陈星聚批示几天之后,郑璧的妻子郑陈氏也把郑义告到了陈星聚那里。诉状称:小妇人螟蛉原系陈姓之子,改名承义,又称郑义。养大后为非赌荡,屡偷家物,迭次训责不遵,小妇人丈夫在日,曾禀官逐回归宗,又将其关押,释放后在外流荡。小妇人丈夫亡故后,孽子到家百般索扰,横将家产夺去。经族长郑人俊申斥,欲送官呈究,被他逃脱。八月五日小妇人差侄孙生欢讨回欠款铜钱600文,又被孽子把铜钱抢去。小妇人孀守子幼,有冤莫言,惟有仰恳鸿恩差拘究办,使丈夫瞑目于九泉,而孱寡亦有赖矣。陈星聚见状纸的主要问题是郑义抢走了郑陈氏侄孙生欢讨回欠款的600文铜钱,只是郑义尚未到案,未知郑陈氏所说是否属实,于是批示道:

> 赏戴花翎升授台湾北路淡水总捕分府陈批:候即饬拘据陈承义捏词将该氏侄孙郑生欢诬控,竟是何情节? 着明白报指,以凭核案并究。(《淡新档案》21402·03)

郑义两次控告庶母梨春,陈星聚都拒绝受理,心中未免踟蹰不安,今见郑陈氏又状告自己,更是慌张不已,于是他联络了郑姓族人郑新丁、郑新树等5人状告梨春与堂弟郑辉。因郑义曾被父逐出,郑昆(即郑辉)与梨春(生一子5岁)合谋,欲将家产平分。新丁等不思其骨肉相残,请大老爷秉公处理,庶免同室操戈。陈星聚一眼看出,郑新丁等人显系受郑义之托,才写的这份诉状。梨春既有子,即郑璧真嗣,应该继承家产,郑义只是螟蛉,有何资格对分家产? 于是提笔批示:

> 赏戴花翎升授台湾北路淡水总捕分府陈批:郑义系螟蛉之子,即例所谓义男也。梨春所生之子,却是郑璧亲生,郑义若有耸父(对父亲不敬),将梨春之子逐出,则其以疏间亲,存心不良,无怪梨春心怀不愿,郑昆(即郑辉)得乘其衅而逞其谋。现呈(按:指状纸)竟然偏向郑义,殊无族房秉公之道,照例□□应以梨春所生之子为郑璧真嗣,郑义不得以义男而图将家产对分。兹差传人证,衡情酌理究断,以杜争执。□族房无能之至,可以不必扛讼。(《淡新档案》21402·04)

关于陈星聚文献石刻（1）

郑璧之妾梨春也状告郑义作为螟蛉之子抢夺侄孙钱财，丈夫在日尚不以为子，丈夫已亡岂能以之为子？郑义串通郑新丁、郑新树等人编造情节上讼，使人愤懑不平。郑新树与小妇人丈夫同姓不同宗，此次上告，彼并不知情，是郑义盗用其名。郑新丁虽系族亲，但日日赌博，与郑义同流合污。今日彼等捏词扛讼，若不严拘一切拿办，则孽恶横溢，孀寡怎安？陈星聚因案件尚未审理，不希望郑陈氏再忙中添乱，而她口口声声称郑义为孽子，也属不妥。因为郑义尽管是螟蛉，但毕竟与陌生路人不同，如果一味仇视，怨仇必然愈结愈深，不利于消除隔阂，全骨肉之情。于是提笔批示：

赏戴花翎升授台湾北路淡水总捕分府陈批：案据郑义及郑新丁等先后具呈，均经明晰批斥，该氏谅必有所闻见，尽可毋庸偏袒缠讼。若郑义以女婢二字存藐视之见，忘犯上之愆，该氏又以螟子二字，将故夫之义男同陌迹之人泛视，则众庭仇敌，势必愈结愈深。候并案差传人证秉公讯断，以全骨肉而省羁累。（《淡新档案》21402·05）

关于陈星聚文献石刻（1）

陈星聚认为,郑义若以庶母梨春曾是婢女而心存藐视,那是犯上作乱,而陈梨春又因郑义系螟蛉之子而视为陌路之人,同样不可取。至于官司的是非曲直,自有公断。他想的是如何处理好家庭矛盾,全骨肉之情。但要弄清原委,不能只听一面之词,须将所有涉案人员带往公堂审理,于是又批示道:

赏戴花翎特授淡水分府陈为并案饬传事。案据本城民妇郑陈氏（即陈梨春）呈称"氏夫郑璧有螟蛉陈姓之子,改名承义,岂期养大非为,迭次训责不遵。氏夫在日,于秋前分府任内禀称存案,逐回归宗。氏夫身故,不料逆孽胆敢到家百般索扰,横将家物夺去,又要与氏分爨,经投族长郑人俊等理斥。氏侄孙生欢向人讨回钱六百文,途被逆孽横抢,甚至捏词诬控,叩请拘讯"等情。查此案前据郑义先后具呈,均经批斥。嗣据前情并据族房郑新丁等佥呈,以伊堂兄故书郑璧昔承父业,兄弟三人,璧居长,二房仅传螟子郑昆即卯书郑辉,三房无嗣。璧在日将家业悉踞不分,螟子只存郑义,系发妻陈氏所螟,陈氏故后,复收婢陈梨春为妾,亦生一幼儿五岁。璧身故,郑昆存虎视之心,遂谋陈梨春将业欲作两房对分等情。又经分别批示在案。兹据郑陈氏呈催前来,除批示外,合行并案饬传。为此,票仰本役迅往该处协同总保,立传原、被告人等各正身,限三日内禀带赴辕,以凭讯断。去役勿得违

延干咎。(《淡新档案》21402·06)

这一段批示并非判决,只是将以上几次诉状作了归纳分析,要求原、被告等人3日内到案。在听了郑义、郑陈氏(即陈梨春)、郑昆、郑新丁等人的供词后,陈星聚作出了合乎情理、令人信服的判决:

> 堂谕:提讯郑陈氏、郑义、郑昆互控一案。查郑璧兄弟三人,先螟一子郑义,嗣后又以郑陈氏为妾,亲生一子。郑璧故后,郑陈氏以郑义不安本分,经郑璧在日曾逐归宗,不愿分与家资,郑义不久因而生讼。查例义子酌分田产,郑璧兄弟三房,仅有百石之租,郑璧名下只应三十三石,即酌与郑义田租十石,余归郑璧亲生子为业。郑辉系原二房之子,不得越房阻挡滋事。惟两造均愿断番,查竹堑卖田租十石之租,价番百元,即酌断郑陈氏与郑义一百元,所有田租统归郑璧亲生子为业,郑义不准再争。取具依结完案。此谕。(《淡新档案》21402·11)

此案从光绪元年七月郑义状告庶母陈梨春开始,至次年三月才告结案,陈星聚用了半年多的时间,而这只是一起民事纠纷。他为此案作了8次批示,本书为避免引文篇幅过于冗长,摘录了6次。作为淡水厅的行政长官并兼台湾北路淡水总捕分府,陈星聚日理万机,公务丛脞,但他处理民事纠纷是如此小心谨慎,惟恐弄出差错,不愧是个恪守官箴的廉吏。即以本案而论,郑义纵然有许多不是,但他毕竟是郑璧的螟蛉,应该分得一份家产。而郑璧也有亲生儿子,即妾陈梨春所生之子。螟蛉与亲生轻重又不相同,因此郑义只能分得家产的三分之一,即田租10石,按照当时市价,折成番银100元,由陈梨春付给,其余的家产均归陈梨春所生之子所有。即使在今天看来,这案子判得还是公平的。

福建官绅挽联（1）

同治十三年（1874），陈星聚处理了一起族产纠纷案件。简壬发、简新元等4人告状说，小人等的祖父在族中属于八大房派下，在嘉庆年间捐款建造了一座有4进房屋的院落，出租收税，作为祭祀高祖的费用，合街周知。后来后进房屋倒塌，无钱修缮，祖父把店契交给八房内的简其珩，让他贷款修理。到了道光十九年（1839），其珩病逝，祖父向其子洧浩面算，结存母银118元6角，利息银19元6角8分，年收店税36元，除祭祀费5元，地租银5角外，其余的都交给洧浩收抵，入利还母。现在账目、洧浩亲笔批条仍在。洧浩死后，八房中五、七房无后，坟茔无人祭祀。小人等向洧浩妻陈氏及其子结算，但简陈氏伙同儿子简庆顺、简庆平藏匿契账，伪造鲸吞，将中进房屋让与别人，自占后进，虽经总保、公人理论，但简陈氏等不听，乞大老爷究治。陈星聚看了半天，不得要领，但总觉得简壬发等所告的简陈氏均是简氏同族之人，同室操戈，伤了和气，也影响了社会安定。如果邀集简氏宗族商议此事，岂不比对薄公堂要好得多？于是提笔批示：

　　赏戴花翎升授台湾北路淡水总捕分府陈批：该屋尔等祖遗公产，年得税银三十六元，嗣因无钱修理，将屋契向洧浩质借银钱，此亦人情之常。惟据称道光十九年会算，仅欠洧浩母银一百一十八元，年应利银十九元零，又应祭祀银五元，地租银五角，以年收店税抵用外，尚余银九元之多。则计至咸丰二年(1852),所欠洧浩母银,已足还清。此后店税尽可公用,何以尔等仍肯交存洧浩,并不将契收回,直至现在致被简陈氏匿契霸占,所呈已不可解?且尔等与简陈氏谊关一脉,即有银钱出入,应即邀同房族秉公理算,毋得同室操戈,致伤和气。(《淡新档案》22301·01)

你看陈星聚将账目算得何等精确!简壬发之祖虽向简洧浩借钱修屋,但还有店租可以抵账,到咸丰二年已可将所欠洧浩之债还清,此后店税可以公用,为什么不把放在洧浩那里的契约收回,以致天长日久,被简陈氏匿藏契约,霸占房产?这张状纸实在让人不可理解。末了仍劝他们邀同族之人和解,不要同室操戈。陈星聚一片为民之心,于此灼然可见。

但是,言者谆谆,听者藐藐。海山保等庄总理简开端邀集简壬发及简陈氏之子简庆平双方处理此事,简庆平称只遵照母亲意见,不愿接受陈星聚的调解。简开端无奈,只得禀请陈星聚核查账目。于是陈星聚调集了双方的新旧账簿,并委托另一总理邱紫来会算。邱紫来会算后,陈星聚作了详细批示:

乙亥年(光绪元年,1875)二月,两造均将公私新旧账簿,交总理邱紫来凭公会算。兹经公查,旧公簿内于道光十九年记有其珩之子洧浩同众面算,结欠其珩母银一百十八元六角整。原该每年银,逐年加一六行利,年就该店税银,除利入母等约,此实大书特书,确有实据。迨阅承过新公账簿内、反加记欠银一百九十八元六角,查实将一改九,故加银八十元。细阅先后来往,及逐年收税入利账目,果系实符一百十八元银利之额,既无公事开出之条,又无别故分支之用,突加银八十之理。又查新账簿内,于道光二十八年,凭空突加记洧浩坐备来银一百九十元,此条更无来历,犹属显见其伪。细查二条,共加二百七十元,凭公理算,均难作准外,公账内欠洧浩银一百十八元六角整,此条实系秉公无私,照账核算,明其此乃凭空论理,不敢少讳,而两造遂否,惟祈自思。

再批者:其旧、新公账簿二部,洧浩私自记账簿一部,共三部,均交总理公算,两造不得擅行私取。如公算未能了结者,将该账凭总理缴案,不得有异。(《淡新档案》22301·05)

关于陈星聚文献石刻 (9)

　　原被告双方争论的焦点就是银钱的分配,而要解决好这一问题,就是核对账目。陈星聚从账目中发现了问题。查旧公账簿内记载非常清楚,简洧浩亲笔记载家族内欠其父其珩钱一百一十八元,而简陈氏的新账簿将"一"字改为"九"字,凭空多出了八十元,于是一百一十八元的欠款被篡改成了一百九十八元。道光二十八年,新账簿内又记有一笔公款欠洧浩钱一百九十元的记录,两项加起来,合共二百七十元,均无来历,显系作伪。只有旧账内欠洧浩钱一百一十八元六角整,才是秉公无私。为弄清事实真相,除了新、旧两本账簿外,洧浩还私自记有一本账簿,这3本账簿均须交总理核算,双方不得擅自支取。从陈星聚的批示可以看出,他处理家族纠纷,考虑得何等细致,何等周详! 在陈星聚的过问下,除了查对账目,还传双方人员到案,最终圆满地消弭了家族矛盾。

关于陈星聚文献石刻 (8)

光绪三年(1877)七月初三日,一个家住竹堑城内大爷街的民妇蔡曾氏状告丈夫亲弟蔡国卿恃尊欺寡,迫契不遂,将人打成重伤一案。诉状称:小妇人丈夫蔡欣在日,兄弟叔侄传承祖父遗下田厝、家资,五房均分,立有契约,另有公共店铺一座,没有拆分,契约由小妇人保管。丈夫之弟蔡国卿不守本分,赌荡花销,将家产废尽,又在公店借钱挥霍。他欺我夫死子幼,容易欺侮,屡次强迫小妇人交出契据,好让他将房子变卖花销。其他各房力阻,小妇人也不愿交出。蔡国卿恼羞成怒,率同伙寻衅滋事。小妇人堂叔蔡文生仗义执言,找他理论,反被蔡国卿拳打脚踢,胸膛数处重伤。叩乞大老爷俯怜寡弱,验明堂叔蔡文生伤痕,严拘恶党到案讯究。陈星聚看了状纸,一时无法判断民妇蔡曾氏所告是否属实,只能批示着人调查。第二天蔡曾氏见状纸没有下文,又找人写了一份诉状呈上,陈星聚再次派人调查此案。他知道蔡曾氏已急不可待,显系有冤,因此十分留意此案。七月五日,五房中的蔡国贲、蔡应基等也状告蔡国卿,内容与蔡曾氏所说大同小异,出入不大。

眼见蔡曾氏、蔡应基等人状告自己,蔡国卿不禁慌了手脚,也状告蔡曾氏,想变被动为主动。他说自己幼小时父兄沦亡,所留下的房业契约,寡嫂暂交堂兄国炎代掌,但他花去不少。及小人长大来到竹堑,因核查账目被殴打,经官府调解,契约仍由国炎掌管。去年腊月国炎及两侄先后亡故,其余的寡幼,小人居长,独力接掌业务,甚觉繁重。不料国炎螟蛉祖栋乘小人理丧不暇,擅将公契交给蔡曾氏存放。等到小人修复祖坟归来,蔡曾氏听从蔡文生、蔡泉等人教唆,拿着公契到处借银,滥开分润,贪恋酒食,日夜聚饮,小人拦阻,遂生仇恨,设局骗小人到伊家算账,蔡文生、蔡祖栋等将小人殴打,重伤昏倒。伏乞大老爷公断,幽明颂德,沾溉不朽。陈星聚恐闹出人命,连忙派人查验蔡国卿的伤势,但并无伤痕,便知道他所说不实。又联想蔡曾氏如果真的把契约拿去借银子,其他几房应该状告蔡曾氏,何以告的是蔡国卿。种种疑问,令人大惑不解。于是在蔡国卿的状纸上批道:

赏戴花翎升授台湾北路淡水总捕分府陈批:蔡曾氏果将公契借银,则业系蔡国贲等五房公共,何以蔡国贲等不向较论,转报尔图卖公业,联名合呈,有是理乎?提验又无伤痕,明系尔无赖生事。各房既商定,详将公契交与蔡曾氏收存,历年既久,其无他虞,可知应着曾氏照旧收存。不察尔独违众议,以遂阴私。至尔堂供本年内渡修理祖坟，计银十九元，果尔既属祖坟，又必为各房公共，自应向各房摊还，何以独向曾氏索讨？其为支饰，又属可知，亦无庸议。前验蔡文生虽属受伤，但亦不重，究属彼此互斗。（互）斗，依律，二比均应责处，惟混争之间，情可掩法，姑宽亦免深究。二比将来勿别滋缪辖，毋庸集讯，其各遵照完结。此实本分府特念讼则终凶，为二比息事安生起见，而恐惮于对簿，务各仰体婆心，息事修好，毋稍误会缠讼，有干严究不贷。凛之，慎之。（《淡新档案》22703·06）

关于陈星聚文献石刻（7）

　　这一段批语让蔡国卿无法自圆其说。蔡曾氏所存放的房契是五房共有财产，如果她拿出去抵押借钱，定会遭其他各房反对，然而事实是，那几房控告的却是蔡国卿，可见蔡曾氏以房契借银之说不能成立，房契仍应由蔡曾氏保管。再者，蔡国卿回福建故乡祭祖，费用应由各房均摊，为何单单向蔡曾氏索讨？明显不符合情理。蔡国卿说是被打成重伤，但检验时又不见伤痕。种种迹象表明，蔡国卿是个市井无赖之徒，虽然可恶，但并未触犯律条，自然不能重惩。蔡文生受伤是实，也不过是皮肉之苦，并无大碍，且双方互相厮打，可以不再追究。惟修坟一事，双方均应负担，但是家族之间琐事，自可不必深究。陈星聚苦口婆心劝说双方各退一步，息事宁人，如兴讼则两败俱伤，不如息事修好，各安生涯。不过陈星聚如此息事宁人的做法并无多少效果，他们之间仍兴讼不已。几天之后，蔡应基、蔡曾氏、蔡祖栋等又状告蔡国卿殴伤族弟蔡文生党霸田租。陈星聚对蔡曾氏等人兴讼不已的做法十分反感，批示道：

赏戴花翎升授台湾北路淡水总捕分府陈批:前据尔等与蔡曾氏具诉,只称蔡国卿勒交公契,当因该契向交蔡曾氏收存,历年既久,仍交蔡曾氏存执。提验蔡文生伤不甚重,念系一本之亲,就呈批结前来。如现呈所谓蔡国卿党霸田租各节,且复混称蔡文生伤医无效,实属节外生枝,意图缠讼,着实堪恨。该项田租今年究轮何房收租,该佃吴乌等自有旧业可循,着自邀公对佃照约交收。如再兴讼,干咎。(《淡新档案》22703·11)

关于陈星聚文献石刻(11)

经陈星聚再三劝谕之后,双方始消除矛盾,不再诉讼。

陈星聚任淡水同知期间,还处理了一件婚姻官司。

关于陈星聚文献石刻(4)

　　同治十二年（1873）腊月，竹堑县竹南二保蛤仔市庄民傅阿运呈告称：他娶黄阿五之女春娘为妻，生有一子，才满 8 个月。春娘归宁（回娘家），其父黄阿五不让返回，托黄生古说要赎身。又侦知傅阿运之弟傅阿妹入山砍柴，黄阿五纠集黄春来等人，把傅阿妹绑架到基隆庄黄阿芳家软禁，逼傅阿运写休书换回弟弟。恳请大老爷俯念伦纪攸关，为他伸冤，索回妻儿，严惩匪恶。陈星聚接状，大为诧异，翁婿之间怎会闹到如此地步？是否有些事情傅阿运未交代清楚，抑或不便交代？着实可疑。两家婚姻虽是小事，但关乎着社会秩序安定，不能等闲视之，于是批示道：

　　　　赏戴花翎升授台湾北路淡水总捕分府陈批：尔与黄阿五谊属翁婿，何以现起祸变，竟将尔弟傅阿妹掳禁，希图勒尔写立休书？所呈情节大属咄咄怪事，其中必有隐饰，候饬差确查押放拘究。尔聘娶黄氏为妻，究系何人为媒？有无婚帖可据？着另行呈缴。（《淡新档案》21301·01）

　　陈星聚批示之后，便派衙役庄兴、李益前往了解事情真相，释放被关押的傅阿妹，同时传集原被告人到案审理。庄、李两衙役赶到竹南二保蛤仔市庄，傅阿妹已被放回，但原被告及人证尚未传唤齐全，便先禀报陈星聚，说明情况。陈星聚非常关切此事，除再次催促双方到案，又责令猫里庄总理谢镇基从中调解。就在这时，陈星聚又接到了黄春娘之父黄阿五的诉状。他说，女儿春娘自幼配与傅教化之子傅阿运为妻，夫妻琴瑟和谐。去年十月，傅教化送我女儿归宁，说她妇道不端，中蒋难言（按：这句话是说傅春娘有外遇，对丈夫不忠）。小人寻思女儿既出嫁，生为傅家人，死为傅家鬼，纵有丑态，亦不应交回娘家。询问女儿，女儿只痛哭不语。次早送女回家，据女儿婆母傅谢氏说，女儿与婆家兄弟傅阿妹通奸，第二天又把她送回娘家，送来送去，至于再三。不得已，托猫里庄总理谢镇基把女儿送回傅家，但傅家不收，小人只得又托人先送至女儿婆家兄弟傅细苟处，次日傅细苟把女儿送回小人家，索要赎身银 60 元，任女儿另嫁。小人细思女儿为阿运之妻，也即傅教化之媳，教化为女儿公爹，也是小人亲家，骨肉姻娅之间，不该如此以虚诬之事污人清白，伏乞大老爷恩准传唤到案质讯。黄春娘有无红杏出墙之事是本案的关键，自然需要梳理清楚，但是女儿的父亲替女儿辩诬，似乎不合情理。就在陈星聚狐疑满腹之时,又接到了猫里庄总理谢镇基的报告,内称:据傅教化说,他儿媳黄氏不守妇道,应交还娘家另嫁,而黄阿五则说,其女素守妇道,不知何事得罪翁姑,屡次交还其父黄阿五。我等曾去劝和,但傅教化父子不遵处理,令傅阿运谎称伊弟阿妹被黄阿五掳禁。查黄阿五、黄生古、黄阿芳等3人俱系食力耕桑,守分良民,合将奉查各情据实回复。陈星聚认为,谢镇基以局外人的身份调查此事,可以不偏不倚,容易得到事实真相,他所呈报的材料,应是翔实可信。于是他在黄阿五的状词上批示:

> 赏戴花翎升授台湾北路淡水总捕分府陈批:现据谢镇基等具禀傅阿运妄控掳勒,未免不念戚谊,自贻坐诬之咎,候即限差拘集质讯。尔既知女子从一而终之理,着将尔女暂留,听候断还傅家领回,切勿擅予改适也。(《淡新档案》21301·05)

在陈星聚不断过问之下,双方纠纷终于圆满解决。

陈星聚在淡水任职期间,还处理了多起民间借贷纠纷,他都处理得恰到好处。

纪念陈星聚碑刻

同治十三年三月,陈星聚接到了台湾知府周懋琦转来的一起借贷纠纷。台湾县民妇赵韩氏状告竹堑城内西门街福泰号老板周鹏程,他于道光二十八年

(1848)向赵韩氏之母许氏借银 169 元,立有借据,并有福泰号店屋印契一张。不久,赵韩氏之母与兄嫂俱亡故,只遗下兄长二子再兴、再基,孤苦伶仃,由赵韩氏抚养成人。不幸再兴又病殁,度日艰难,赵韩氏携幼侄前往讨债,不料周鹏程已身故,所遗福泰号家业由其弟周阿风掌管,他抗不付还。再去讨要,反遭他妻子辱骂殴打,请大老爷做主。台湾知府周懋琦让陈星聚就近处理此案。陈星聚马上传谕赵韩氏、债主韩再基及周阿风到案审问。就在这时周阿风也上告说,其兄病重时,就派账房先生把店铺交给赵韩氏掌理,出税抵利。至咸丰二年(1852),小人意欲将店变卖,把房屋印契赎回,但赵韩氏已搬移郡城,以致延搁。次年福泰号遭火灾,兄嫂亡故,突有赵韩氏前卖女婢韩换凉,自称为韩家女,串通韩再基哄吓不遂,便赴郡控告,伏乞大老爷明断。陈星聚派遣的差役李益报告说:“原告赵韩氏并韩再基并未来堃,均在府城居住,而被告周阿风原在本城西门街福泰号店内住居,随传随到。奈原告赵韩氏等仍住居郡城,任役拨人修信唤传,屡次延宕,并不赴案一质。”(《淡新档案》23303·04)赵韩氏是原告,竟然不肯到案,不禁引起了陈星聚的怀疑,况且道光年间借出之款,为何二十余年不来催讨,以致延宕至今日？ 于是在赵韩氏的诉状上批道:

关于陈星聚文献石刻 (3)

赏戴花翎升授台湾北路淡水总捕分府陈批:候吊契传案,核讯察断。

原告韩换凉于同治十二年十一月□日呈,批:道光二十八年之借款,既有胎契、借字为据,何以二十余年来不早理讨。现在原借之周鹏程虽经身故,如果其款确应其弟周阿风归还,则周阿风店业倘自开,并非无力,又何致竟图抗拒不还? 据呈已不可信。况韩再基称病重欲死,则呈内遣报之韩再基又从何而来? 呈词拇捏,证据无呈明,得非刁妇捏讼? 不准,抄字发还。(《淡新档案》23303·03)

由于赵韩氏控告状中自相矛盾之处甚多,且又拒不到案,只是今日一纸诉状,明日又一纸诉状,给人以刁妇捏讼的印象,因此陈星聚判决"不准",将状纸退回,后来的事实证明,陈星聚所判的案是公正的。

(十二)折冲樽俎,处理教案

早在明朝末年,就有景教传入中国,景教有两个流派,新教称基督教,旧教称天主教。荷兰人盘踞台湾时,建教堂,设学校,译圣经,授十戒,在台湾土著中颇有影响。当时牧师之权甚大,排斥异教,有崇拜其他教派者,便拟定罪名,当众答打。西班牙人在台湾北部也传布景教,为争取教众,牧师往往深入到穷乡僻壤中。郑成功收复台湾,荷兰人出降,牧师或走或留,郑成功不作干涉,悉听自便。当时意大利神甫李科罗在厦门传教,郑成功邀入台湾,待以上客之礼。郑成功曾派他赴吕宋公干,及至他归来时,郑成功已逝,遂寓居东宁(今台湾台南)。后来吕宋聘请李科罗前往传教,咨议参军陈永华不准,双方只申通商之约。

美丽陈星聚文教石刻(3)

　　台湾归入清朝版图后，闭关自守，不与西洋往来。鸦片战争后，兵连祸结，台湾也受到了影响。台湾百姓中主张攘夷者，要求鸦片与外国人均不得进入台湾。咸丰八年(1858)五月，清朝廷分别与英国、法国签订了中英《天津条约》、中法《天津条约》，主要内容是：英法公使驻北京；增开通商口岸；外国人可入内地游历、通商、自由传教；等等。于是西方传教士便纷纷入台传教。同治元年(1862)，有西班牙人在凤山县(今台湾高雄)设天主教堂，教民中有平民百姓，也不乏流氓无赖，不久入教者便有 200 余人。凤山知县得知后，派人偕下淡水县丞前往调查，召集通事(翻译)潘永泉、土目潘岐山等，告以凤山并非通商口岸，外人不得居住，遂将西班牙传教士驱逐出境。

关于陈星聚文献石刻 (14)

　　同治四年(1865)，英国长老教会也派牧师马雅谷来台湾传教，设教堂于台湾府治——台南看西街。马雅谷精通医术，治病又兼传教，因看病而入教者颇多。仇视教会者往往以流言蜚语中伤之，当地衙门怕引起祸乱，照会英国领事馆，请马雅谷去别处传教，于是马雅谷便迁往旗后(今台湾高雄市高雄港)，因为那里是咸丰八年开放的通商口岸，可以设立教堂。他又在凤山设教堂传教，大概凤山知县已经易人，不作干涉，双方相安无事。不久，英国长老会又派甘为霖、卢加闵二传教士来台湾，甘为霖赴嘉义，卢加闵则去了彰化。嘉义、彰化均非通商口岸，当地人从未见过西洋人，两人所至之处，往往有台湾人尾随其后，卢加闵颇感窘迫，便迁往彰化附近的岸里大社，此地在葫芦墩之西，居住的多是当地土著，即所谓土番郡落。这里族大丁多，民风剽悍。乾隆年间林爽文在彰化举兵反清，土著人效命军前,立有战功,因此颇受清政府优渥。他们见到卢加闵到来,以礼相待,并献出房舍作为教堂。加闵也懂医术,就在那里设医院,土著人来就诊者甚多。但甘为霖却没有这么幸运,他在嘉义传教,从者甚少,便迁入附近的店仔口庄传教。店仔口庄豪绅吴志高派人夜袭之,为霖狼狈逃窜,忙忙如丧家之犬,急急似漏网之鱼,伏于丛莽中数月,不敢再回嘉义,去了台南。

同治七年(1868)八月,前金庄教堂教士在传教时,与村民发生龃龉,村民鸣金集众,围攻教堂。当地耆绅恐怕闹出乱子,出面将争端平息。但教会与百姓冲突的消息很快便传播开来,凤山县人一呼而集,至者数十人,拆毁教堂房屋,杀死教徒两人,并捕走堂丁高长。马雅谷当时在旗后,得知凤山县教堂被毁,正欲前往解救,而旗后教堂也被围困,幸亏有商人出面调停,马雅谷才安然无恙。旗后城中儿童每每遗失,有好事之徒说是儿童被洋人所杀,为的是剖其脑子制药,百姓人心惶惶,知县也疑信参半。有个绰号叫猫角的衙役命人盗取已死儿童骸骨,偷偷埋入教堂屋中,以坐实洋人杀小儿之事。马雅谷是传教士,也是医生,知县凌定国心有疑窦,猫角又一旁怂恿,知县遂决定前往查勘,消息一出,观者如潮。猫角力言小儿骸骨就在地下室中,及掘地下室,果然发现了白骨,不由知县不信,当即将马雅谷拘捕,严厉鞫讯。马雅谷自然不肯承认,遂下于狱中,并将此事禀报给台湾府,又给英国领事发去了照会。英国驻台湾领事认为是莫须有之事,便上报给英国驻华公使,英国公使又与总理衙门交涉,双方各执一词,相持不下。于是派人偕同英国驻厦门领事吉普里渡台查办,始知是猫角捣鬼,马雅谷蒙受冤屈。福建巡抚院大为震怒,将猫角流放于泉州,赔偿马雅谷误工费千两,并抚恤死者之家,此案始结。

姜王陈星聚文教石刻(13)

　　当凤山县教案初起时，台湾府治台南的一些仇教百姓拍手称快，3日之后，他们也捣毁了小东门的天主教堂，神甫仓皇躲入百姓家中，才逃过一劫。台湾府得知后，立即派警弹压，众人始散。台湾府也按凤山县的赔偿办法给予赔偿，教民的生命财产都得到了保障，人心才慢慢稳定下来。马雅谷既居台湾府治，遂尽心传教，设教堂于东大门之内，传授医术，于是西医之名遐迩皆知。他又把上海翻译的西洋书籍发给教徒，使教徒渐知天下形势，同时派子弟赴福州、香港攻读英文，研习西方之学，以造就人才。但其研学仅限于景教知识，与台湾的实际情况尚不完全契合。台湾人敬天法祖，礼拜百神，景教要百姓毁弃千百年相承之纲纪而皈依景教，可说是方枘圆凿，因而受到台湾民众的抨击。当时甘为霖也蛰居台南，他察民情，习汉语，数年之后到埔里社传教，那里是土著人居住区，当时还未设厅，甘为霖传教备尝险阻，只因他能结合民众的情况传教，大受欢迎，教徒渐多。

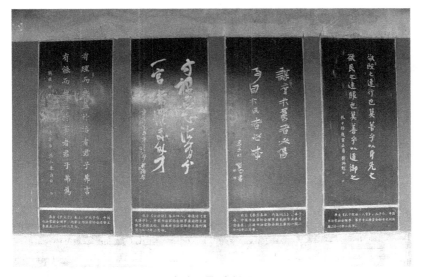

纪念陈星聚碑刻（5）

　　同治十一年（1872），坎拿大长老教会也派牧师至淡水传教（按：台南、淡水是开放港口），光绪八年（1882），传教士按照中国方式设立义塾，延师设学，教授贫寒子弟。台湾兵备道刘璈认为，外国人设立学院，陶育英才，实为义举，但教学与学习其他技艺不同，此端一开，长此以往，不免数典忘祖，学了西洋知识，忘了中国传统文化。且以中国之子弟受外国人栽培,当地方官的岂不汗颜？遂决定延聘教师,所需费用由台北府支给。教会学校中成绩优异者,地方官会同领事酌给奖赏,以示一视同仁。台湾的教会并不统一,以大甲溪(今台湾台中县西北大甲镇)为界,大甲溪以北为坎拿大教会势力范围,大甲溪以南是伦敦教会势力范围。法国侵略台湾,基隆沦陷,台北市民同仇敌忾,一些不明真相的百姓捣毁了八甲教堂,其他一些教堂也遭到了火灾。中法战争结束后,英国领事馆照会地方官,要求保护教堂,地方官只得出钱赔偿被捣毁的教堂。外国传教士在台湾传教,大体上能和当地人和睦相处,但有些传教士为非作歹,仗势欺人,和百姓产生龃龉,须要地方官出面调停,陈星聚到台湾任职后,便开始同外国传教士打交道,这是他出仕以来从未遇到过的新课题。

　　陈星聚任淡水同知期间,处理过3起非常棘手的教案,分别是新店教案、三重埔教案、艋舺教案。这3起教案都与英国侵略者有关。当时中国已沦为半殖民地半封建社会,那些入教的教民多倚英国人之势,欺压良善,为非作歹,而英国侵略者又纵容包庇,曲意回护,如何处理教民与百姓之间的争端,涉及中英关系,稍有不慎,即会招致祸殃。陈星聚凭着多年的仕途经验与才干,处理这3起教案犹如庖丁解牛,游刃有余,处理得恰到好处,令人叹服。

纪念陈星聚碑刻(4)

　　先说新店教案。

据陈星聚称,光绪元年十月二十日夜里四点钟,他正在艋舺仓署睡眠,忽然接到沪尾海关委员佐领刘青藜来函,说英国领事准费到海关面称,离艋舺60里一个叫新店的地方,设有教堂一座,十八日被该处百姓捣毁,并将堂内教民殴打至伤,英国人华教士闻信前往照料教堂。当晚又接到华教士来函说,该处百姓将教堂围住,意欲行凶,恳请转致地方官亲临弹压保护,并请求地方官亲临新店,先将传教士送回上海。"卑职当于是夜五点钟即时启行,二十一日早已至新店,该处寂静无声,相安无事。亲诣教堂,正值华教士讲书谈教,会晤华教士,告以特来保护回沪。当据华教士面称,教堂并无滋事,在此安然,何用保护,亦无庸回沪等语。"(《教务教案档》第三辑)华教士并有亲笔信函托交转送英领事查阅。陈星聚又在教堂周围勘查,教堂以内并无滋事痕迹,只在教堂以外有靠贴教堂瓦面厨房一小间,称为教堂厨房,有大火烧过痕迹,当即传当地居民查讯。据教民林琼供称,十八日夜十二点钟失火,当经乡人扑灭保全,此屋得未全毁,教堂更无延害。再查问起火原因,是否被人放火,据供不知大火从何而来,不敢胡乱指认。再查教民与百姓冲突原因,是因为前日有个路过卖药的医生高兴昌,经过新店时,有一刘姓人向其买药,高兴昌派人到刘姓家中索钱,遇到教民林琼在旁阻挠,从而发生口角,林琼追至医生住处殴打,互有伤痕,实与教务无涉。后来验明林琼左乳下有木器擦伤一处,红肿,皮肤有轻微破裂。本月二十一日,陈星聚接到英国领事照会称:据本国华教士从新店地方来禀说,新店地方十八日有匪徒抢劫两教民所开商店,将货物搬走,并殴打两人,又放火焚烧教堂,现在街市聚众声言要将教士击毙,形势危急,禀请速移地方官设法保护。本领事迅即至通商海关,面晤有关官员,将情形告知,请其立即写信告知地方官员,立即亲往救护云云。陈星聚遂亲诣勘讯并将经过备文照复。是日据原籍漳浦县(今属福建)人高兴昌禀称,昌卖药为生,十八日在新店街同徒弟林旺、林印等卖药,有教民向小人问医买药,价钱300余文,药收而钱未付够,因讨钱触教民之怒,纠党将小人殴伤,药担银物毁抢无遗。经检验,高兴昌左眼泡被石块打伤一处,呈紫黑色,左腮颊、左乳、左胳肘、左右脊背均有木器伤一处,红肿皮破,延医调治。至二十三日,始据教民林琼禀称,本年七月间,林赐全向林琼、林甘等勒派银钱,林琼等不肯出,赐全怀恨在心,于十八日先将林琼殴打,再率党羽林枝、林立、林印、林分等执械闯入林甘住处,将林甘夫妇及其儿媳3人殴打,并乘机搜抢。但这一指控并不真实,淡水厅早有通知,迎神赛会不准摊派教民,陈星聚也早已向全体百姓示谕,百姓皆知此事。如果林赐全果真在七月间因普度(宗教用语,指广施法力,使芸芸众生得到解脱)之事向教民收银,何以当时林琼不去淡水厅控告? 直到陈星聚亲至新店勘讯之时,林琼也未向官府说明有搬抢店货之事。即使林甘与其妻子、儿媳被殴打一事,陈星聚就在新店,为何不与林琼同时请求验伤,其中定有蹊跷。光绪元年十一月,陈星聚接到英国领事照会,请求淡水厅官员让双方对质,陈星聚当即将办理经过详细回复。

　　陈星聚本以为事情至此已可了结,但英国领事仍纠缠不已。光绪二年(1876)正月,英国领事照会陈星聚,内称:英国传教士将林琼带至教堂细加询问,将其供词抄录送阅,并附有林琼口供一纸。为彻底查明真相,陈星聚特地找到了当事人刘乾以及被告林赐全、林立、林分、林印、乡总林澄清、保长高正和等人。他们共同认定:光绪元年七月间,新店街公运普度,林赐全向教民刘劳化缘,让他捐钱,林琼闻知,出头阻止,因陈星聚早已有不许摊派的通知,林赐全自知理屈,当即走散,并未勒派。十月十八日中午,有客民高兴昌带同徒弟林印等,在新店街头卖膏药,适逢刘乾也在镇上,他因自动跌倒带伤,见有卖膏药的郎中,便上前询问。高兴昌问明原委后,便代为医治。刘乾身未带钱,问明药价后,让高兴昌跟随往取,二人行至乡总林澄清店外,刘乾欲向店中借钱偿还药价,又被林琼阻止。刘乾尚未答话,高兴昌却怪林琼多管闲事,二人发生口角,导致互相殴打,彼此均有受伤。经林赐全相劝,二人遂悻悻然离去,林印、林立、林分等当时均无在场帮助高兴昌殴打林琼之事。经林赐全劝散之后,高兴昌与林琼各自走回家中,林赐全并未伙同林力等人前往林甘家滋闹搬抢,更无将林甘夫妻殴伤。至于十八日夜间紧贴教堂的一间小厨房突然起火,经众街坊立时扑灭,这一间小屋并未全毁,也未延及教堂,至于火灾从何而起,众人异口同声说,实不知情。陈星聚唯恐其中有诈,再三究问,均无异议。再询问林琼、林甘、刘乾,说法亦相同。再次委婉询问林琼,只称教堂外小屋系于夜间失火,究竟是否被人放火,他并无看见,不敢妄指,现在情愿罢讼,但求免究责任。至于教士所禀该地乡总不保护传教士及教堂一事,也已经审。据林琼供称,教士并未与乡总林澄清、保长高正和见面说知此事,再询问林澄清、高正和,供词相符。

　　陈星聚堪称心细之人,他唯恐情况不实,作出错误判断,会影响中英两国关系，因而对涉及教士一案极为慎重。他在反复查证，把情况梳理准确后，才给上峰的报告中写道：

卑职伏查此案，当特接准海关知会，即时亲诣新店查勘。教堂一无损坏，惟贴伏有厨房一小间被焚半边。讯据林琼供，系夜间十二点钟失火，委不知其火自何来，当喊附近居民扑灭，其非被人放火毫无疑义。至林琼与高兴昌互殴，即经提验，林琼左乳下木器擦伤一处，高兴昌投案请验，又经验有石、木伤五处，其为互殴各有受伤，尤属信而有征。林琼所控林甘夫妇被林赐全等殴伤搬抢等情，据两造到堂质对，林赐全等佥供实无其事，林甘亦无伤痕可验。按照中国律法，控殴以伤为凭，控抢亦须请勘得实况，当时卑职亲临该处，林甘夫妇何以抢不请勘，殴不验伤，本属空言无证，即当日林琼所控殴抢放火之禀词，核与到堂之日供不符，照例本应究坐，姑念两造到案即据从实供明教堂并无被人放火，林甘夫妇亦无被抢遭殴，尚非始终狡诈，格外从宽，概置勿议。惟查中国定例，两造互相殴伤，均应责处，第查高兴昌现因他出谋生，临讯未到，亦不便专责林琼一人，且林琼甘愿息讼，因念林赐全、林琼等本属同宗，若必逐层追究，转虑怀挟讼仇，日久难期和好，是以从宽定断。谕令乡总林澄清、保长高正和嗣后务须约束乡民，不准滋事，以期民教相安，永敦和好。高兴昌因贫，远出谋生，案已讯结，应免传质，两造均各悦服。已据林琼、林甘、刘乾、林赐全、林印、林力、林分当堂各具遵依甘结，林澄清、高正和并具有约束乡民切结，一并附卷完案。经将讯供并无放火殴抢公断完案缘由，抄当林琼、林甘、刘乾当堂具依结照会英领事查照销案。（《教务教案档》第三辑第3册）

这一段引文稍长了一些，之所以如此摘录，是因为从此段文字中可看出陈星聚办案之细致缜密、稳重妥善。他接到海关通知后，立即赴现场查勘，见到的是教堂完好无损，只有紧邻教堂的一小间厨房被焚半边。讯问林琼，答以夜间失火，不知火从何处来，可以肯定的是，不是人为放火。这一查勘结果证明英国领事说教堂被人纵火之说是故意混淆视听。林琼与高兴昌互殴，均有损伤，至于林琼所控林甘夫妇被林赐全打伤之事全属子虚乌有。如果林甘夫妇真的被打，为

纪念陈星聚碑刻（3）

何陈星聚已到现场,他们却不来验伤? 调查至此,案件的来龙去脉已很清楚。正是在事实确凿的前提下,陈星聚作出了正确判断:林琼虽为主要当事人,但不能将全部责任归到他身上,况且他已表示自愿息讼,而他与林赐全又是同宗,若过分追究责任,他与林赐全必然反目成仇,因此从宽定断;高兴昌因贫困外出谋生,事情已弄清楚,可不必到案;乡总林澄清、保长高正和要约束乡民,不准滋事,以免百姓与教民发生冲突。对于这一处理,冲突双方均无异议。此后,英国驻扎淡北办理本国事务署副领事官两次照会陈星聚,对陈星聚所判案件提出异议,认为他偏袒台湾百姓,但他并未亲临新店查勘,只是听人汇报的一面之词,而陈星聚则是经过充分调查才作出的判决,因而理直气壮,使英国领事无可如何。

其次说三重埔教案。

光绪二年(1876)五月中旬,淡水厅同知接到英国驻台湾领事的照会,称:一位传教士在从鸡笼回沪尾途中,路经三重埔地方,闻知其地教堂闹事,即前往观看,见教堂所悬之匾额破裂,教堂内的戒律十条也被扯坏,询问教堂传教人,他即面述其事,并将匾额被毁经过写下为证,同时又将打坏之匾额抬入政府衙门,请地方官检验。据此,本副领事亲验匾额,捶痕兼多裂痕,实系用器械击坏。此案事关重大,非寻常案件可比,有关官员及各乡总理、地保等千余人毁闹教堂,应须禀报驻京钦差大臣察夺,但其中事由须地方官火速查明严办。为此合急照会贵分府，希为查照，请即飞速传拿营员、总理以及地保等人，并传到三重埔教堂之人对质，务求真实，严为从重办罪，以便禀报是望。英国领事这封照会信措辞傲慢，他仅凭一面之词，便要求陈星聚惩办所谓凶手，尤其信中的命令口吻，使人愤懑不平。陈星聚还未弄清事情原委，又接到英国领事送来的第二份照会，内称：三重埔礼拜堂内有 8 位小学生读诗书，还有义学先生与妻子 6 人、传教士与妻子 2 人，其妻已经怀孕。忽然淡水厅皇头役江九带领勇差兵民及软街总爷、总理、绅衿、地保，奎笼总理、粤甲、绅衿，水返脚总理、绅衿、地保，南港子总理、绅衿、地保，锡口街总理、绅衿、地保，上牌头总理、绅衿、地保及连庄义勇共有千余人，各执器械，缘路大叫杀击番教之人。又说今日是我们的天年，大老有命，急至团聚拜堂，先毁圣匾戒律，后毁拜堂，又大叫放火烧，有人说此拜堂与他屋相连，才未放火烧。冲进院子中的各人用长枪乱毁打凿，民兵差勇到传道义塾中毁坏物件，惊了孕妇及少儿共十余人，未知是否毙命。打砸抢诸人中识面者有陈景崧、陈睿、杜冲霄、王明德、二皂江九，其余不识面共十余人。照英国领事的照会描述，中国暴徒有千余人，捣毁教堂，打人致伤，真是罪行累累，十恶不赦。

陈星聚当然不信英国领事的信口雌黄，他们作为侵略者，视中国若寇仇，有一点风吹草动，他们都要夸大其辞，往中国人身上抹黑，把中国人说成是不开化的野蛮民族。维护中国的尊严，澄清一切不实之词，还历史的本来面目是陈星聚义不容辞的责任。他再一次亲临现场调查研究，实地勘查，而他看到的与英国领事所说大相径庭。他在给英国领事的答复中说："准经本厅查得三重埔地小民稀，民教本各相安，究竟闹事因何而起。其所呈事由内开：差役、总爷、总理、绅衿、地保、义勇一千余人大叫放火，又云人言无妨，并以'光绪二年'写为'先绪二年'。改写国号，语无伦次，究不知此单何人所呈，必得查明根由，方能拿办，当将查拿严办缘由照复在案。"（《教务教案档》第三辑第 3 册）三重埔本是弹丸之地，居民稀少，教民一向相安无事，怎会有一千余人来此滋事？这是可疑者一。这一封告状信是何人所写，又将'光绪二年'写作'先绪二年'"，这一切不弄清楚，如何抓人审判？这是可疑者二。正是有这两大疑团，促使陈星聚将案件继续梳理下去，不久便弄清了事实的真相。

纪念陈星聚碑刻（2）

原来这次冲突是犯奸入教的淡水厅华人庄宗德一人挑起。只因庄宗德强奸14岁的邻居女儿王叩凉,被王叩凉婆家祖母陈戴氏擒住,于光绪元年(1875)十二月的一天至淡水厅呈控庄宗德强奸她14岁的孙媳王氏。不料庄宗德挣脱逃跑,连夜加入教会,次日天明又跑到陈戴氏家吵闹。陈戴氏拉住宗德至澳保处评理。理尚未评,突有赖水等结党数十人,各执器械至澳保处打人毁器,并有洋行华工往劝被打。似此教民强奸幼女,又结党殴打百姓,毁坏器物,应该拘留查究。经澳保陈述经过,陈星聚当即差人传讯,但庄宗德自恃已经入教,中国官员奈何不了他,抗不遵传,并纠众拒捕,陈星聚不得不添差派勇,才将庄宗德拿获。庄宗德党羽闻讯,结党数百人欲行抢夺,并乘着人多势众,蜂拥而至陈戴氏家,将她住房拆毁,家内器物被洗劫一空。据总保禀称,庄宗德虽然在押,但其党羽数百人欲伺机抢夺,请淡水厅再派人前来押解,以防意外。陈星聚以为只捉拿罪犯一名,何须多派兵丁,但总保既已禀报,又恐别生事端,便传谕地方头人派丁押解。庄宗德在鸡笼被拿获后,行至暖暖,听到有人想在途中抢截犯人的消息,于是便住宿暖暖,以防意外。次日行至水返脚,又听到三重埔埋伏有教民伺机抢夺,又停下不走。等到再经过三重埔时,因该处地窄路狭,所经之处,路旁有低小草屋一间,那便是教堂。押解的人见教堂左右伺立多人,恐怕劫夺犯人,便押着庄宗德匆匆而过。行至教堂之前,路径狭仄,押解的人员众多,将匾额碰损脱落,并非有人故意损坏。这就是所谓砸毁教堂一事的全部经过。英国领事的照会又说,押解庄宗德的人行至教堂前故意将匾额碰损脱落,但据陈星聚实地调查,情形并非如此。

纪念陈星聚碑刻 (1)

陈星聚在掌握了真实情况以后,向英国领事表示:第一,庄宗德已经归案,对奸淫幼女一事供认不讳。"本厅持平公断,照例办理,决不因其入教而例外苛求,亦不便因教民而违例故纵。"有些教民以为官府不会秉公断案,捏造事由,怂恿教士出头,请官惩办,因此闹得人心惶惶,众议沸腾,此事必须澄清。第二,保护教民之正当权益。庄宗德犯罪,与教务无干,应按中国法律究办。"若其余并非在场夺犯拆屋,与本案无相干涉之教民,严谕各乡民不得因庄宗德一名之犯奸而牵及其余,以安教民。"第三,三重埔地方所呈事由纸之人,虽未能查知姓名,但以本署观之,乃一不通文墨之人,故字多错讹,将"光绪"年号写作"先绪"。第四,所谓众人拥挤,将匾额碰损脱落云云,也是不实之词。"本署查知该教堂虽系小屋,门悬匾额,而门外有院,院前有竹篱围护,非入其篱内不能砸匾,且堂中十条戒律被其扯坏,房中物件亦有毁伤,其非门前过路可知。"第五,江九带同总爷、总理以及地保等虽然未进入教堂,但他们"纵容人众入内毁闹,不加弹压,亦不能辞责,况匾额横刻贴金'耶苏圣教'四大字,见者理应起敬,何致任其毁伤"。陈星聚据理办案,并不偏袒中国官员。第六,照会英国领事,应抓紧"传集严审,自能指出其滋事之人,立时严办,方使各乡民知警,毋致如前此新店之案,挨延日久,致民人怀疑官长不欲办理此案,而生效尤之心也"(《教务教案档》第三辑第

3 册）。一场即将爆发的中英外交危机,被陈星聚干净利落地处理完毕,没留下一点后遗症,英国人即使想以此为由头寻衅滋事,也因陈星聚将此案处理得天衣无缝而无从下手。

最后说艋舺教案。

光绪三年(1877)八月九日,陈星聚接到英国驻淡水通商事务署副领事府司的照会,内称:英国传教士在艋舺祖师庙边草店尾街租有民房一所,欲开教堂,也已立有租约,交租已经两年,且屋主、地主均愿意承租。事情已经谈妥,讵料本月初教士正在传道施药期间,傍晚时分,突然有一群人拥入此院,大声吵骂,声称若在此间开设拜堂,定将教堂拆毁,并将尔等驱逐,不准在艋舺居住。教士不想多事,函请本署进艋查办。本副领事次日即赴艋舺,请地方官弹压并迅速处理此事,并函请贵分府(指陈星聚时任淡水分府补用府正堂)于 3 日内出艋弹压,剀切出示晓谕,使各色人等知悉,凡有习教之人皆不得禁阻。文中语气大有命令意味,暴露出了英国殖民者的嘴脸。陈星聚接到照会后,便立即赶往艋舺,晓谕百姓不准滋事,并开导居民说,天主教以劝民为善,医则为民治病,均与百姓有益,何以阻止开设拜堂。据该地业主林瑞茂及土绅百姓等禀称,草店尾街与现在奉敕起建的考棚相距甚近,艋舺地窄民稠,日后参加考试者人多,没有住处,众人商议欲将考棚附近之草店尾一带民房改为公寓使用,而华人郑士笔忽将租地起盖之店屋租与教民陈永顺,打算设立教堂医寓,还想加高屋顶,大加修理。加高屋顶不仅有碍居民采光,而且使后来应试的文武考生没有居住之处。与其将来滋事而扰居民,不如现在退租,因而当地居民不愿出租该处地基店屋。陈星聚理直气壮地答复英国领事:

查中外租地赁屋,按照民间公平议价,不得互相勒掯。所谓不得互相勒掯者,如中国人不得抬价勒租,外国人亦不得强租硬占,迫受租值务须各出情愿,方昭公允。如果公平定价,无碍民居,不关方向,地方官不得阻止和约,均有明言。可见外国人民与中国人民租赁房屋,尚须各出情愿而又无碍居民方向者,地方官不得阻止。今郑士笔出租教民陈永顺草店尾之店屋,系是华民与华民租屋设堂,而郑士笔又非该屋地主,现在该地主林姓与居民人等因其加高屋顶,与民居方向均有关碍,又称该处店屋地基先经众议欲留建考寓试馆之用，均称不愿出租，禀请公断，并据该地主禀请追还地基归管，退出租店屋之郑士笔现亦自称情愿还价退租各等情，敝厅查教民与居民租地赁屋，两造均是华民，究与教士尚无交涉，中外同此一理。办理要在持平，如果所租店屋各出情愿，地方官自不得阻止，若以各不愿租之屋而欲地方官勒令必租，和约无此明文，即申明亦无此办法，自应租户退租，屋主还价，以清纠葛而免争端。（《教务教案档》第三辑第3册）

这一答复不卑不亢，有理有利有节地把英国领事的无理要求顶了回去，答复中反复强调：租凭房屋，应议价公平，不得互相勒掯，即中国人不得抬价，外国人也不得恃势强占，租赁双方须各出情愿。租赁双方均是华人，与教会无涉。如果租赁双方自愿，地方官自不能干涉。现在房屋主人不想出租，而英国领事要地方官勒令必租，中英和约中没有这般规定。这一公正、公平的表态，显示了陈星聚不畏强御，坚持正义的胆识。

英国领事接到陈星聚的答复后，又喋喋不休地无理纠缠，施加压力，欲迫使陈星聚改变初衷，命令华人将土地租给教会建筑礼拜堂。陈星聚不用公文回复，而是亲笔写了一封书信给英国领事，再次阐明了自己的立场。鉴于陈星聚一生中留下的书信不多，这封写得义正词严又委婉含蓄的信函便显得弥足珍贵。现迻录如下：

径复者：本月十八日，正因淡南有事，匆促启行，适接贵领事来函，以接准敝厅复文，商请劝令教民将草店尾街之屋退租还据，另行择地租屋。若谓就艋舺另租，则又未知所指系属何处厝屋，烦将地址厝屋详细复知等由。准此，接诵之余，不但敝厅深为敬佩，即传知艋民亦无不感佩贵领事至公且明，共相悦服。窃以教民租屋设教，安分无过，随处可租，只要所择之地无碍民居，不关方向，民教各出情愿，地方官决无禁阻。若使所指之地民教各不情愿，地方官终难强以相从，此民教租地赁屋之所以向听自便，非地方官所能指定地段也。敝厅前文之所以未便指定艋舺请其另择者，即此意也。究竟艋街之有无屋可租，自接来函，又于就道匆忙之际，即邀二三公正绅者问以就艋择地赁屋情形，据云艋街地小民稠，只此方隅之地，营地兵房之外，尽郊铺、民居,各住眷属,因此租赁为难等语。敝厅查其所言似尚实在,兹承贵领事垂询,用将所查情形肃函奉达。总之,教民同是华民,民租民屋本应一体相租,即使租屋设教,只要按约相符,各出情愿,本不容居民任意阻止,若此次草店尾街之屋,敝厅察看情形,只以绅民、地主,众意难违,不得不请贵领事商请教士劝令教民退屋另租,使民教不伤和气。幸蒙贵领事格外原情,允许转商,宽其既往,而敝厅总当严禁将来,除俟此案还价交退两清之后,敝厅即以严禁民间违约阻挠教民租屋示稿,再送贵领事公商阅定,以便出示晓谕而徵其后,质之高明,当亦许以为然。专此肃复,敬请升安。惟照不一。

(《教务教案档》第三辑第 3 册)

这封信虽然措词婉转,娓娓道来,如围炉絮语,但读完全文,便不难看出,陈星聚丝毫不失原则,坚持租赁房屋须两厢情愿,作为地方官亦不便强迫,再次拒绝了英国领事的无理要求,表现了一个中国地方官吏应有的铮铮硬骨!

令人愤恨的是那些狐假虎威、鱼肉乡里的教民,即入了天主教的普通百姓,这些人为害之烈,比起那些为非作歹的传教士,有过之而无不及。福建巡抚丁日昌在巡视台湾淡水厅时曾有一段详尽的记述:

台北淡水厅辖境五六百里,官长威令之所不及,天主教因而簧鼓其间,数年以来尤觉恃势恣行,无恶不作。臣于去冬路过艋舺时,访知该教民等鱼肉乡里,稍有身家之人被其凌虐不可胜计,必逼使入教而后始能安生。其尤甚者,有该厅所辖之和尚洲民人李东面,并子李先登,即李温岸,倚恃入教多年,自称教首,叠犯各案,拒捕伤差,实堪痛恨!当经查吊原卷,该犯李东面父子积案累累。复因同教霸占产业,控经该厅同知陈星聚讯断归还原主。李东面父子恃势挿讼,纠合教党李颜等多人,于上年八月二十五日乘陈星聚在艋舺仓署审断之际,拥入递稟,齐声呐喊,李东面并持刀哄堂。经绅民铺户公愤当堂擒获,复于李先登、李颜身旁各搜出小刀一柄交验,提讯供认不讳。并据举人张书绅等及郊行铺户稟请就地惩办,万口一声,咸以该犯李东面父子不除,地方受害无已等情在案。(《丁禹生政书·殄除民害片》)

据丁日昌所说，淡水厅所辖和尚洲教民李东面、李先登父子自恃入了洋教，竟敢霸占产业，插手诉讼，拒捕伤差，作奸犯科，暴戾恣睢。尤为恶劣的是，乘着陈星聚在艋舺审理案件的机会，李东面父子带领众人齐声呐喊，拥入衙门，李东面竟敢持刀上堂，被绅民当场擒获，其子李先登身上也搜出小刀一把，可见他们是意图行凶，气焰真是嚣张到了极点。丁日昌调查清楚后，命令台湾道夏献纶、署台湾府向焘据实审讯，又遍访百姓，都说李东面父子恃教横行，罪恶昭著，以前地方官因循畏葸，凡遇教民犯法，恐怕引起中外交涉，便敷衍塞责，不去处理，实际上等于纵容教民。教民见法不足畏，便愈发大胆，为所欲为，百姓冤无可伸，积怨日深。有鉴于此，丁日昌批准将李东面父子就地正法。陈星聚接任淡水同知后，对于恃势犯法的教民决不迁就姑息，对于外国人传教士不卑不亢，该争的权益就争，毫不让步，凡有裨益地方者，莫不尽力为之。在福建巡抚考核官员时，两次受到表彰。这就是史书上说的两膺计典："一为诚恳笃实，洁己爱民；一为志坚守洁，慈惠爱民。"（《新竹县志初稿》卷4《名宦》）这些评价陈星聚受之无愧！

陈星聚的长子琢之回忆其父在淡水厅任职的情况时说：

> 淡水厅辖横亘七百余里，南有铜锣湾庄，北有三角涌、大科崁等庄，皆逼近内山，为盗贼渊薮，每年劫杀重案，或一日十见，前任每因之被劾而去。先严到任，不惜重赏，逐渐购办，亲往南乡，三阅月，获著名盗首吴阿来。继往北乡，拿获数犯，陆续惩办，迄今十余年，境内不闻盗贼。至于除邪灭术，惩殛异民，人谓淡水易治，先严之力也。他如裁革口胥，删减船费，捐廉建设南北养济院，增加书院膏火，举凡有裨益地方者，莫不倾囊为之。淡水任内两膺计典：一为"诚恳笃实，洁己爱民"，一为"志坚守洁，慈爱惠民"，诚不愧也。（《行述》）

三、营建台北，功垂千秋

（一）大臣荐举，主政台北

陈星聚在淡水同知任上恪守官箴，夙夜忧勤，所至之处，弊绝风清，赢得了百姓好评。光绪四年（1878）年底，各省都要举行大计，即考核政府官员，该奖的奖，该惩的惩，赏罚分明，福建也不例外。考核的结果是保荐 10 人，参劾 10 人。保荐的 10 人是：福州府延楷、台湾府张梦元、淡水同知陈星聚、闽县吴光汉、永福县郑宗瑞、仙游县华椿、惠安县赵世恩、金门县丞恒锐、布库大使金汝奎、安溪训导郭继昌。被参劾的 10 人中，有的是因为贪墨，有的是因劝农不力，有的是浑浑噩噩，不理政事。有个叫王仲汶的县令早已撤职，此次也在被参劾之列，一得到消息，即悬梁自尽，后被人救活。他年已 70 岁，宦兴不减，落此下场，可叹可哀！还有个叫胡祖荫的巡检，一听到被参劾的消息，便"手刃少妻，自赴南台万寿桥投水"（《清季申报台湾纪事辑录》第 763 ~ 764 页）。被保荐的官员自然是兴高采烈，踌躇满志，二者形成了鲜明的对照。陈星聚在保荐中名列第三，可说是实至名归。

陈星聚政绩卓异，引起了吏部的重视，打算让他与福州知府延楷等赴部引见，然后另有任用。而陈星聚也是闽浙总督何璟倚重的人才。当时列强环伺福建，台湾在福建管辖的范围之内，正当多事之秋，需要像陈星聚这样有经天纬地之才的官员来治理福建，何璟自然舍不得让陈星聚离开台湾。于是，何璟给光绪帝上了奏折，称："查该员延楷现任首府，事极纷烦……陈星聚署理台北府知府，系海外新设要缺……均未便遽易生手。可否仰恳圣恩，俯准福州知府延楷……现署台北知府陈星聚……暂行从缓北上，俾收指臂之助。"（《清季申报台湾纪事辑录》)光绪帝看了何璟的奏折,知道福建正是用人之际,何璟不想让陈星聚离开台湾,也在情理之中。何况陈星聚来台湾已有数年,稔熟当地情况,处理政务得心应手,遽然调入他处,恐怕又得从头摸索,权衡之下,自然是留下有利。他略一沉吟,便批准了何璟的请求,让陈星聚继续在台湾效力。这是光绪五年(1879)七月的事。当时陈星聚虽已接任台北府知府,但还是代理,不是正式知府。

纪念陈星聚碑刻（10）

　　台北的第一任知府是林达泉,他调入台湾前任江苏海州(今江苏连云港西南)直隶州知州。虽然林达泉的官阶由正五品的直隶州知州升到了从四品的知府,但因当时的台湾是尚未开发的不毛之地,与风光旖旎、物产丰饶的海州不可同日而语。从江苏至台湾路远程赊,交通不便,而庶事草创,生活艰苦,气候恶劣,外省官员皆视台湾为畏途,不愿来台湾任职,林达泉心情悒郁是很自然的。光绪年间奉旨赴台的丁日昌就说:"巡抚专管地方,向有刑钱幕友稽核例案。臣现在渡台,幕友坚不肯往,皆因前抚臣王凯泰之幕友陈煜在台得蛊肿方症,旋经身故,故人皆视台湾为畏途。"(《丁禹生政书·省台远隔重洋难以兼顾片》)林达泉尽管心事不快,但是王命在身,只得怏怏应命。福建巡抚丁日昌记述:"该府林达泉于(光绪三年)七月交卸海州篆务,十一月航海来闽,当经札饬驰赴台北府新任,以重职府……惟查台北府远隔重洋,甫经草创,改革旧制,变立新章,造端宏大,头绪纷繁,未有衙署以为办公之地,未有出差以供执事之役,凭借毫无,殊多窒碍,似宜因地略为变通,拟以现裁之淡水同知竹堑厅署暂作台北府署。"(《丁禹生政书·台北所属厅县员缺照部章变通办理疏》)没有办公衙署,没有供执事的差役,办公地点只能设在竹堑,加上政务丛脞,其父突然病逝,经此打击,林达泉在任仅七个月,还未来得及施经纶、展抱负,便染病不起。他虽为台北知府,但从未去过台北。《新竹县采访册》一书记载:"光绪四年,台北新设府治,淡水同知裁缺。时新设台北知府林达泉、陈星聚先后莅任,皆暂以淡水厅署为府署。到闰五年三月,淡、新分治,知府陈星聚始移治台北。"这里说得不很确切,林达泉之后,陈星聚以中路同知的身份代理台北知府,但还不是正式的知府。

台北的第二任知府是向焘,他也是从内地调往台湾任职的官员,先是任淡水同知,升台湾府知府,府治在台南。丁日昌在给慈禧太后和光绪帝的奏折里叙述从大陆往台湾的艰辛时说:"轮船赴台若遇顺风,不过数日可到,倘遇逆风或逢发雾,动至累日经旬。新委台湾府知府向焘,(光绪四年)十月初间乘坐轮船赴台,至今数旬尚在海坛洋面守风,其阻滞情形概可想见。而轮船往来一次,煤炭、人工为费甚巨,亦非可恃为长策。"(《丁禹生政书·省台远隔重洋难以兼顾片》)林达泉去职后,一时找不到接替他任台北知府的合适人选,福建巡抚丁日昌想到了向焘,他在奏折中说:

　　查有现署台湾府知府、候补同知向焘,曾任淡水同知,民情爱戴,办事稳实,堪以调署台北府知府。饬令暂驻鸡笼,会办防务、矿务以及拟开铁路,并将该处炮台基址，前被洋人私租者清理收回。其沿海旷地，数年后生理繁盛，必将寸地尺金，亦当预先布置，及早归为官地，庶免临时缪辖，致滋口舌。将来如果诸务办有成效，再当奏请施恩。（《丁禹生政书·改设台北府片》）

当时台北城的建设还在筹划之中，向焘不可能驻在台北，不久，向焘去职，他在台北没有多少政绩。

纪念陈星聚碑刻（9）

台北的第三任知府是赵均。他是台湾府知府兼摄台北府知府，以一身而二任。虽然实际主政台北府的是陈星聚，但他还没有台北府知府的正式头衔。台湾府的府治既在台南，从台南到台北，"危崖壁立，车马难通，路虽开犹不开也"（《丁禹生（日昌）政书·开通后山新路拟将委员请奖片》），羊肠鸟道，崎岖难行，台南又政务丛脞，因此赵均很少去台北，他只是名义上的台北知府。光绪七年(1881)二月，赵均丁母忧去职，陈星聚才名正言顺地成为台北府知府。前三任台北知府均未在台北城办过公，而台北城又是在陈星聚惨淡经营下建成的，从这个意义上说，陈星聚才是真正的首任台北知府。

赵均既丁母忧，"所遗台北府知府系海外新设冲、繁、难题调要缺，亟应遴员请补，以重地方。查该缺自新竹大甲溪以北直达后山苏澳等处，地势冲要，户口滋繁，商贾辐辏，政务既极殷繁，近复常有中外交涉要件，非廉明勤干、资望素著之员不足以资治理"。闽浙总督何璟的分析颇中肯綮，遴选台北知府的确是一件大事。因为台北远非内地或台湾的其他城市可比，台北不仅是人口繁多，商贾荟萃之地，更重要的是这里常有中外交涉事件发生，非才干超人、处理此类事件游刃有余的官员不能当此重任，因此遴选台北府知府便成了闽浙总督何璟的头等大事。谁适合担任这一职务呢？何璟会同藩司、臬司(按：藩司指布政使，或称藩台，主管一省人事与财务；臬司即提刑按察司，也称臬台，主管一省刑名按劾之事)先在现任知府官员内考察，不是现在身居要职，不能离开，就是对台北人地生疏，不宜担任台北知府。再从候补人员中遴选，但福建省候选人员都嫌台北荒凉辽远，没人愿意前往，挑来挑去，便选中了陈星聚。何璟等详细查看了陈星聚的履历，对他的才干和治绩啧啧赞叹不已，认为是担任台北知府的最佳人选。光绪七年六月，何璟在给光绪皇帝上的奏折里极力推荐陈星聚：

> 惟查有候补知府、准补台湾府中路同知陈星聚，年六十五岁，河南临颍县举人，因在籍守城出力，保以知县选用，选授顺昌县知县，同治三年(1864)到任。因"听断缉补，宽猛务宜，舆情悦服"汇案保奏，奉旨："交部带领引见。钦此。"请咨赴部引见，奉旨："陈星聚，着以同知直隶州回任候升。钦此。"领照回闽。筹办甘肃粮饷案内出力，奏准赏戴花翎。同治十年分计典卓异，升补淡水同知。旋委伴送琉球贡使，顺差请咨引见，奉旨："陈星聚，准其于知县任内卓异加一级。钦此。"事竣，回闽赴新任。于剿办淡辖铜锣湾积匪吴阿来案内出力，保奏以知府用，先换顶戴。光绪二年(1876)十月十八日奉旨："着照所请奖励。钦此。"三年分大计，卓异。因淡水同知员缺裁汰，归于裁缺同知班内遇缺即补，委署台湾府中路同知，代理台北知府，准补中路同知。六年分大计，卓异，现尚未奉部复。该员廉勤率属，慈惠

爱民,在台年久,现代斯缺,循声卓著,舆论翕然;于海疆风土民情极为熟悉。以之请补台北府知府,洵属人地相需。合无仰恳天恩,俯准以候补知府、准补台湾府中路同知陈星聚补授台北府知府,俾海外新设要缺得人而理,实于海疆地方有裨。如蒙俞允,该员系候补知府请补知府,例免核计参罚,俟奉准后,并案给咨送部引见,据福建藩、臬两司会详前来。臣等谨合词恭折具奏,伏乞皇太后、皇上圣鉴,饬部核复施行。谨奏。(《清季申报台湾纪事辑录·闽督何璟等奏请补知府折》)

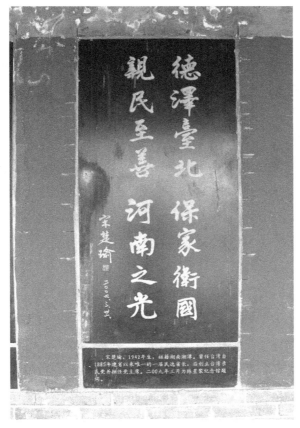

纪念陈星聚碑刻(8)

何璟等人在奏折中对陈星聚的评价,并非溢美之辞。从顺昌县知县到淡水同知,陈星聚鞠躬尽瘁,恪守官箴,政绩卓异,是一位不可多得的循吏。但在台北建府后,便撤销了淡水厅,淡水同知这一职务自然也就不复存在,于是陈星聚又成了遇缺即补的同知。闽浙总督何璟慧眼识珠,不想埋没人才,便委他为台湾府中路同知。同知是正五品,知府是从四品,大概陈星聚的级别还不能任知府,因此原来的台北知府林达泉因丁父忧离任时,陈星聚只能以代理台北府知府的身份接任。后来赵均又任台北知府,但他又兼着台湾府知府,平时住在台南,陈星聚虽然是实际上的台北知府,但因级别不够,仍然是代理知府。这次遇到赵均丁母忧,何璟自然想到了精明干练的陈星聚。由他来做台北府知府,当然最为合适。奏折送到光绪帝手上,光绪帝盯着"循声卓著,舆论翕然,于海疆风土民情,极为熟悉"这几句话,心中极为欣慰。大清帝国如今江河日下,逐渐没落,要重振雄风,立于世界民族之林,就非得有陈星聚这样的循吏不可。于是他用朱笔在奏折上批道:"吏部议奏。钦此。"吏部主管全国官员的铨选,接到圣谕自然不敢怠慢,于光绪七年八月二十一日答复何璟:"候选补知府、准补台湾府中路同知陈星聚,准其补受台北知府。"(《清季申报台湾纪事辑录·闽浙督何璟等奏拣员请补海外同知员缺折》)从此,陈星聚才名正言顺地成了台北府知府。他所遗下的台湾府中路同知也是重要职务,抚驭民番,稽查海口,责任重大,非精明干练官员不能胜任。何璟等经过一番周折,选中了记名分发候补同知邹渐鸿。至于邹渐鸿后来的政绩如何,已非本书所要叙述的范围,不必再浪费笔墨了。

(二)荜路蓝缕,营建府城

"台北"之名始见于清初蓝鼎元所撰写的《纪竹堑埔》一文。蓝鼎元系漳浦(今福建云霄)人,施琅平定台湾,他从军入台,故对那里的情况非常稔熟。他在文中说:"竹堑埔宽长百里,行竟日无人烟,野番出没,行人过此,视为畏途。然郡城、淡水上下必经之地,其地平坦,极膏腴,辟田畴,可得良田数千顷,台北民生之大利,又无以加此。"文中所指之"台北",系指竹堑以北之台湾北部地区而言,并非指今日之台北市,但是"台北"二字却是在文献中首次出现。

台湾北部开发较晚,土著居民不多,明朝初年始有汉人迁移至此,与土著人错杂而居,但地旷人稀,颇显荒凉。从 17 世纪初西班牙人侵入台湾开始,历经荷兰人统治、郑氏王朝直到清代初年,台湾北部未大规模开拓,被统治者视为蛮荒之地、瘴疠之乡。鸦片战争后,淡水河流域贸易兴起,台湾北部的淡水、基隆等地的物产便通过船舶运至外地。如"淡水番地也，左拥龟仑之山，右握狮球之岭，溪流交错，金、煤、硫磺之利蕴于上，脑、茶、材木之富生于山"；淡水县治所在地艋舺乃"旧时贸易之地也"（《台湾通史》上册第 86 页）；基隆旧称鸡笼，"为北门锁钥，而通商之大埠也。煤矿之利，取之无穷，故至者日多……海通既辟，列国窥伺，其所以目逐逐而心怦怦者，则以此天富之煤矿，足为东洋之外府尔"（《台湾通史》上册第 89 页）。先是艋舺（今台北市万华区）成为重要贸易据点，然后是大稻埕后来居上，台湾的经济重心逐渐北移。商贾云集，舟车辐辏，须要设立一个行政机构管理民政与商务，基隆、淡水位置太偏不适宜作行政中心，势必得另觅新址建城。同时同治十三年（1874）台湾南部的台东发生的牡丹社事件，日本人咄咄逼人，迫使清廷失去了琉球的宗主权，也使清廷痛感要加强治理台湾，因而对开发建设台湾态度由冷淡转为积极。

纪念陈星聚碑刻（7）

清朝官员的目光转向了艋舺一带。早在康熙四十八年（1709），福建泉州人陈天章、戴天枢等人便合伙成立了垦殖公司，经台湾府诸罗县批准，在大佳腊一带垦殖，此为台北盆地开垦活动之始。雍正年间，移民于此耕垦者渐多，于是艋舺便出现了街市。艋舺的西部、北部濒临淡水河，南靠新店溪，船舶沿着淡水河，可以直接驶入台湾海峡，从大陆驶来的帆船经过台湾海峡，可以直抵这里，因此艋舺很自然地成了台湾北部货物的集散地。当时有"一台二鹿三艋舺"之说，"一台"指台湾府所在地台南，"二鹿"指位于台湾中部彰化西南的鹿港，艋舺的货物吞吐量仅次于台南和鹿港，也是正在兴起的都会。艋舺的居民大多来自福建泉州，分两部分，一部分是泉州同安人，另一部分是泉州三邑人。来这里的人均是从事懋迁有无的商贾，为了争夺艋舺码头，同安人和三邑人经常发生械斗。同安人抵挡不住剽悍的三邑人的进攻，在械斗中败下阵来，先是退往艋舺以北的大龙峒，但不为当地的同安移民接纳，只得转往大稻埕，沿着淡水河两岸选址建屋，逐渐形成鳞次栉比的街市，然后因利乘便，利用淡水河从事贸易，形成以同安人为主的河港聚落区。尽管如此，艋舺一带仍是比较荒凉的地区。

纪念陈星聚碑刻（6）

最先提出建设台北府城的是钦差大臣沈葆桢。他是福建侯官（今福建福州）人，曾任总理各国事务大臣。同治十一年（1872）调任福建船政大臣。同治十三年（1874）因台东县牡丹社土著居民杀死几名日本人，日本国兴师问罪，清廷以沈葆桢为钦差大臣,督办军务,又命福建陆路提督唐定奎率师入台,供沈葆桢调遣。这年五月,沈葆桢至台南,筹办防务,训练军队,准备与日军开战。不久,两国议和,朝廷命沈葆桢经理善后。沈葆桢认为台湾为国家海上腹地,东南各省之藩卫,地大物博,列强觊觎,若不悉心经营擘画,台湾将沦于异族之手,于是奏请移驻福建巡抚于台湾,以统一台湾事权。朝廷采纳了他的意见,同意福建巡抚冬春驻台湾,夏秋驻福建。若巡抚不在台湾,日常事务由分巡兵务(简称巡道)处理。台湾既离内陆悬远,百姓又有土著、移民之分,治理不便,守土官员但求无事,不想改变现状,因循苟且,不思进取。沈葆桢认为台湾北部之地日渐开辟,垦务日兴,人口日增,应添设台北府县以资治理。光绪元年(1875)沈葆桢给朝廷上疏说:台湾乃海外荒岛,康熙年间收入版图,设立府治,领有台湾、凤山、诸罗三县。诸罗即今之嘉义,而嘉义以北,尚未设官,郡之南北各一百余里,控制起来绰绰有余。以后土地渐辟,雍正元年(1723)设彰化县,并设淡水同知。雍正九年(1731)淡水同知移治竹堑,所辖范围起自大甲溪,至三貂岭下之远望坑而止,计地约345里之遥。嘉庆十五年(1810),又自远望坑迤北,东至苏澳,计地约130里,设噶玛兰通判以治之。自噶玛兰抵达郡治所在地台南,须13日才能到达,而事无巨细,政令皆统于台湾府,往来实在不便。淡水设厅之时,淡北、三貂等处榛莽四塞,殊为荒凉,就是淡南各社,也是土旷人稀,而今则村庄相连,荒埔日渐垦辟,旧志称淡南各社东西相距仅有17里,今有五六十里甚至七八十里。噶玛兰厅建治以后,自三貂岭绕至远望坑,又增地数里之多,土地增辟之快,远非古代所能比拟。就台北海岸而言,昔日仅有八里岔一个港口,往来之船不过数只,其余港汊支河,仅堪捕鱼。如今八里岔已经淤塞,而新添各港有5处,分别是大安口、后垄、香山、沪尾、鸡笼。"沪尾港门宏敞,舟楫尤多,多年来夹板帆樯林立,洋楼客栈,阗阓喧嚣。"(《台湾通史》下册第636页)港口增多,生意兴隆,人烟稠密,市廛喧闹,因此必须另设管理机构,这是沈葆桢提出的建立台北府的第一个理由。

华人和洋人杂处,教民与普通百姓矛盾日增,须要官府出面管理,这是沈葆桢提出建立台北府的第二个理由。以前台湾幅员虽广,但新垦土地不多,土著既少,移民来垦荒者亦寥寥无几。百余年来经过休养生息,前年编查户口时,除噶玛兰厅外,人口已达42万之多。近来各国通商,华洋杂处,睚眦之怨,便酿成祸患,动辄闹出人命。而八里岔一带,百姓从教者日益增多,防范稽查,尤非易事。为防患于未然,须另外建立台北府。

台湾的土特产以蓝靛、煤、茶叶、樟脑为大宗,而这些物品大多出自淡北。近年来荒山穷谷栽种愈盛,开采愈多,洋船搬运,客民丛集,风气不一,嗜好各异,难免产生矛盾。淡南大甲溪一带,毗连彰化,百姓习俗强悍,动辄殴斗,使得各级官员为处理此事而疲于奔命。如淡水同知半年驻竹堑衙门,半年驻艋舺公所,两地相距120里,而竹堑南至大甲溪还有百余里,从艋舺北至沪尾、鸡笼也各有数十里。这些地方命案、盗案,层见叠出,地方官"往往方急北辕,旋忧南顾。分身无术,枝节横生,公事积压,巨案迁延,均所不免"。闽浙总督和福建巡抚知道在淡水任职的官员压力甚大,因此在遴选官员时必选循吏能士。但这些人到任之后,贤能之声顿减,不副百姓所望,这是地势使然,并非他本人不肯尽力。为破解官员"公事积压,巨案迁延"这一难题,有必要建立台北府,这是沈葆桢提出的第三个理由。

淡水、噶玛兰厅文风落后于台湾其他各处,读书的学子甚少,每岁童试,赴淡水厅考试者约四五百人,而赴台湾道考试者不及三分之一。所以然者何?"路途遥远,寒士乏资,着鞭难至。"前文已经说过,从噶玛兰抵达台湾府所在地台南就需13天,而偏远之地所需时日更多。按照当时规定,科举考试初试是在淡水厅,经选拔后,转赴台南参加科举,而莘莘士子,多出身寒门,如此遥远的路途,他们没有能力筹备川资,只好放弃考试。长此以往,贫窭之家便不再供应子弟读书,于是文化更加落后。为改变这种情况,也须建立台北府,使士子能够就近参加科举考试。这是沈葆桢提出的第四个理由。

又比如词讼一项,刁钻之徒欲陷害某家,往往捏造事实,上控至台湾府。由于道路遥远,官府稽查核实需要时日,往往一个案子累月穷年,尚不能结案。被诬告之家为辩诬洗冤,只得频繁往返府衙,大多是冤尚未雪,而家已破产,由素封之家变为穷困之人。台湾府欲待不管,许多人便沉冤莫白,委托胥吏办案,他们又与诬告者上下其手,使被诬告者蒙受更大屈辱,失去控诉之路。司法不公,导致械斗迭起,境内秩序不靖。至于那些被罚服劳役和流放的罪人,拟定罪名之后,必须提到郡治转勘,不但需要的费用增多,而且还需假以时日,因此郡治官员往往不愿受理这类案件,随意敷衍处理。这样一来官民俱受其害。这种状况必须改变,使审案在公平、公正的环境下进行,既不需多跑路花冤枉钱,又能使官员心无旁骛地断案。这是沈葆桢提出建立台北府的第五个理由。

沈葆桢作为钦差大臣,对台湾的了解可说是洞若观火,他提出的建台北府这五点理由,可说是堂堂正正,无可挑剔。其实其他官员也提到过这一问题,不过没有沈葆桢说得如此周密圆满。曾任福建巡抚的丁日昌在给朝廷的奏折中也说:

> 窃查台湾一郡雄峙海外,屏蔽东南,幅员袤长,素称沃壤。前以岛人借端窥伺,经两江督臣沈葆桢前办台湾海防时,以台湾府属之淡水同知、噶玛兰通判二厅境,自彰化县北界之大甲溪起,直抵鸡笼迤东,而南迄于苏澳,计地四百七十里,近者七八月始达郡城,远者乃至十三四日。客民丛集,风气浮动,命盗等案层见叠出,提勘讼狱则疲于道途,考试生童则艰于跋涉,抚绥控驭实在为难。且该处煤矿方兴,良莠庞杂,而沪尾、鸡笼二口又为互市之区,洋商、教士之所麇聚,尤须有所镇压。是以沈葆桢于光绪元年会同前督抚臣具奏,并淡、兰二厅疆域设立台北府知府,驻扎艋舺;裁淡水同知一缺,析其地为淡水、新竹二县;改噶玛兰通判一缺为台北府通判,移驻鸡笼,而以兰厅旧治添设宜兰县一县,业经部议奉旨允准在案。(《丁禹生(日昌)政书。台北所属厅员缺照部章变通办理疏》)

曾经任过台湾道的夏献纶就曾上书朝廷,请求改淡水同知为直隶州,噶玛兰厅为知县,在竹堑也设一县。后来边围孔棘,台湾多事,夏献纶的建议未及施行。台南骚动之时,便有匪徒潜窥台湾北部,赖夏献纶运筹擘画,台南及台湾北部皆得保全。海防洋务,瞬息万变,淡水同知实在不足以应付。况自去年以来,自噶玛兰所属苏澳一带,开山辟地,抚驭当地土著,至新城一带约200里,至秀姑峦又有百余里,地大事繁,治理更是繁重。若将台湾北部区分为3县,则可以从容治理,专其责成,设知府以统辖3县,则可以系其纲领。这就是沈葆桢设立台北府的构想。

那么,新设的台北府建在哪里呢? 沈葆桢早就胸有成竹。他说:

伏查艋舺当龟仑岭两大山之间,沃壤平原,两溪环抱,村落衢市,蔚成大观。西至海口三十里,直达八里岔沪尾,观音、大屯两山可为屏障,且与省城五虎门相对。不特淡、兰扼要之区,实为全台之管钥。请于其地创建府治,名曰台北府。彰化以北,直至后山胥归控制,仍隶台湾兵备道。附郭一县,南划中坜以上,至头重溪为境,计五十里,东西相去五六十里不等,方围折算百有里余,拟名之曰淡水县。自头重溪以南至彰化大甲溪为止,南北相距五十里,其间竹堑,即淡水厅之旧治,拟裁淡水同知,改设一县,拟名之曰新竹县。自远望坑以北而东,以噶玛兰原辖之地,拟设一县,名之曰宜兰县。鸡笼一区,欲建县治,则其地不足,而通商以后,竟成都会,且煤务方兴,游民四集,海防已重,讼事尤繁。该处向未设官,亦非煤务微员所能镇压,若事事仰成艋舺,则官民共困,应请改噶玛兰通判为台北府分府通判,移驻鸡笼以治之。(《台湾通史》下册第 637 页《沈葆桢传》)

纪念陈星聚碑刻 (15)

沈葆桢的规划非常详尽,他认为台北府应下设淡水县、新竹县、宜兰县,改噶玛兰为台北府分府通判。应该说,沈葆桢提出的意见,是他深思熟虑的结果。

同年十二月,光绪帝批准了沈葆桢的奏折,准于在福建台北艋舺地方添设知府一缺,名为台北府,仍隶于台湾兵备道;附府添设知县一缺,名为淡水县;竹堑地方原设淡水同知即行裁撤,改设为新竹县;于噶玛兰厅旧治添设宜兰县;改噶玛厅通判为台北府分府通判,移驻鸡笼。至此,台北府算是列入了福建省的正式编制。

虽然光绪帝批准了沈葆桢的建议,但是台北府城建在哪里,一时众说纷纭。有人主张建在新竹,因为那里原是淡水厅厅治所在,城市已略具规模,在旧有基础上稍加修葺,便可使用,不必大动干戈,劳民伤财。沈葆桢与林达泉主张选在艋舺。浓葆桢的理由是:

> 艋舺当鸡笼、龟仑两大山之间,沃壤平原,两溪环抱,村落衢市,蔚成大观;西至海口三十里,直达作八里岔、沪尾两口,并有观音山、大屯山以为屏障,且与省城五虎门遥对,非特淡、兰扼要之区,实全台北门之管(钥)。拟于该处创建府治,名之曰台北府。(《福建台湾奏折。台北拟建一府三县折》)

沈葆桢看中的是艋舺的地理位置,那是夹在两座大山中的一块平原,土地肥沃,溪水环抱,人烟辐辏,村庄稠密,距港口不远,又与省城福州遥相对应,实为全台北门之管钥。

后来任台北知府的林达泉也支持沈葆桢的意见。他说:

> 此地(指艋舺)四山环抱,山水交汇,府治于此创建,实是收山川之灵秀,而蔚为人物。且艋舺居台北之中,而沪尾、鸡笼二口,实为通商海岸,与福建省会水程相距不过三百余里,较之平安、旗后,尤有远近安危之异。十年之后,日新月盛,桌道将移节于此,时势之所趋,圣贤君相不能遏也。(《台湾通志·林达泉传》)

艋舺即今日之台北市,把台北府城选在艋舺,可谓慧眼独具。而丁日昌则主张把台北府治设在鸡笼(基隆),他说:

> 台湾矿利皆聚于台北,而外人心目所注亦在台北。鸡笼口岸宽稳,可泊大号兵船,又有煤炭可资利用,故外人尤为垂涎。上年沈葆桢准将艋舺建设台北府城,臣此次亲往阅看,设郡之地系在一片平田,毫无凭借,工重费繁,似尚未得窍要。窃维鸡笼现虽荒僻,将来矿务一兴,商贾定必辐辏。且有险可守,守扼全台形胜,距艋舺不过一日之程,似宜暂将新设台北府移驻于此。俟察看一二年后,应否仍照原议,谨当随时奏明。(《丁禹生(日昌)政书·改设台北府片》)

丁日昌所说,也不无道理:把城址选在一片平田之内,四无依傍,一切都得从头做起,必然增加开支。而鸡笼目前虽然荒凉,但将来必然是商贾云集之地,且这里有险可守,离艋舺仅一日之程,将台北府治设于此似无不可。但从长无远来看,鸡笼毗邻大海,地理位置偏僻,与淡水、宜兰路程较远,联系不便,沈葆桢、陈星聚等经过审慎研究,把府城地址选在了艋舺与大稻埕之间的田野里。这既可平息艋舺与大稻埕之争端;新址又坦平如砥,地势开阔,便于勾画蓝图,应该说是建城的最佳方案。

陈星聚署理台北知府后,营建府城的重任便落在他的肩上。从空旷的平野上凭空矗立起一座城市,自然不是易事,陈星聚夙夜忧勤,殚精竭虑,终于修筑起了台北城。如今的台北市就是在陈星聚营建的台北城的基础上发展起来的。没有陈星聚,就不可能有今日美轮美奂的台北市!

台湾学者王竣霆在《从历史的经验基础看"空间观点"的可能:1875—1895台北城的建城历史》一文中说:

> 首先我们应当问的是,为什么陈星聚念兹在兹一定要在这个时候完成兴筑台北城一事?根据《重修台湾省通志》记载,陈星聚前任知府林达泉,尚未在台北艋舺办公,后任知府赵均原应于光绪六年(1880年)到台北府任职,然而他却未到任,反而于台南接替周懋琦任台湾府知府。反观陈星聚他

留在台北督办麻烦的筑城一事，而且在赵均完全没有到任的情况下继续接替知府一职，甚至根据《新竹县志初稿》的记载，陈星聚在中法战争法军侵扰基、沪之时，又在台湾多待了一年，最后因病卒于台北府署，这样的际遇究竟是什么想法支持他留在台北当一个"台北人"，而不是回老家河南避开这麻烦的一切呢？

又说：

对照赵均的未到任和林达泉的卒于官署，陈星聚很可能知道除了他，大概在几年之内不会有人来台北督办城工一事了，所以不管是任劳任怨也好，不甘不愿也好，且办且停也好，戮力督办也好，总之他就是在这个空间和台北一起产生了关系，藉由台北城这个文化地景而和台北这个空间产生了人地关系。

王竣霆先生所说的"空间观点"是说陈星聚"在督办城工的过程中，他在这块独特的土地上做了一些事，用知府的身份生活了一阵子，批了一些公文，处理居民的捐输问题，然后留下了一座台北城"。其实，陈星聚呕心沥血地修建台北城，并不只是想当一个"台北人"，而是地方官的职责所在。至于说林达泉未在台北办公，赵均接了台湾府知府（其实他还兼着台北府知府），大概几年之内不会有人来台北督办城工了，陈星聚没有退路，他只好勉为其难，苦撑下去，也只是王先生的猜测，不能使人苟同。陈星聚是个鞠躬尽瘁，黾勉王事的官员，自受命筑城之日，他便想兹念兹，使出浑身解数把城修好，以期上不负朝廷，下不负百姓，台北城的每一块砖瓦都凝聚着他的心血。我们完全可以想见，一个两鬓如霜、将近七旬的老人在修城时的忙碌身影。正是因为他以羸弱之躯，呼号奔走，台北城才得以竣工，他也积劳成疾，终至不治，魂归道山。要兴建台北城，首先碰到的问题便是经费。兵马未动，粮草先行，要打仗就得有充足的粮草，要修建府城，更是需要一大笔经费。清廷既然批准了沈葆桢的奏折，那么建设台北城的钱，自然应该由国库支付。但是清朝末年国势衰落，风雨飘摇，江河日下，清廷的日常开支，尚是左支右绌，根本拿不出修建城池的银两来。而建城的事既已敲定，便如箭在弦上，不能不发，筹钱的事只能靠陈星聚自己筹划了。陈星聚知难

而进,没有退缩,决定向当地绅民筹款,以济燃眉之急。他在告示中晓谕百姓要多方筹款,建造房屋:

> 照得台北艋舺地方,奉府设治,现在城基街道均已分别勘定。街路既定,民房为先,所有起盖民房地基若不酌议定章,民无适从,转恐怀疑观望。因饬公正绅董酌中公议,凡起盖民房地基,每座广阔一丈八尺,进深二十四丈,先给地基现销银一十五圆,仍每年议纳地租银二圆。据各绅会议禀复,经本府详奉臬道宪批准饬遵在案。除谕饬各绅董广为招建外,合行出示晓谕。为此,示仰绅董、郊铺、农佃、军民人等知悉:尔等须知新设府城街道,现办招建民房。务宜即日来城遵照公议定章,就地起盖。每座应深二十四丈,宽一丈八尺,先备现销地基银一十五圆,每年仍交地租二圆,各向田主交银立字,赴局报明勘给地基,听其立时起盖。至于造屋多寡,或一人而独造数座,或数人而合造一座,各随力之所能,听尔绅民之便。总期多多益善,尤望速速前来。自示之后,无论近处远来,既有定章可遵,给价交租决无额外多索,务望踊跃争先,切勿迟疑观望。切切,特示。光绪五年三月日给。(《清代台湾大租调查书》)

从这篇告示中可以知晓陈星聚急于建城的心情。一座城市的基本元素是民房,没有民房,便没有街道,没有街道便组不成城市。当是时,城内居民无几,仅三数官衙,一二寺庙及零星商号,散处田野间,不能叫作城市。但是乱搭乱建,没有规划,城市布局一塌糊涂,仍不能叫作城市。盖房得有规矩,陈星聚规定每座房屋应深二十四丈,宽一丈八尺。至于百姓建造多少房屋,要视财力而定,有能力者可一人独造数座,无能力者可数人合造一座,一切听绅民之便。陈星聚希望"多多益善,务望踊跃争先"。这两句话表达了他急于建城的心情。

万事开头难。陈星聚的告示贴出后,绅民的反应并不积极。个中原因是,囊中羞涩的农民持观望态度,而那些殷实的士绅则有自己的打算:与其在这荒凉不毛之地投资建房,何如在喧闹繁华的港口城市兴业牟利?盖房既不顺利,陈星聚便另作打算,要缙绅商人捐资建城,等城市略具雏形后,再让百姓盖民房。为此,他选定了有实力的士绅林维源、陈霞林、潘庆清、王玉华、陈受益等14人为经理,

浩氣長存神不死
舍生取義骨何香

——題台灣省義軍統領　苗栗　丘逢甲

丘逢甲(1864—1912),又名仓海,字仙根,号蛰仙。台湾苗栗县铜锣湾人,曾授工部主事。甲午中日战后,出任台湾省义军统领,率义军奋力抗日保台,失败后忍痛内渡,终生为振兴中华、收复台湾而奔走呼号,是中国近代史上著名的爱国志士、诗人和教育家。

纪念陈星聚碑刻 (13)

负责筹集筑城款项事宜。但是筹款之事仍是一波三折,阻力甚大。首先是有人抗缴建城工程款。据《淡新档案》的记载,从光绪八年(1882)到光绪十年(1884)3 年的时间里,官府便发了 8 道催缴建城款的公文。更有甚者,一些人不仅自己抗捐不缴,而且煽动别人也不捐款。如竹南二保的高三富、铜锣湾苎中刘联科前往殷实富户谢阿元、吴阿伐等人募捐时,他们便说,建城活动还未破土动工,纵然动工,也必得三五年方能竣工,何必如此催迫解缴? 劝说半天,任凭你舌灿莲花,口若悬河,谢、吴两人还是不肯解囊。许多人也起而效尤,不再捐款,使得陈星聚忧心忡忡。

像谢阿元、吴阿伐等人还只是家境比较殷实的人家,他们出钱并不多,出力最大的是林维源、陈霞林等人,他们是台湾北部的巨富,筑城款项大部由这些豪绅筹集。陈星聚晓以大义,反复劝说,他们都踊跃捐输。但是随着建城进度的加快,费用也越来越多,陈星聚不得不多次派捐,引起了林维源等人的不快,多次借口拒捐。光绪九年(1883),本来就有积怨的漳州、泉州两方在捐款问题上又产生了新的矛盾。林维源是漳州人,他在光绪四年(1878)就已捐输过50万银圆的巨款赈济山西灾民并筑城修堤,福建巡抚允诺,以后再有类似公益捐款,他可以豁免。但是筑城一事开支浩大,陈星聚无奈,只得再次找林维源及泉州人陈霞林商议。林维源表示,捐款一事,不应偏累一家,"且前独捐五十万,已奉奏明,永不再捐",如今再让捐款,实在为难。漳州人表示支持林维源的意见。陈霞林则认为,以前的捐款与此次筑城无关,不应混为一谈。此次筑城,林维源应该多捐。泉州人附和陈霞林的意见。林维源则仍执前词,剖诉甚力,他表示如果打破福建巡抚"永不再捐"的承诺,将后患无穷。双方坚持不下,一时陷于僵局。陈星聚等认为:"城工需费甚急,碍难再延,亦未便以合郡之公偏加抑勒,兼以防务吃紧,需助孔多,只得凭公酌议,劝令淡水中上各户,仍照前案底册,一体匀捐,下户免派。惟林绅前案派捐一万三千二百元,应令照案加倍捐出二万六千四百元,以杜借口。新竹、宜兰只捐上户,其中下户皆免。仍由府出示晓谕,各绅均愿遵从,当面出具承捐期票。林绅亦愿加捐。林绅随由府取具加倍捐票呈验。捐案既定,城工自可克期告成。"(刘璈《巡台退思录·禀复函饬调移山后勇营加招土勇并劝捐城工兼另劝林绅捐助防务由》)从这段文字中可以看出陈星聚急于筹款筑城的心情。如果不分贫富一律认捐,贫穷人家肯定拿不出来,欲速则不达;如果不再分派,则筹款无日,没有经费,筑城便无从说起。陈星聚反复斟酌,淡水比新竹、宜兰稍富,因此捐款的对象是上、中等户,下户免派。而新竹、宜兰的百姓只捐上户,中下户皆予豁免,愿捐助者由台北府发给捐票,领票之后,不得反悔。

陈星聚的谋划,不可谓不善,但执行起来仍是困难重重,不尽如人意。光绪九年七月八日,他在给新竹县儒学训导刘鸣盛的催缴信中说:

查台北建筑郡城应需经费,奉前抚岑饬令:淡、新、宜三县绅富匀捐,现已半年,计淡水县原捐拾万元,已收解捌万余元。宜兰地方瘠苦,殷富无多,曾于劝办时禀明分作两年捐解清楚，刻下亦解至叁万壹千余元，尚不及五成，似此泄沓从事，凭何支应捐款，何日可清？（《淡新档案》16307·08）

为筹款的事，已使陈星聚夙夜忧勤，寝食不安，又有人借机勒索，侵吞建城经费，更使他恼火不已。光绪八年（1882）六月，监生林绳先、庄民林阿九等控告总新竹县杨梅坜村主管捐款事宜的总理邱殿安，胆敢捏造捐簿，变乱旧章，"有赂者，虽有万金捐底之殷富偏得减捐，无赂者，即饔飧不继之贫民必要勒派。手执捐簿，乘轿带伙挨家勒索贫民，稍拂其欲，锁链立即加身，一行到家，惨甚豺狼"（《淡新档案》16303·09）。陈星聚刚刚批示新竹县知县，令他查明情况，还没有结果，监生林绳先、庄民陈阿文等多人又二次控告邱殿安："前时不过借公勒派，仅冀中饱漏卮，现且乘舆协伙多猛勒派之余，倍加横索，贫民难填欲壑，任估牛猪，贫乏不堪虎饱，多受锁链。"（《淡新档案》16303·12）陈星聚阅后，立即给新竹县令发去公文：

> 钦加三品衔台北府正堂加一级随带加八级纪录四次陈批：建筑城垣攸关保障，各绅富自应踊跃输将，以期早日工竣。经户绅董亦应秉公劝捐，不得借端索扰。据称该处上年捐修大甲堤工人夫，均系绅士林伯棠劝办，众皆悦服。本年城工由总理邱殿安派捐，任意颠倒，纠众勒索。如果属实，急应撤退，举公正绅者妥劝。仰新竹县立即遵照查明赶办。（《淡新档案》16303·12）

新竹知县徐锡祉却认为邱殿安并无借捐勒索之事。他说新竹县所辖杨梅坜、头重溪等庄应捐城工经费，先经城内绅董选举总理邱殿安劝捐，但他一人恐怕兼顾不遑，才派生员林伯棠协助，只因殷户林庚春与邱殿安有怨，便以邱殿安借捐勒索来县控告。所有捐款须盖用县印，一发邱殿安收执，一存卑县核查，况且林伯棠帮同经理并非邱殿安可以随心所欲中饱私囊。而林庚春却不认可新竹知县的说法。他说，杨梅坜一地仅应摊得捐银490元，现已收缴390元，只欠百金数目，而殷户陈廷芳等7户于认捐项下尚欠180余元，即令七成缴公，经费早有羡余，何致苛求下户，故剥贫民？陈星聚立即批示：

　　钦加三品衔台北府正堂加一级随带加八级纪录四次陈批:查此案,前据林绳先并吴玉堂先后具禀,业经分别批示在案。现禀设杨梅坜一村应捐银四百九十元,如已缴过三百九十元,只欠缴一百元,何以尚有陈廷芳等七户欠缴银一百八十余元之多? 数目大相悬殊,是否总理邱殿安从中舞弊,抑捐款之数有参差? 仰新竹县悉心访查确数,照捐催缴,如邱殿安实有多派舞弊情事,立即革办,毋稍徇延,代人受过。切切!(《淡新档案》16303·19)

　　从这一批示上看,陈星聚已怀疑邱殿安有借捐款勒索之事,而应捐数目又小于实收数目,更令陈星聚不相信新竹县令为邱殿安所作的回护之词,因此才命他"悉心访查确数"。林绳先继续控告邱殿安借劝捐工程,中饱私囊,牵累多数贫民,而协助邱殿安募捐筑城款项的生员林伯棠也控告邱殿安,因被骗而听其捏造捐簿。陈星聚再次批示:

　　钦加三品衔台北府正堂加一级随带加八级纪录四次陈批:此案前据林绳先、吴玉堂先后具禀等,因控情与县详不符,迭次驳斥,嗣据林庚春以杨梅坜一村,应捐银四百九十元,缴过三百九十元,尚有陈廷芳等七户欠缴银一百八十余元,从中余银均系邱殿安多派肥己等情具禀,本府当查数目不符,是否邱殿安舞弊多派,批县确查革办在案。现禀报未见批示,殊属费解,惟称邱殿安收捐苛求太过是否属实? 仰新竹县立即访查明确分别核办具折,以洽舆情而杜借口,切切。(《淡新档案》16303·25)

　　后来查明邱殿安确有多派捐款、贪污肥私行为,于是将他撤换,另选了办事公正之人。

　　光绪九年(1883)七月,台北城建设正当紧锣密鼓之际,各村俱按时缴款,惟有新竹县蛤仔市总理张焕彩尚欠缴城工捐款银793元,而各捐户于上年八月已将款缴齐,张焕彩竟敢私自挪借生息,并用于置买业产,视城工捐款为无关紧要。陈星聚得知后非常恼火,给新竹知县周志侃写了一封措辞严厉的信,让他勒令张焕彩将侵用银元如数交出:

　　仲行仁兄大人阁下,径启者:顷闻贵辖蛤仔市总理张焕彩吞蚀城工捐输银七百元，查城垣各工繁兴，需用孔急，现在经费万分支绌，专赖经费源源济应，岂容侵吞中饱，致误要工，用特专函禀布，泐祈阁下立提该总理讯明，勒令将侵用银元迅速如数交出，汇款批解，倘敢抗缴，即将该总理押解到府，以凭严办，切勿稍有松懈，是所盼切。专此，即请升安，鹄候玉音。

愚弟陈星聚　七月十四日。

经调查，张焕彩侵吞中饱捐城款是实，被撤销了职务。

筹集修城款项，是陈星聚费心思最多也最感棘手的问题。如新竹县儒学训导刘鸣盛被委任为帮催城工捐款委员，到头份、中港、猫里、铜锣湾、蛤仔市、吞霄、房苑、大甲各乡催缴，只收到1000余元，仍有未缴银3000余元，各乡均立有限状，限七、八、九三个月缴完，但除了竹南各乡可于九月份缴完，竹北等乡未见行动。他打算半个月后再往竹北各乡催缴。他将到竹南各乡催缴情况报告给了陈星聚。陈星聚知道催款的甘苦，遭受冷遇、诉苦不缴或者躲避不见都是常有的事。陈星聚认为催缴捐款应破除情面，实力严追，他批示道：

> 钦加三品衔台北府正堂加一级随带加八级纪录四次陈批：查台北建筑郡城应需经费，奉前抚宪岑饬令淡、新、宜三县绅富匀捐，现已年半，计淡水县原捐十万元，已收解八万余元。宜兰地方瘠苦，殷富无多，曾于办时禀明分作两年捐解清楚，刻下亦解至三万一千余元，核算六成有余，惟该县捐项仅缴解过银二万四千余元，尚不及五成，似此泄沓从事要工，凭何支应捐款，何日可清？实深愤懑。城工需用孔急，全赖捐款济应，该县身任地方，不得置身事外，而训导刘鸣盛系本府禀留帮催，尤应破除情面，实力严追解完。如有顽户抗缴，应据实禀明，以凭提解究惩。仰新竹县遵照，并转移刘训导，分别赶催，大批报解，务于本年十月以前一律清完，毋稍徇延，致干未便。切切。（《淡新档案》16307·08）

派捐修筑台北城的经费是一项既琐碎又繁重的工作，有贪污中饱者，有抗捐不缴者，也有扯皮不清，互相推诿者，这都要陈星聚一一处理解决。光绪九年（1883）三月，被新竹县委任为该县竹北一保捐办九芎林、树杞林、坪林等村台北城工经费的乡绅彭殿华禀告台北知府陈星聚说，小人奉命捐办九芎林、树杞林等村台北城工经费,计共认银 2600 元,经商定,按大小户均摊匀派,九芎林、树杞林等村应捐银 2000 元,坪林等村应捐银 600 元。不料二保新埔绅董越界混争坪林等 7 村捐款,迨到十一月间,新竹县令将坪林等 7 村割归新埔捐收,小人只就九芎林、树杞林等村捐派,而原先 2600 元之捐款仍旧不减,"盖坪林原属一保地界,况九芎林、树杞林等庄地窄民贫,兼人多顽抗,设非合坪林在内,断难满此二千六百之数,即华当时承办,亦不敢认捐如此之多,今一旦将谕饬所归办之额归于新埔捐收,则坪林应捐六百之数,从何措出?"恳请陈星聚妥善解决。陈星聚为筹集筑城经费急如星火,如果因扯皮不清而贻误工期,他这个台北知府将会成为千古罪人。于是他将彭殿华的信函转交新竹县令,并在上面批示道:

> 钦加三品衔台北府正堂加一级随带加八级纪录四次陈批:该绅董捐办九芎林、树杞林、坪林等庄城工经费银二千六百元,如果坪林向来非归新埔合捐,此次该县何致将坪林庄割归新埔绅董捐收,则该绅欲减缴六百元,断难照准。究竟坪林庄内归何处派收,现在城工需用孔殷,未便稍事籍延,仰新竹县克即确查明白,分别派定,赶紧催缴汇解,毋再任延。切切!(《淡新档案》16305·37)

新竹知县徐锡祉接到陈星聚的批示,不敢怠慢,连忙派人核查清楚,问题得到了解决。

在陈星聚的悉心运筹下,筑城经费的筹集、使用算是有了规范,没有人敢以身试法,截留挪用或贪污中饱了。直到台湾富豪林维源、厦门人李春生率先醵资修建了"千秋"、"建昌"两条街道后,商户始联翩而至,开办商行、店铺,台北城的修建才得以顺利进行。

台北城的建设并非一蹴而就,筑城的经费虽有了着落,但在建城过程中仍有不少困难。首先是台北城选定的地址原为水田,难以承载城墙、城门之重。即使是普通民户建房,也要把地基夯实,方可在上面施工,要建府衙、城墙等,难度更大。陈星聚不得不在预定城墙线上植竹培土,以期在三四年内能承载重压,因此在光绪六、七年先后建成了台北府衙、文庙和考棚。迨至光绪八年(1882)一月,台北城才正式破土动工,这离陈星聚署理台北知府已有 4 年之久了。

台北城修建缓慢的第二个原因是建城工匠与建筑材料,均须从内地引入,因此稽迟了时日。钦差大臣沈葆桢在一份奏折中说:"……接见夏献纶、刘璈,知已勘定车城南十五里之猴洞,可为县治……刘璈素习堪舆家言,经画审详,现令来办筑城、建邑诸事。惟该处不产巨杉,且无陶瓦,屋材、砖甓必须内地转运而来,匠石亦宜远致。"(《福建台湾奏折·请琅峤筑城设官折》)木材和砖瓦是建城必不可少之物,但当地既不产杉木,也不产砖瓦,必须从山水迢递的内地搬运,成本昂贵自不必说,长途跨涉,水陆兼程,运输也是难事。最难寻觅的是工匠,台湾没有上好工匠,要找能工巧匠,只能从广东聘请。沈葆桢在另一份奏折中说:"闽抚岑宫保(指福建巡抚岑毓英)于去年渡台督理桥工、城工,至今尚未内渡,已列前报。兹闻大甲溪之桥工,即用土民兴筑,亦可将就成事。惟台北府、县各城工,非熟手工匠,势难创造。缘城垣之高矮、城垛之大小,皆有度数,必须按地势以绘图,方能照图建筑也。去腊已札知府卓维芳赴粤雇觅匠人百余名,约定正月同人到香港候船来闽。现闻宫保借己船局之'永保'轮船,准于二月朔赴粤装载匠人,往台赶紧兴工。"《清季申报台湾纪事辑录·雇匠筑城》)由于台北是府城所在地,修建不能有半点马虎,城垣高低、城垛大小皆有规定,自非一般工匠所能胜任,必须从广东省的工匠中遴选,方能保证筑城质量。基于上述两个原因,直到光绪十年(1884)十一月,台北城的修建工作才告一段落。陈星聚宵衣旰食,为建城倾注了巨大心血。这座城全用石头筑成,"周一千五百有六丈,池略大之。辟五门:东曰照正,西曰宝成,南曰丽正,北曰承恩,小南曰重熙,面东、北两门又筑一郭,题曰'岩疆锁钥'。既成,聚者渐多"(《台湾通史》上册第329页)。此后,台北人烟辐辏,熙熙攘攘,店铺林立,市肆繁荣,蔚为一大都市。光绪十一年(1885)台湾建省,光绪二十年(1894)继刘铭传之后的第二任巡抚邵友濂将省会迁至台北,从此台北成了台湾政治、经济、文化的中心。

(三)培育桃李,兴建儒学

台湾是海上荒岛,人烟稀少,没有学校。荷兰人入侵后,以荷语荷文教授土著居民,进行奴化教育。郑成功收复台湾后,百废待举,教育自然提不上日程。郑经嗣位后,先在台湾府建明伦堂,又建文庙,然后在各社设学校,延聘内地儒士任教。幼童 8 岁入学,课以经史文章,举行科举考试,州试合格者移府,府试有名者移院,再考试策论,中选者入太学。三年大试,选拔其中优秀者补官。清朝统一台湾后,康熙二十二年(1683)台湾知府蒋毓英设社学二所教授蒙童,也称义塾,以后各县陆续增设。次年新建台南府、凤山县儒学。不久,巡道周昌、知府蒋毓英将文庙故址扩大,设置府学,由福建省派驻教授 1 人,管理学务。县学则设教谕,隶属于学政。后来各县又增设训导 1 人。有了府学、县学,义塾遂空。四民之子凡年七八岁者皆入学校,先读《三字经》或《千字文》,读完之后,再教四书,要求背诵并且得读宋人朱熹为四书作的注,以为将来考试之资。读完四书,再读《诗》、《书》、《易》三经及《左传》,学习 10 年,可以应试。于是生员孜孜矻矻,父训其子,兄勉其弟,莫不以考试为大业。

除了府学、县学外,台湾还建有书院,目的在补助府、县、厅学之不足。台湾的书院大多由地方长官创建。施琅平定台湾后,台湾始归入清朝版图,躬耕之士,多属遗民,他们对于满族人建立的清朝,始终抱有敌意,麦秀黍离,眷怀故国,不愿仕进,也不让他们的子弟入府学、县学读书。为怀柔笼络这些抱有敌意的台湾人,康熙二十三年(1684)台湾府知府卫台揆始建为文书院,不久,分巡道梁文煊也建了海东书院,各县先后继起,以为生员学习文化之地。每名学生吃饭的膏火银、山长的束修都有规定。乾隆五年(1740)分巡道刘良璧亲自制定了海东书院学规五条:"一曰明大义,二曰端学则,三曰务实学,四曰正文体,五曰慎交游。"乾隆二十七年(1762),分巡道觉罗四明又勘定八条:"一曰端士习,二曰重师友,三曰立课程,四曰敦实行,五曰看书理,六曰正文体,七曰崇诗学,八曰习举止。"(《台湾通史》上册第 192 页)道光年间,徐宗干任巡道,力整学规,拔台人子弟优秀者入书院读书,并且每夜必至书院,与诸生探讨学问,教导以保身立志之方,勉励诸生读书作文之法。一时诸生竞相求学,互相观摩督促,凡进入海东书院学习者,后来多成为国家的有用之才。"台郡为首善之区,文风丕振,东西南北各设文社,而以奎楼为中枢,故奎楼亦谓之书院。"(《台湾通史》上册第 192 页)

陈星聚主政台北府后,对教育极为重视,先后创办了台北府儒学与登瀛书院。

台北府儒学在台北城内文武庙街,建造比台北城略早,由当时的台湾兵备道夏献纶与台北知府陈星聚督治其事,主要由陈星聚擘画,当地士绅十余人协办。
"光绪五年(1879)兴工,七年(1881)主轴建筑仪门、大成殿及崇圣祠三殿告竣。
八年(1882)再由台北士绅募款招工继续完成礼门、义路、黉门、泮宫及万仞宫
墙。终于在光绪十年(1884)全部完成。"(《重修台湾省通志》卷10《艺文志·艺
术篇》)日本占据台湾后,曾把台北府儒学作为守备队的营地。

纪念陈星聚碑刻（12）

登瀛书院也是陈星聚一手创立的,地址在台北府城西门内,光绪六年

（1880）陈星聚借用台北府考棚而建。当时未建院舍，聘请宿儒陈季芳为院长，管理则由台北府知府陈星聚过问。淡水佳腊庄人杨克彰，满腹经纶，妙手著文，颇得同辈好评。艋舺士绅黄氏见他学富五车，延聘为塾师。私塾离家六七里，杨克彰家有萱堂，年纪老迈，需人侍奉，他每夕必归，膝下承欢，从不间断，被邻里传为佳话。克彰栽培桃李，陶铸人才，很多人后来成为有用之才。陈星聚得知后，立即举荐他为孝廉方正。杨克彰固辞不就，使陈星聚惋惜不已。"登瀛书院为台湾北部规模最大之书院，为西南向建筑，前面有照壁及惜字亭一座。屋宇共有四进，第四进且为两层楼之建筑，清代用为藏书楼。屋顶为重脊燕尾歇山式，二楼四周有四廊，并护以栏杆，底层为拱廊。"（《重修台湾省通志》卷10《艺文志·艺术篇》）光绪十六年（1890）台北知府雷其达向官民募捐并向巡抚刘铭传申请，建舍于台北城西门内，置书库，存古今图书供学生阅览。甲午战争后日军占领台北，将登瀛书院改为南进司令部，1898年又改为一般性活动场所，称为淡水馆，有数次笼络台湾读书人的活动就在这里举行。至1906年因部分梁柱腐朽，日本人将登瀛书院拆除，如今只能凭吊遗迹了。书院最盛时的主要财产是："台北城内府前街及西门街家屋二十八户；大加蚋堡新庄仔土地一所，小租谷一百五石；金包里田地一所，大租谷二百石；芝兰二堡七星墩庄土地一所，小租银十元；芝兰一堡内湖庄土地一所，小租谷五十石。"（《临时台湾旧惯调查会第一部调查第三回报告书：台湾私法》）一所书院从筹建到培养出人才，陈星聚花费了巨大心血。

在儒学和书院读书的莘莘学子，大多出身寒门，日常生活费用已是捉襟见肘，参加科举考试更是困难重重。如欲考举人，须得到省城福州应试，山水迢递，路远程赊，不少人无力筹措盘缠，无奈只得放弃考试。这样，他们三更灯火五更鸡，学来的知识，便付诸东流了。陈星聚非常了解士子们经济上的窘迫状况，光绪四年（1878）陈星聚还在淡水同知任上时，便捐献薪俸2000元，创办登云会，作为基金，贷给李凌、林恒茂、郑祉记、翁贞记、叶缵绪5人，每人各400元，3年收息一次，共180元，资助赴福州应考的新竹县生员。次年，陈星聚调任台北知府，这一政策仍相沿不替，给士子们带来了不少方便。这就是史书上所说，陈星聚"议筹番银二千圆，交殷绅生息，每届乡试，视厅属应试之人数多少，将所入利息照数摊分。至今，士子犹沾润焉"（《苗栗县志》卷14《列传·文职》）。

陈星聚关心教育事业，即使在判决官司时，也为书院着想。光绪六年

(1880)新竹县武生陈朝升与陈得益、何良争夺田界，陈朝升一纸诉状递到了台北府。陈星聚马上派人勘丈绘图，结果查明，陈朝升的田契上载明北至小溪为界，他却欲越小溪向北争业，于是指小溪之北小溪为界；陈得益的田契上载明南至小溪为界，他却欲越小溪向南争业，于是指小溪之南小溪为界。其实两溪之间还有一片无主之田，两人都想抢到手里。陈星聚下令："着将两溪中间之内断充明志书院，两造均不得越溪争田。"陈朝升与陈得益、何良也有田界之争，经实地勘查，双方田地中间还隔着一条沟，沟底也有一片无主之田，陈星聚果断批示："其沟底亦断充明志书院，两造均不得觊觎。"（《淡新档案》22506·58）写完批示，便立即行文给新竹县，要他将两块地的田租拨给明志书院。新竹县知县李郁时表示，这些田租本应拨给明志书院，但因筹办养济院，经费不敷应用，是否暂时可以挪用，请求陈星聚批示。陈星聚批示，筹办养济院，"如因例支不敷，暂以此项田租拨济，此亦该县挹彼注兹，意在存恤孤贫起见，事属可行，希即查照办理"（《淡新档案》20506·61）。陈星聚在这里说的是"暂以此项田租拨济"，日后养济院经费充裕时，这些田租仍然要拨给明志书院。光绪七年（1881）陈得益之妻张氏又状告陈朝升造契纠众，恃势霸占田地，陈星聚调取双方田契查看后，立即作出堂谕，除断令陈朝升归还他所霸占的田业外，重申："如有余田余埔，概行充入明志书院招佃管业，以为生童膏火之资，庶返本归真，争端永息。如再滋事，再行察办。"（《淡新档案》20506·94）陈星聚支持教育事业，可谓不遗余力！

　　陈星聚爱屋及乌，他既热心兴办儒学，也刻意保护文庙，即使文庙的一砖一瓦都不容忍不肖之徒破坏。同治十三年（1874）淡水厅儒学训导梁仲年禀报说，看管文庙的殿夫傅生向他反映，自去年以来，文庙墙壁砖石被人偷去甚多，傅生早晚留心捉拿盗贼，但一直未得其人。一日夜晚，文昌宫庙祝郑见纠半夜回家，在文庙墙内遇见一个叫陈燕的人偷盗砖石，将其作案工具扣留，陈燕逃脱。此人平日以卖石头为生，以前未见赃证，不敢无证陈禀，现在赃证俱在，理应禀明。陈燕现在所居之处，乃林犁之屋，林犁在文庙前空地盖起茅屋已有多年，近来不守本分，多次窝藏偷盗之人。傅生的前任曾捉到一个姓郑的强盗，也住在林犁家中，每至三更半夜便去偷文庙大门铁钉。本欲送淡水厅究办，林犁苦苦哀求，愿意赔偿。殿夫多次让林犁搬往别处居住，但他置之不理，现又窝藏陈燕，坐地分赃，不改前非，理应拘陈燕、林犁究办。偷盗文庙砖石就是亵渎孔子，陈星聚立即

派人捉拿陈燕、林犁归案,庙祝郑见纠、殿夫傅生也被传去作证:

> 赏戴花翎特授台湾北路淡水分府随带加七级记大功五次陈:案据淡水儒学申称,据殿夫傅生禀,有文昌宫庙祝郑见纠欲要回家,在文庙墙内,遇见陈燕偷盗砖石被纠,将撬石器支留,陈燕脱走。而陈燕所居之屋,乃林犁之屋,林犁每每窝藏鼠盗,叩请详拘等情,申请严拿等由到厅,当经饬差查拿。兹已开篆(指陈星聚已在淡水厅任上开始办公),合行催拿。为此,票仰原差汤才、总甲许辉迅协地保,立即严拿后开有名窃盗,传同原禀人等各正身,限五日内禀带赴辕,以凭讯究。该差毋得违延干究。火速火速。计开:申文内窃盗陈燕、窝藏鼠盗林犁、申文内庙祝郑见纠、申文内原禀殿夫傅生。光绪元年二月二十六日给(《淡新档案》33109·05)

陈星聚尽管非常愠怒,但偷盗砖瓦毕竟不是什么大案,只能按律判陈燕、林犁带枷示众一个月。期满之后,陈星聚批示"准予疏释"。虽然惩罚不重,但起到了杀一儆百的效果,偷盗文庙东西的事件再也没有发生了。

(四)关心民瘼,赈寡恤贫

清朝末年,僻在边陲海陬的台湾经济还很落后,生产力低下,食不果腹的贫窭之家不在少数,尤其无家可归或无人赡养的鳏寡孤独者或流落街头,或死于沟壑,影响了社会安定。陈星聚就任台北府知府伊始,便把赈济鳏寡孤独一事列入了议事日程,充分展示了一个关心民瘼的廉吏形象。

陈星聚先后在台北、新竹建了两个养济院。光绪五年(1879),陈星聚上书光绪帝,请求设立台北、新竹两处养济院,得到了光绪帝的批准,但因新竹养济院在筹建时遇到了困难,只得往后推迟一年,台北养济院则在当年便开工兴建。该养济院位于台北府治之艋舺,创办经费分两部分,一部分是公帑,即由官府资助,另一部分由当地士绅富商捐款。鉴于官府财政困难,捉襟见肘,因此以士绅富商捐款为主。养济院形式上由官府管理,但实际上并未设置正式员工,只从被收容者当中遴选能识文断字且身体较好者为头人,称主任或院长。因为他们要管理具体事务,比其他收容人员劳力费神,故待遇也略高一些。除了一般收容人员的零用钱外,每个月再加一元作为兼职的报酬。官府时常派人员来养济院巡视,听取收容人员的意见,改进不足之处。

台北养济院的救济方法分为院内收容及院外两种,院内收容定额为62人,院外为38人,合计100人。养济院的规模虽然不大,但鉴于台北当时人口不多,鳏寡孤独应予救济者也少,因而只能容纳100人的养济院并不显得拥挤。从养济院的章程上看,被收容者可以说是衣食无忧。救济待遇是:

纪念陈星聚碑刻（11）

①院内男女院民六十二名,每月三十日,每名发给白米两斗,金四角五分,每月初一日发放。

②额内六十二名院民,每年十一月每人发给夏季、冬季衣服费八角。

③额外三十八名,每人每月发给白米二斗,但不发给金钱。

④额内六十二名中,若有病故者,才准由额外的人递补。

⑤病故者,由官方发给棺木费白银四元。(《重修台湾省通志》卷7《政治志·社会篇》)

这种院内院外的差别并非根据个人情况而定,而是根据报名先后的时间来定。因为养济院的容量有限,必须院内有缺额时,院外的才能补上,未补上之前不予救济。发放救济粮钱的程序是:"每月初一官吏到场集合被救助者,被救助者各自出示木牌(给养证),对照无误后,当场直接支给。"(《重修台湾省通志》卷7《政治志·社会篇》)台北养济院存在了16年,百姓受惠良多,台北人有口皆碑。日本人占据台湾后被废。

纪念陈星聚碑刻(20)

新竹养济院于光绪六年(1880)建于新竹城内,是陈星聚购买一个叫江阿模的民房,然后捐献出来,用作办养济院之用,屋外的墙门上还有刻有"养济院,陈星聚建之"的石碑。该养济院专门收养鳏寡孤独之人。院内定额为100名,院外若干人,若院内被收养者有人死亡,则由院外受助者当中年龄最长的人递补。获救济者的待遇与台北养济院相同,经费也由官府与地方士绅合伙筹集。该院表面上是官营,但实际上官府很少过问,只是不定期派人巡察而已。没有设置专职管理人员,由被救济人员内推选出一位头人管理院务,他除了享受一般救济者的待遇外,每月发给津贴费一元作为酬劳。"对院外救助者,每人每月发给白米二斗,白银四十五钱。对院内院民,除每月每人发给白米二斗外,每年年终每人发给衣服费白银一圆,同时在新年时由抚台每人发给新年购物费五十钱,布政使每人发给二十钱,台北府每人发给十钱,合计八十钱,作为新年购物等费用。死亡者,由官方发给丧葬费白银四圆。"(《重修台湾省通志》卷7《政治志·社会篇》)从发放的粮钱来看,被救济者的待遇不菲,可说是衣食无忧,即使亡故,也能妥善地得到埋葬。一个封建社会的官员能够如此关心民瘼,体恤百姓,真是难能可贵!

陈星聚不只关心台北府的鳏寡孤独之人,他也系念桑梓之邦的父老乡亲。尽管山水迢递,路远程赊,只要家乡有难,他仍然慷慨解囊,倾力相助。"光绪三年(1877),豫省大饥,道殣相望,星聚捐谷千石,又赈本乡谷数百石,急公好义,略可见矣。"(《重修临颍县志》卷10《陈星聚》)《重修临颍县志》修于民国四年(1915),修志者用"急公好义"4字来称赞陈星聚,表达了对一代廉吏的仰慕之情!据《台湾府志》记载,乾隆二十年(1755)淡水同知的薪俸是白银80两,彰化县知县的薪俸是45两银子,诸罗县知县的薪俸也是45两。买一石稻谷须花3钱银子,买稻谷1000石须300两银子。陈星聚给临颍县捐谷1000石,又给本乡捐谷数百石,姑以500石计算,也须银150两。两项加起来须花去450两银子。几乎占去了一个同知半年的薪俸。当然,陈星聚捐谷是在光绪三年,距乾隆二十年已有122年之久,如此计算物价,肯定不准确。我们没有找到光绪初年台北地区的谷价与淡水同知的薪俸记载,但可以肯定的是,光绪年间的谷价比乾隆时贵,淡水同知的薪俸比乾隆时高,虽然水涨船高,而陈星聚要给家乡捐献1500石稻谷,仍须他将近半年的薪俸。即使在今天,为赈灾一次捐献出半年工资的官员也不多见!

光绪五年,山西遭受旱灾,全国各地纷纷伸出援助之手,捐粮捐钱,台湾也成立了全台协募晋赈公所。他们知道陈星聚乐善好施,有时竟倾囊相助,于是给他写了一封情深意切的信，今日读来，犹令人感慨不已：

曜堂公祖大人执事：

素依慈宇，遄听仁声。汉世循良，龚、黄最著，圣门从政，由、赐称长，不图复见今日！

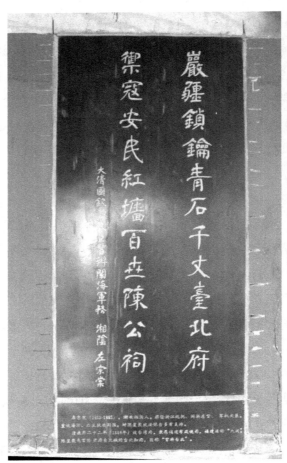

纪念陈星聚碑刻（19）

往岁晋、豫奇灾，执事慨捐巨金，力辞奖叙，并闻普赡族人之被灾失所者。此等风仪，出之清廉之吏，尤为罕见，治下等惟有望尘倾慕而已。本年晋省复遭亢旱，畿疆更厄水灾，一切情形，谅邀察鉴！是以苏、扬、浙、沪乐善诸君子攘臂一呼，捐集二十余万金，陆续解往，孑遗之民，可冀全活。此项捐册到台，由南递北，治下等专托吴小帆、陆自牧二尹、李吉士广文在艋设立协募公所,李迪臣太守收解银钱,并由张观察致书左右,想执事具慈祥恻恻之怀,筹劝自不遗余力。台南、北鸿稀道远,祷盼殊深! 辰下郡城捐务,惟王星槎二尹以数年宦积番银千元慨然馨助,余不过零星捐集,无可生色,张吾一军,不得不望于台北绅富。蘧伯玉耻独为君子,台湾富庶,海内艳称,乐善之城,何遽逊于江、浙诸郡! 良由治下等德薄能鲜,不能以诚感人,实增惭愧! 将伯之助,所亟盼大贤之仁为己任者。奉上"富贵源头"、"十可省歌"、"急筹直晋赈启"数种,即乞垂鉴! 临颖不胜悚惶待命之至!

恭肃寸启,顺请勋安,伏乞钧鉴!

全台协募晋赈公所谨肃。(《清季申报台湾纪事辑录》)

这里之所以抄录这封信的全文,是想从赈灾一事看陈星聚的为人及其胸怀。山西发生旱灾,台湾成立了全台协募晋赈公所,地址在台南,离陈星聚所在的台北甚远,当面商议不甚方便,因此写了这封信。当然,信中有恭维的成分,但并不全是溢美之辞。信的开头说,我们居住在这片充满慈爱之心的土地上,在遥远的台南,便听到了您对百姓施行仁政的消息,汉代的循吏要数龚遂、黄霸,孔子的门徒从政最值得称道的是子路、子贡,您就是今日的龚遂、黄霸,就是今日的子路、子贡。这几句话虽然有吹捧的意味,但是并不离谱。《汉书》为龚遂、黄霸立了传,因此两人名垂后世。子路、子贡是孔子的弟子,《论语》《史记》等书多次提及,因此名满天下。陈星聚自入仕以来,鞠躬尽瘁,匡扶社稷,所至之处,弊绝风清,说他是龚遂、黄霸、子路、子贡一类人物,可谓恰如其分。"往岁晋、豫奇灾,执事慨捐巨金,力辞奖叙,并闻普赡族人之被灾失所者。此等风仪,出之清廉之吏,尤为罕见,治下等惟有望尘倾慕而已。"这一段话是赞扬,也是写实。陈星聚在山西、河南两省遭灾时慷慨捐出巨金,清政府要嘉奖他,他婉拒不受,族人因灾而流离失所,本不富裕且又刚捐过款的陈星聚再度伸出援助之手,这种高风亮节,即使在廉吏中也不多见,全台协募晋赈公所的同仁对陈星聚"望尘倾慕",当是发自肺腑之言,不是阿谀奉承。下面接着说,今年山西发生大旱灾,京畿之地发生了水灾,苏州、扬州、浙江、上海等地乐办善事的君子振臂一呼,便捐集了20万元,陆续送往受灾地区,嗷嗷待哺的百姓有望渡过难关。捐款册到达台湾后,由南向北传递,全台协募晋赈公所派人在艋舺设立了协募公所。您一向慈祥恻恻,勇于任事,劝筹自然会不遗余力。台南、台北相距甚远,书信往来甚少,台北的捐助只有王星槎等人捐款千元,其余的都是零星捐集,不成规模。要想把捐款之事办好,不能不寄希望于台北绅富。春秋时卫国的蘧伯玉是一个胸怀坦荡的君子,孔子曾称赞他"君子哉蘧伯玉,邦有道则仕,邦无道则可卷而怀之"。也就是说,蘧伯玉在政治清明时就出来做官,政治黑暗就把自己的本领收藏起来。台湾是富庶之地,全国百姓都很羡慕,乐善好施,绝不逊色于江苏、浙江等地,目前捐款不多,是由于我等德薄能鲜,不能以诚待人所致,倍感惭怍。盼望您施以援手,把捐款视为己任,则捐款之事不难圆满完成。从这一封信不难看出陈星聚在台湾的影响和在人们心中的地位,捐款时让他出面号召,无疑是正确的选择。

办好养济院,赈寡恤贫是行之有效的赈济方法,但要使粮米无缺,还须举办义仓,以防发生水旱灾害时有粮可赈。台湾各地均设有义仓,只因年深日久,设施废弛,导致义仓有名无实。光绪九年(1883)五月,福建巡抚下令各府派人前往所属各县,核查该县义仓共有若干所,每仓可贮谷若干石,向归何人经理,从前捐缴银谷共有多少,是否实数,有无侵蚀及未缴等情。陈星聚知道新竹县是淡水厅旧治,未设县以前曾创建有竹堑义仓,并交绅董林恒茂管理,陈星聚要求新竹县查明"创建竹堑等处义仓共有若干,是否实储,有无欠缴,经手绅董林恒茂等办理能否妥洽,续后有无更换,近来何仓实在储谷若干,各绅董有无侵挪亏短,逐一确查,如有侵蚀欠缴,立即严追,并即分别劝捐。现谷上仓,总期多多益善,以备荒歉"(《淡新档案》12604·02)。新竹县举人郑维藩禀报称,同治六年(1867)竹堑曾建有明善堂捐题义仓,有谷10000石,另有充公租谷及大甲德化社庙租2000余石,选举职员高廷琛为仓正,后交富绅林汝梅接手。而林汝梅又擅自交给其弟林彰承办,林彰任意虚糜浮耗,捏造报销,毫不检点,甚至将每年存仓义粟私行变卖,作为药店。可怜堂堂义举,非为百姓顾饥寒,实为一人造福命。而义仓之设,原为积谷防饥,而今空存义仓之名,而无义谷之实,万一青黄不接,应行赈恤之时,将无谷可用。陈星聚得知后,立即发公文给新竹县令,让他"查明林汝梅为何任令其弟林彰捏报营私,侵蚀义仓谷石情事,克日查明虚实,申复察办"(《淡新档案》12603·01)。当查明林彰果有侵吞贪污义仓粮食的行为后,便将他撤职查办,另委新人。

清朝时期疆域辽阔,此处丰稔彼处遭灾是常见现象,因此各地调剂抚恤,赈灾救荒是常有的事。光绪五年(1879)直隶(今河北)、山西、河南等省旱灾,山东平度州水灾,江苏清江风灾,陕西潼关、甘肃阶州(今甘肃武都县东南)地震,广东三水县水灾,遭冰雹、虫灾的省也有不少。光绪帝下诏,令各省督抚查明,如有应行接济之处或来年春天应行接济之处,定于封印(清朝规定在十二月十九日至二十二日 4 天内封印,即不再办公,至次年正月十九、二十、二十一 3 天之内开印照常办公)之前上奏朝廷。各督抚再行文给各州府,陈星聚细查台北府的稻谷生长情况,认为尚可自给,无须接济,便给福建臬台禀报说:

> 伏查本年台北收成早稻分数,如卑属之淡、新、宜三县,各得七分有零,即晚稻应在七分以上,早晚收成尚称中稔,农民力非有余,然亦不致拮据,卑府察看通属情形,来春青黄不接之时,尚可无须接济。兹奉前因,除转淡、新、宜三县查明具复另详外,第念奏期限迫,合将卑属收成分数与来春无庸接济缘由,合先备文详复,仰祈宪台察核俯赐转详,实为公便。(《淡新档案》12701·01)

陈星聚又行文给新竹知县,让他查看稻谷生长情况,他禀报称,新竹县早晚稻谷收成,核计均在七成以上,属于中等收成,来春无须救济,也即光绪六年新竹县的百姓不会有饥荒之虞。

光绪七年(1881)秋天,台湾、台北二府所属厅县同遭台风,各县调查后禀复,不致成灾,来年春天无须救济。只有澎湖为海外孤岛,不能播种五谷,只靠栽地瓜、花生糊口。因风雨猛烈,根叶皆枯,收成无望,除了由省城运来仓谷外,台北负责筹款采购薯丝、小米,陆续运往澎湖,分别散赈平粜。澎湖所种杂粮,须至次年夏季才有收成,春季青黄不接时,还须妥为救济,陈星聚又行文给新竹县,要求预为准备,赈粜兼施,澎湖的灾民才不致冻馁。为了赈灾,陈星聚可谓费尽了心思。福建巡抚为赈澎湖之灾,除了招商赴江苏、浙江等地采购米谷、杂粮,免关税运往澎湖外,并号召外地商人载米来澎湖销售。但若无人组织,外地商人必然裹足不前;若由官府筹买,官府筹不到如此巨款。最好的办法是,内地商人赴台买米卖给澎湖百姓。陈星聚得知后,立即行文给新竹县令,如遇内地米商来台,务即劝令在台公平购买,不可勒抑米商,也不准他们囤积居奇,惜米不售。澎湖虽不属台北府管辖,陈星聚同样牵肠挂肚,将赈济灾民当做分内之事。

光绪七年(1881)七月彰化县猝遭狂风暴雨,山水涨发,溪河漫溢,田园多被冲坏,其中深耕、二林两保受灾严重,所种杂粮全无收成,两保共有 64 庄,内有贫民 4590 户,男女共计两万余口,糊口无资,需要救济。陈星聚札饬新竹县,将彰化县灾民中精壮者雇来大甲溪助修河堤,以工代赈。但这部分只有一二千人,其余两万余人尽是老弱妇女,饥饿情形与澎湖无异,另由福建巡抚筹米解决,陈星聚积极协助,尽了最大努力。

陈星聚在台湾任职期间,坚持不懈地关心民瘼,赈寡恤贫,赢得了百姓的赞誉!

(五)办好隘务,发展生产

台北府所属各县,"民番杂处,未便设官,请照旧例,沿山各隘,设立隘寮,分段设守"(《台湾通史》上册第 312 页),由官府派兵驻扎。因闽人多居近海,粤人多处沿山,山内则多土著人,因此于三者当中各选正副总理两人,督同隘首并隘丁 50 名,分守要害。隘首的薪金与隘丁的工钱均由隘粮支出。在官府看来,"隘粮与军粮并重,防番与防盗并严"。陈星聚自任淡水厅同知直至任台北府知府,一直重视隘务,促进地方和谐,安定社会秩序,但矛盾仍然不时发生。同治十二年(1873)大坑口隘首控告督收隘粮的刘阿化拖欠隘粮 120 石,致使隘丁有枵腹之虞。陈星聚调查清楚后批示:"额设隘租有关支放丁粮,刘阿化何得抗欠不纳? 殊属非是,候饬差押令清完,如违提究。"(《淡新档案》17314·01)批了公文,陈星聚还不放心又派粮差蔡波前往督办,并批示道:"除批示外,合饬押纳。为此,票仰对保粮差迅协总保,立即严押督收书刘阿化,速将应纳该隘首张益安隘粮谷石,克日扫数完纳清楚。倘敢再延,许即禀带赴辕,以凭比追,去役毋得刻延干咎。速速。"(《淡新档案》17314·02)在陈星聚的过问下,刘阿化只得将拖欠的隘粮如数缴清。

设隘便须招募隘丁,如何解决隘丁口粮是一个棘手问题。光绪二年(1876)十月,新竹县苎中七庄隘首谢镇安向陈星聚禀报,该隘有隘丁 20 名,每名隘丁每年需粮谷 30 石,共 600 石。先前可收官谷 360 石,民谷 540 石,支付隘丁口粮应是绰绰有余。但早年因基隆庄尚未垦辟成田,故拨出 4 名隘丁口粮,在基隆山帮守垦辟。自咸丰二年(1852)至今,苎中七庄屡被洪水冲破田庐,其田十仅存四,每年隘粮仅收官谷 100 余石上下,民谷 200 余石,粮食不够,地方又辽阔,隘丁很难把守,现在生番(指当地土著)猖獗,恐怕鞭长莫及。因隘粮缺乏,小人等曾禀报有司请求帮助,未见答复。如今基隆新老庄一带,已垦辟之田年产谷 6000 余石,仍未上缴田赋,恳请就地设隘把守,隘丁口粮可以保证,再将匪首吴阿来之田抄没充作隘粮,隘丁口粮便绰绰有余了。原来帮守基隆山的 4 名隘丁,可仍回原地把守,庶几无疏虞之患。

　　陈星聚仔细阅读了这份禀报,隘首谢镇安反映的问题确实值得深思,隘丁的口粮得不到保证,便不会有人守隘,若隘寮形同虚设,当地土著乘虚骚扰,垦户不能耕耘,已垦之田就会撂荒,损失便无法估量了。而谢镇安的建议也颇有道理,值得采纳,便提笔批示:

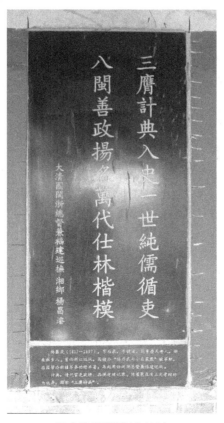

纪念陈星聚碑刻（18）

赏戴花翎特授淡水分府陈为谕饬会同公议复夺事。本年十月初三日，据芎中七庄隘首谢镇安禀称……除批示外，合行谕饬。为此，谕仰新圭隆等处总理彭继新、吴继新等即便遵照，克日会同芎中七庄隘首谢镇安查照。基隆新老庄一带既经辟田六千余石，又加吴阿来匪租充公，则该处隘粮无缺，而溪头帮守四名，似应拨还溪头，以资把守。至新老鸡隆一带既有六十余石之租，现抽隘粮若干，因何不报丈升，现在两处隘丁计有若干，需粮若干，如有多寡不均，应如何挹注使各隘得资防守而无疏失，均关公同会议……缘由议明，禀复赴辕，以凭核夺。该总理、隘首等均须公议公办，切勿稍涉私见，致有丁少防疏，自取重咎。切切。特谕。光绪二年六月二十九日。(《淡新档案》17317·02）

纪念陈星聚碑刻（17）

不管是新辟之田所收粮食用于隘粮也好,匪首吴阿来之田充作隘粮也罢,抑或是想尽办法挹彼注此,陈星聚均表示赞同,他关心的是如何"使各隘得资防守而无疏失",经过他悉心擘画,隘粮问题得以解决,隘务走上了正轨。新竹县竹北一保猴洞等庄垦户刘子谦向陈星聚禀报隘务时,陈星聚反复交代:"速将猴洞等庄隘务,即日认真整顿,雇募壮丁在于要隘处所建设隘柜,实力堵御凶番,切实保护居民,倘有匪徒逃遁其间,亦宜督率壮丁擒拿解办。慎勿因循苟安,侵吞隘粮,以致隘丁乏食疏防,凶番乘间肆扰,自取重咎也。凛之。切切。"(《淡新档案》17315·04)他仍一再强调,不要侵吞隘粮,免得隘丁因缺粮而疏于防守,土著乘机骚扰。

同治末年,淡水厅所属新竹县竹北一保猴洞等庄发生了一起争当隘首的纠纷,双方互相控告,陈星聚多次批示,但又多次反复,直到陈星聚当了台北府知府,才埃尘落定,有了结果。原来猴洞等庄隘首刘春波病故,隘务一时无人管理,陈星聚的前任派了一个叫金广兴的人前来接替,而金广兴又迟迟未能到职,陈星聚的前任也已调离。陈星聚接篆后,猴洞垦户刘子谦呈文,愿意担当隘首一职。当时"山面生番扰乱,佃人未定,纷纷离散",刘子谦也有办垦务的经验,陈星聚便批示:"猴洞等庄隘务,准归该垦户一手经理,候即给谕遵办。"(《淡新档案》17315·01)

出人意料的是,陈星聚的批示刚刚公布,已故隘首刘春波之子刘光又把刘子谦告到了府衙。据他说,刘子谦虽当过隘首,但经营不善,荒垦废隘,无力再办,自愿交给刘清兰并邀约小人之父刘春波合办。前任淡水同知也有公文给隘首金广兴,谕令刘清兰办理,且与刘子谦订有年限,合约确据,案卷俱在。刘清兰接手后,即建造公馆、炮柜,募丁把隘,加垦田园,山面尚称安静。同治十一年(1872)由我父刘春波接办,交给罗阿水兄弟经理。至同治十三年(1874)我父病逝,仍将隘务交由刘清兰办理,刘清兰在查点隘丁名额、公馆、谷石时,看到了大人您的批示,才知刘子谦昧良背约。因刘清兰系当面亲手承接刘子谦垦隘事务之人,双方约定11年为限,我父接办,也是同伙轮办,我父既已亡故,又归刘清兰接办,合乎情理,故小人未再禀报。"刘清兰与先父经办以来,先垫隘粮八百余石,合约确据,理应照数归还。"因此呈请廉明大老爷提讯公断。陈星聚新来乍到,刚刚在淡水厅任职,便接到了刘子谦的呈文,他得知猴洞等地秩序不靖,不遑仔细调查,便同意刘子谦管理隘务。现在横空又杀出一个刘光来,他当然不能相信刘光所告属实。于是他在刘光的控告状上批示:"已据刘子谦具禀,请将猴洞等庄隘务归伊自行承办,该书办(刘光时任书办,即文书)事非干己,不必代刘清兰渎争。"隔了几天,陈星聚得知刘春波之妾罗氏藏有合约,刘光替庶母说话,更认为他是为亲者讳,因此不予采信,又批示道:"现据刘子谦具禀,业已批示后即饬吊谕戳,——并销除所遗隘首□,应否选举何人接充,听凭垦户刘子谦自便。该书办先不呈明已将隘务交付刘清兰办理,又不问刘子谦是否甘愿,可见该书作事,实属冒昧,且以嫡子□庶母,尤为不合。特斥。"(《淡新档案》17315·02)

刘子谦得知刘光控告自己,当然也不肯示弱,控告刘清兰等阻挠隘务,说:"刘清兰乘此际,与刘光较谋立约,迫勒刘春波之妾罗氏交出谕戳、合约、垦批空白等项,虚张声势,沿庄煽惑,挠阻隘务,借称年限未满,不肯交还等情。"(《淡新档案》17315·03)陈星聚再次相信了他的话,批示道:"谕仰该垦户刘子谦即便遵照,速将猴洞等庄隘务,即日认真整顿,雇募壮丁在于要隘处所,建设隘柜,实力堵御凶番,切实保护居民,倘有匪徒逃遁其间,亦宜督丁擒拿解办。慎勿因循苟安,侵吞隘粮,以致隘丁乏食疏防,凶番乘间肆扰,自取重咎也。"(《淡新档案》17315·04)又差人晓谕刘春波家属把隘首金广兴的印章交出,"倘敢故违,许即禀带赴辕"。

其实,刘子谦所说并非全是实情,隘首刘清兰自然不服,他说刘子谦与自己交接承办隘务有年,曾经立约付据。小人接手之时,炮柜、隘丁俱无,佃农被番人杀死,粮食虚空,便邀约刘春波共同办理隘务,刘春波又雇亲戚罗阿水协办。小人预先备垫工本,整修炮柜,加添隘丁,建造公馆,散给丁粮工食。其间因山面旷阔,又加雇隘丁10名,每月供给番银30元,协助原有隘丁防守。所有这些,均已具禀在案。刘子谦见刘春波身故,即串通罗阿水,将谕戳藏匿,捏禀瞒控。刘子谦声称奉府台大人之命归办,纠集党羽30余人夺取公馆,众佃骇异。几天之后,刘子谦等又跑到炮柜,称要换丁把守,原隘丁俱各不允。当夜三更时,北片陈家交界之和兴寮炮柜突然火起,隘丁李阿捷、刘苟被杀。据小人调查,隘丁被杀并非生番所为。自小人接手隘务,已先后垫支500余元,一旦被夺,万念俱灰,伏乞大老爷俯念隘防重务,人命攸关,恩迅谕止吊据核讯究断,以免祸端。陈星聚仔细审读刘清兰的诉状,见他写得真切,便后悔自己当初孟浪操切,不该听刘子谦

一面之词,作了袒护他的判决,又经过调查,得知刘清兰所言是实,便提笔批道:

> 迭据刘子谦具禀,声明猴洞等庄隘首系属刘春波承充,并未言及有尔在内。兹阅粘抄、约字,当时金广兴谕戳,尔与刘春波合伙请领,何以刘子谦竟然翻背前议,瞒垦自办,着即邀同原中凭约理论复夺,不必渎争。(《淡新档案》17315.06)

在这之后刘清兰与刘子谦之间又往来诉讼,互相攻讦不已。陈星聚怀疑双方并非真正为隘务着想,而是为利益争斗不止。于是又批示说:

> 此案缠讼不休,必系其中利息甚多,所以互相争夺,并非真为公事起见也。候饬传刘子谦、罗阿水等到案,提尔质讯核算帐目察断,俾免滋讼。(《淡新档案》17315·13)

纪念陈星聚碑刻（16）

刘子谦见风向突变,局势对自己不利,便串通竹北一保猴洞等庄佃户张长福、罗尚文等十多人呈递诉状,说刘子谦办理隘务妥洽,恳请府台大人明察。陈星聚当即批示:

> 前据刘清兰具呈,业经明晰批示,应候差传集讯察办,毋庸尔等签名帮耸。(《淡新档案》17315·15)

这一次陈星聚已经非常慎重了,事情的真相已逐渐明晰,刘子谦有诸多情节未向台北府禀明,须要将原被告双方带至公堂勘问。而刘子谦邀集众佃户为自己辩护,显然有串通作弊之嫌,陈星聚这才说出了是是非非,应由双方对簿公堂,"不须尔等签名帮耸"的话。

几经周折,陈星聚终于弄清了事件原委,作出了最后判决:

> 提讯刘子谦呈控匿戳废隘等情一案。查悉刘子谦先人当猴洞庄一带地方垦户设隘防番,嗣由该处被水冲,隘粮不敷,刘子谦招出隘首刘春波、刘清兰料理隘务,约明自同治己巳年(同治八年,1869)起至庚辰年(光绪六年,1880)止,当立有合约,各执为凭。同治十三年(1874)春正,刘春波身故,刘子谦瞒情,禀恳吊销刘春波、金广兴谕戳,归伊专办。因防隘关重,刘春波已故,批准吊销在案。兹往提讯,披刘清兰呈缴合约字据,则系刘子谦、刘春波、刘清兰合同所立,刘春波身故尚有刘清兰在,且年限未满,刘子谦原呈不将刘清兰叙出,又不将年限声明,显系逞习。断令仍照当年合约,自己巳年起至庚辰年止为限满,刘子谦瞒请料理二年亦应补还,断至壬午年(光绪八年,1882)七月初二日止,所有交还一切仍照原议。惟刘子谦瞒情诬控,若不惩,又将何以息讼?着惩示儆后,饬差协同,两遵照约交盘清楚,并取具依结完案。此谕。(《淡新档案》17315·37)

这里之所以不厌其烦地抄录陈星聚的判案记录,是想厘清他的判案思路,看看他是如何从误信误判到一步步深入,弄清事实真相,拨开重重迷雾,终于作出正确判决的。

陈星聚刚到台北府履新时，10天之内接到3起诉状，状告垦户郑国梁废隘吞粮，懈怠把守，致使土著逞凶杀人命案。光绪四年（1878）十月二十三日，妇女廖连氏状告郑国梁说，她家住竹北二保咸菜瓮庄，于27岁时丈夫亡故，只遗一个17岁的女儿，母女相依为命，赖耕织度日。女儿在庄中溪边洗衣，正处隘内之地，突遭生番杀毙。虽死于番人之手，实系郑国梁徒食民粟，不理隘务所致，乞严究郑国梁之罪。同一天有个叫彭锦英的竹北二保咸菜瓮乡人也状告郑国梁说："伏思垦户原为把守隘务防御生番之责，而隘粮亦系众佃所鸠备用，岂肯升平世界漠视隘务为游戏，将隘废守致使生番戕害，良民受殃。"（《淡新档案》17318.05）请求将郑国梁斥革严办。十一月三日，彭锦英又与一个叫曾河连的人联合上告说，咸菜瓮庄逼近山林，设隘防番，原定大龙岗为界，因把守隘口的徐树芳被郑国梁蒙蔽，致使隘口后退了十余里，番人因此得以乘虚而入，百姓被害死者甚多。后来郑国梁又从中谋划，接手隘口防务。小人等以为他会重新整理隘务，防止杀人之事再次发生。孰料他接手后，比徐树芳又后退十余里，致使已耕之田尽为番人所占，原耕佃户一时失业，沦为乞丐。小人等找郑国梁哀求，而郑国梁却拳脚相加。小人等已向抚辕控告，也乞府宪大老爷恫瘝在抱，恩准将郑国梁革究，使小民得归故业。陈星聚接受了刘子谦一案的教训，对此案一开始便很慎重，在彭锦英、曾河连的状纸上批示："既据具控抚辕，候奉批发到府，分别办理可也。"（《淡新档案》17318·10）

写完批示，他便抽空调查此事。他找到了郑国梁。郑国梁承认廖连氏之女被番人所杀是实，但又为自己辩护说，该女之所以被杀，是因为该女的外亲连阿开和番人关系甚好，连阿开与番人讲好，准备了珠裙、猪、牛之物送给番人，就在廖连氏之女交牛时被杀。对于这种辩护，陈星聚当然不认可。到十一月二十八日，陈星聚把事情的来龙去脉弄清楚后，在大堂上对郑国梁、廖连氏等人宣布：

　　堂谕：该垦户把隘不力，以致生番过隘三四里之遥村边杀人，实属咎无可辞，着革卯。谕访该处公佃暨公正绅耆公保妥人接充，以重隘务，以保民生。此谕。（《淡新档案》17318·19）

此案判决之后的十二月初三日，佃户监生刘耀南、生员黄焕光、佃户苏文富等40余人联合上书给陈星聚,认为廖连氏女被生番杀毙一案,系连阿开等夺垦未遂,致使生番激变,并非垦户郑国梁侵吞隘粮,将铳柜废弃所致,恳请陈星聚收回成命,仍让郑国梁负责隘务。陈星聚自然不允所请,批示道:"郑国梁现已斥革,该隘务未便仍令经理,所请碍难照准。"(《淡新档案》17318·24)郑国梁既不能复职,垦户只得另推隘首。经过整顿,隘务走向了正轨。

(六)悲天悯人,善待囚犯

陈星聚在淡水厅和台北知府任上,悲天悯人,善待囚犯之举,受到了后世的赞扬,说他是一位忠厚长者。光绪二年(1876)四月,时任淡水厅同知的陈星聚接到了福建巡抚丁日昌送来的公文,要他给监押的犯人解暑药丸,要派人打扫监所押房,不得克扣囚犯口粮。其实陈星聚早已注意到了这一问题,在接到上峰指令之前,他就已交待看管监狱者不能虐待囚犯,接到丁日昌的指示后,便将公文下发,并作出批示说:

> 狱犯死于法,乃罪所应得,若死于疾疫、饥寒,则狱官不能辞其咎矣。况其中尚有可以求生者乎?诸君子,民胞物与,具有同情,幸勿接到此札,即批"发房"二字了之。(《淡新档案》31801·01)

陈星聚说得很有哲理,若犯人因犯法而死,那是他罪有应得,无可宽恕。若尚未判决,便死于疾疫、饥寒,那便是狱官的责任,何况囚犯中还有一些罪不致死的人呢?恻隐之心,人皆有之,希望狱官在接到公文时认真对待,不要漫不经心地写上"发房"两字,便不管不问。然后,陈星聚给丁日昌回复说:

> 卑职伏诵之余,仰见宪台矜恤囹圄,无微不至。窃查卑厅监禁人犯,凡监房之打扫与刑具之洗涤,虽经卑职时为谕饬,第恐禁卒、看役人等未必不偶而偷安。兹卑职传述宪谕,告以矜怜罪囚,遵照办理,即是修缮公门。因已面告狱官、禁卒,随时洗涤刑具,按日打扫牢房,并嘱狱官必得亲临监所,眼同督率,方是实力奉行。卑职亦时加稽察,不敢虚应故事。若遇天气霉

湿,即购大黄、苍术、白芷等药,随时熏烧,并由卑职制备暑丸痧药,以济不时之需。至于口粮一项,卑厅历照例定额支给发,且卑厅设有官医生,如遇监犯有病,立时拨医,惟开方配药,非亲加检点不可。兹蒙宪谕谆谆,卑职复又切嘱狱官与该医生,遇病诊视,务必谨慎小心,生命攸关,万不可稍事怠忽,以冀仰副宪台恤狱矜囚之至意。(《淡新档案》31801·05)

引文稍嫌长了一些,但这是不可多得的陈星聚施仁政、体恤囚犯的档案资料。在人们的印象中,封建社会的官吏对老百姓视若寇仇,极尽压迫欺凌之能事,遑论在押的囚犯!而陈星聚却与众不同,他对狱吏说:"矜怜罪囚,遵照办理,即是修缮公门。"囚犯有罪,理应受到惩处,法网恢恢,疏而不漏,这一点无人怀疑。但是犯人毕竟是人,不虐待犯人,也是官员的应有举措。清代的监狱如何对待囚犯,是值得探讨的学术问题,但从陈星聚这一段描述中,我们看到了一个正直官吏悲天悯人的一面。陈星聚说了对犯人的几项措施:一是洗涤刑具,打扫牢房;二是遇到霉湿天气,购买大黄等熏烧,以解湿毒;三是犯人有病,立即派医生诊治。为做到这几点,陈星聚都拨冗亲自查看,以防疏漏。陈星聚任台北知府后,仍关注此事。光绪八年(1882)十一月,他给新竹县知县发去公文说,现届冬季,天气渐寒,狱中囚犯衣食单薄,难免受寒致病,贵县应"迅饬所属有狱各官,凡有应给棉衣、草荐及囚粮等项,务须赶早按名验给,毋任提牢、禁卒及看管监狱家丁克扣滋弊,并随时将监房、押所扫除干净。遇有疾病,迅即拨医治痊,毋致痍毙。该印捕各官,仍随时亲赴查看,并密访有无凌虐情事,按例惩办"(《淡新档案》31801·38)。这一段话中关键的句子是为囚犯发放御寒衣物,免得他们受寒生病。台湾的囚犯原来睡的是木床,后改为活板床。所谓活板床,是先用土垒成一个平台,上面铺一层青砖,用大桩夯实后,放一个横架,横架上铺床板3块,每块宽约2尺多一点,以横可睡人为度,离地高1尺许。一室之内,除了进门的一面墙外,其余三面都镶有大块床板,中间留有空地,犯人坐则可以垂足,起则可在屋内行走。这样,床板下凌空透气,板下每日可以打扫洁净,没有秽气熏蒸,可以减少疾病。等犯人住过一段时间后,移动床板,卸下青砖,把土台上秽泥挖去一层,另换新土,然后再铺青砖、放床板,不费多大力气,活板床就又更新了一次。陈星聚特别嘱咐台北府属下的各个县令,监狱内若有囚犯患病,以致病故,户房内难免有便溺、臭秽之气,可将活板取出屋外洗净,再搬回屋内铺好,如有虱、蚤、臭虫,也容易剔除。如房屋十分狭小,也须开窗通气,屋中不能留空地的,就铺成活板,如果房屋低矮,活板离地面五六寸也可。看管囚犯者可以二三天内把床取出打扫一次,务要洁净。但取板清扫时,要留心看守,不要让犯人乘隙逃跑。最后又叮咛所属县令:"为民牧者,各发天良,切勿视为具文,本司有厚望焉。该县倘不照说行者,定即先行详请记过,勿谓言之不预。"(《淡新档案》31801·39)"为民牧者,各发天良",这就是陈星聚的执政理念,当官者做每一件事,都要对得起自己的良心。这话说得何等好啊!

有些囚犯羁押甚久,但没有判决,陈星聚分析其中原因,一是超过了审查年限,如果上报,会遭到上司的谴责,丢掉官职,因而长期监禁,不肯结案;二是犯人由前任官员审过,尚未结案,已经调离,后任官员弄不清原委,只好置之不问;三是因初审不实,上司发回重审,因而延搁不解;四是囚犯已经押解省城,由上司审判,但情罪不符,由上司派人核查,而原审案者拖拖拉拉,不积极配合,案件便拖了下来。光绪九年(1883)八月,陈星聚行文给新竹知县周志侃,要求他清理庶狱,将历年羁禁罪囚,按照规定期限,分为易结、难结两种,说明案由,向上司呈报。易结之案,于规定期限内妥善处理,难结之案设法拘传证人、证据,择日作出判决。其余现审案件,该向上司呈报的迅速呈报,该结案的也要结案,不得观望迁延,自罹罪过。对于那些"虽有清理之名,而无清理之实,甚复相率观望,欲待奏准免扣审限后,始行招解者,种种延搁因循,言之实堪痛恨!"(《淡新档案》31204·13)陈星聚督促台北府所属各县积极清理监狱,该判者判,该杀者杀,该放者放,不得淹留不决。又行文各县,以后审办案件,均须依限审结,如有迟逾,须要禀明迟延日期,并说明原因,不得通融,以杜绝案件积压。经陈星聚整顿后,台北府所辖范围内的监狱虐待囚犯、克扣犯人口粮之事已基本绝迹了。

光绪九年(1883)三月,陈星聚接到上司把囚犯所睡之床改为活板床的通知,便派人"立即驰赴淡、新、宜三县,查看该县羁所木床,有无遵照活板说一律随时抽洗,限十日内据实禀复,以凭详办,切勿隐讳,并干未便"(《淡新档案》31801·41)。数日之后,派往新竹县的委员汇报称,卑职抵县后,"亲赴羁所细加查看,所有押床活板,均经该管看役随时打扫抽洗,并无阳奉阴违情事"(《淡新档案》31801·43)。陈星聚这才放心。到了光绪十一年(1885)新竹知县已经

纪念馆内牌坊

易人，活板床是否仍在使用，不得而知，陈星聚再次派人查看。新任知县对此事漫不经心，推脱说新竹县同淡水县一样，刚从淡水厅分治不久，衙署、监狱均未建造就绪，因此犯人的活板床尚未改造。两年前已改造过的活板床又回到了原来样式，大大违背了陈星聚善待囚犯的良苦用心，他立即行文申斥，并派候补府经历林桂芬前往督促整改。林桂芬与新竹知县彭达孙不敢怠慢，遵照陈星聚的嘱咐，将因犯所睡之床一律改成了活板床。两人在给陈星聚的报告中说："卑职（林桂芬）遵即束装驰抵新竹，会同卑职（彭）达孙查得卑县羁所，前奉宪饬改设活板，即经遵照宪颁书式改造完竣，并督饬看役随时打扫抽洗在案。卑职桂芬抵县后亲赴羁所细加查看，所有押板活床，均经该管看役随时打扫抽洗，并无阳奉阴违情事。缘奉前因，理合具文申请宪台察核，俯赐销委，实为公便。"（《淡新档案》31801·56）把犯人的床改为活板床，虽有上司公文，但在有些地方不过是一纸具文，那些知府、知县不会认真奉行，像陈星聚这样执著地善待囚犯的地方官并不多见！

　　为避免狱官滥施刑罚，陈星聚认为，"管狱各官果能不惜小费，不惮辛劳，每日亲往巡查，得免凌虐之弊，造福正无量也。"让狱官亲自巡查监狱，纠正狱卒凌虐犯人，这是造无量之福，对于尚未定案的犯人，量刑也应慎重，做到不偏不倚，罚当其罪："至未定案各犯，尤宜速查速讯，应办即办，应释即释，以免久羁。"

(《淡新档案》31801·46)如果真能做到陈星聚说的该判就判,该放就放,地方官督率管狱官役认真办案,犯人得到公平处理,天下可能就没有冤狱了。

(七)管理驿站,方便邮递

古代传送公文,均由驿站负责,驿站之设,由来已久。到了清代,仍沿用驿站,但福建的驿站,远比他省落后。其他各省均用马匹传递公文,而福建陆路山高岭峻,水路则浪险滩危,一切公文俱是人工跑递,以致稽迟时日。咸丰二年(1852)二月,福建巡抚王懿德给淡水同知衙门发送公文,说事关紧要,要求沿途各县驿站差勇健之人传递,昼夜限行500里,沿途接到公文,即应昼夜星驰,按站交送,不得磨损公文,也不得稽迟时刻,否则参处。那次公文投递是否顺利,档案资料没有记载,详情不得而知。到同治末年陈星聚接任淡水同知后,始大力整顿驿站,加强管理,驿站才有了起色。

经过调查研究,陈星聚提出了建立腰站的详尽计划:在淡水厅辖境内每隔30余里设腰站一所,每站派书吏一名,设立循环簿两本,专门登载洋务公文件数,跑勇6名,负责承递洋务公文,由淡水至彰化、宜兰均限两日送达,跑勇各取回条交差。从同治十三年(1874)五月起设立腰站,以淡水厅所在地竹堑为正腰站,南路在中港、后垄、吞霄、大甲溪各设腰站1处;北路在大湖口、中坜、桃仔园、艋舺、水返脚、鸡笼、龙潭渚、顶双溪各设腰站1处。若遇有洋务公文,南路由竹堑本城逐站递至大甲溪站,再由大甲溪站转递至彰化县入境首站接收,北路由竹堑本城逐站递至顶双溪站,再由此转递至噶玛兰厅入境首站接收,每站派书记员1名,遵照设立循环簿两本,把彰化、宜兰递淡水,及由淡水发递到彰化、宜兰的公文详细登记,每站选派跑勇6名,跑递洋务公文,由淡水至彰化、宜兰,取彰化、宜兰首站回条销差。所有洋务公文,必须随到随递,不准迟延。所谓"正站",就是始发的驿站;所谓"腰站",即途中之驿站。每个驿站设书吏1人、跑勇6人。设立驿站的所有费用,均由全台支应总局审核报销,陈星聚都列有详细清单上报。如光绪元年(1875)正月至六月,淡水厅所辖各驿站"所用各月书(书吏)、夫(跑勇),工食纸张每月垫用番银合库平银四百五十九两零一分四厘四毫,遵照定章,折减实银,每月应销银三百四十四两零七分八厘,除去备减等项银八十两零八分四厘外,合应领实银每月二百五十五两九钱九分四厘。又各站原备旗灯等项,一经风雨飘淋,字迹模糊,兼多破碎,因于前次造报,制造月册,声请按照三个月换置请销在案。现自设站以来,已届一年,不但旗、灯破碎,即如递勇洋布、号甲亦须修补换置。现计换给旗、灯,修理号甲、站房等项,计实用银八十一两有零,理合分造细款,月报清册,备文详送,仰祈宪台察核,俯赐核销,照章折实给领归垫,以资应用,实为公便"(《淡新档案》15102·07.17)。这里不厌其烦地引用这张报销单据,是想说明:陈星聚作为淡水厅的行政长官,公务丛脞,冗事缠身,竟将驿站所需费用统计得如此详细,花费若干,应报销若干,细微到了分厘,后人不能不佩服他的公正清廉。各驿站见陈星聚如此细心,也都兢兢业业,不敢玩忽职守,更不敢挪用贪污驿站经费,自取罪戾了。

　　陈星聚升任台北知府后,下令自光绪五年(1879)正月起,各驿站、铺所收递之公文,须按月依规定格式造册呈送查核,上月之册限下月初旬造送。没有设立驿站、铺之处,虽不转递公文,但所有该衙门的收发公文,也要照此办理,不得推诿。各驿站的马匹应精心照看,不得有缺额,也不得劳累疲乏,影响递送公文。新竹县溪汉甚多,每遇雨季,山水涨溢无定,公文不能及时投递,陈星聚要求,如遇这种情况,必须随时具报:"凡遇溪水涨阻,自某日起,至某日止,不能过渡,山后由防营及卑南同知随时具报,山前亦由防营及各该地方官一律报查,以防弊混。"(《淡新档案》15107·03)又行文新竹县,凡遇境内溪水宽深之处,应多备船筏,并在窄浅之处搭造桥梁,以利公文转递。光绪十年(1884)前后,英、法、日等列强染指台湾,对外交涉日益繁忙,投递公文尤为重要。陈星聚要求新竹县,如是隔海文件,即使没有搭上轮船,也应设法快递。此后来往公文要按句具册造报。"何路,何文,去何衙门,往何衙门,何刻发行,何刻过站,何日、何刻搭何轮船,包封第多少号,内封文件多少,逐一报明以凭查核。"(《淡新档案》15107·09)从此可以看出陈星聚对驿站细心到了什么程度!

　　尽管陈星聚对驿站特别关注,管理非常严格,但驿站人员品德不一,有时也会发生疏漏。光绪六年(1880)三月,陈星聚接到了淡水县令邓某的禀报,内称该县在正月间曾发往臬台(主管一省司法的官员)一角公文,申解人犯赖卢氏案内,附有司书册费银5钱,公文递解到台湾郡城时,不知何故折回,邮封破损不堪,封面上有郡城、大甲、中港3站钤印,但随解册费银5钱不知被何站藏匿,竟

纪念馆落成典礼台湾来宾 (3)

将瓦片两块用纸包封换入。伏查此项银两系必须随文申解之款，不知哪个站上拆封藏匿，已属胆大妄为，又以瓦片换入，不特视公事如儿戏，且又存心害人，若不从严查究，诚恐争相效尤，则邮政大事就不可收拾了。陈星聚阅后，当即批示：

> 本府查驿递迟延尚干重咎，乃胆敢拆损印封，抽换银件，尤属不成事体，合亟札饬。札到该县，立即挨站吊簿，严查前件公文接递时刻，究明何站拆换，从重革办具报，毋违。切切。（《淡新档案》15104·39）

光绪六年二月，福建省汀州府清流县九龙驿站递送省发公文，积压半年有余，尚未送出，等到汀州府查问时，驿站人员犹捏词饰禀，福建巡抚何璟大为震怒，命令桌台会同管理民政的藩司，先将清流县知县玉梁调往省城察看，同时檄饬汀州府将失职人员查办，并行文给福建省所属府县通报情况。陈星聚当即行文给新竹县："务将邮政力图整顿，勿得因循玩误，致干撤参不贷，切速。"（《淡新档案》15104·38）

台北的驿站，是在陈星聚任知府时完善起来的。

（八）春风化雨，消弭矛盾

在我们搜集到的陈星聚的档案材料中，有三分之二的篇幅是他任淡水同知、台北知府时的判案记录。他的判词简捷明快、切中腠理、公正平允，是他留下的弥足珍贵的文字。我们选录了一些他任淡水同知期间所判的案例，这里再选录几则他在任台北知府时所判的案件，一睹他恪守官箴、一丝不苟的风采。

同治十三年（1874）三月，陈星聚受理了一桩因租谷分配不均而引起的诉讼案，直到光绪五年（1879）三月他任台北知府时才处理完毕，此案拖了6年之久。原告人黄君祥，71岁，住竹堑城内。他说有个叫黄阿爱的人，在咸丰元年（1851）向中港社刘合欢等买下中港河背山滥坑仔山埔田园一所，因黄阿爱开圳缺银，让小人出银100元作为开圳之费。双方言明，自咸丰三年（1853）至六年（1856）止，无论田园、山面租息，均分作3份，黄阿爱得2份，小人得1份，并立约为据。迄今成田年久，小人迭次催讨租银，始则一味延限，继则竟敢恃横，率人将小人羞辱，刁称在他门前，任凭告发也莫奈他何。叩乞大老爷为孱弱之人做主，拘传黄阿爱等到案讯究。陈星聚仔细阅读状纸，觉得如此简单的事情，黄阿爱竟蛮横到如此地步，似乎不合情理，其中是否另有隐情，便在状纸上批道：

> 赏戴花翎升授台湾北路淡水总捕分府陈批：现办奉宪清赋升科之案，此等新垦成田之产，究有若干丘段？年可收谷若干？佃种何人？曾否报丈有案？抑系新开未报？先着明白遵批开报。至称此田尔与黄阿爱备本开成，立有约字为据，何以黄阿爱将尔租息侵吞，田又违约被霸，其中有无别情，候吊契传讯察断，一面移知清赋局勘丈报升，以杜隐漏。（《淡新档案》22302·01）

按照惯例，陈星聚要断此案，须将案件的来龙去脉调查清楚，不能听信告状人的一面之词。于是陈星聚一面通知清赋局丈量土地，一面传集原被告双方到案。黄君祥接到陈星聚的批示，又呈上诉状说，黄阿爱滥坑仔的田业，是新开未报之产，每年可收谷六七百石。至于丘段若干，佃种何人，因小人居住窎远，无从查悉，非勘丈不能明白。黄阿爱还在鹿厨坑、尖山等处新垦田园甚多，由黄阿满、

纪念馆落成典礼台湾来宾

黄阿佑、黄阿春等隐匿耕种,也应一并传讯,勘丈报升,以杜奸民隐匿。求大老爷除暴安良,为小人做主。陈星聚见黄君祥报称黄阿爱还有已垦之田未报,显系为了逃匿租税,便又批示道:

> 赏戴花翎台湾北路淡水总捕分府陈批:候催吊集讯。据称尚有黄阿满等新开未报,是否属实,候并提讯明察究,一面并移清赋局汇勘报升,以杜隐漏。(《淡新档案》22302·05)

写完批示,陈星聚立即派差役蔡标传谕被告黄阿爱、隐匿田园黄阿满、原告黄君祥等到案,并将田契带往衙门查验。他在给蔡标的公文中批示道:

> 赏戴花翎特授淡水分府陈为饬催吊契传讯事……嗣据黄君祥以黄阿爱滥坑仔田业,年可收谷六七百石,亦系新开未报之产,又有鹿厨坑、尖山等处新垦田园甚多,被黄阿满、黄阿佑、黄阿春、黄阿桶等匿霸耕种,叩请一并传讯断分,勘丈报升等情,续呈前来。查黄阿爱等有无新垦未报田园,究与黄君祥有何干涉,惟控关隐匿田粮,虚实均应饬查。复经备移清赋局汇勘报升,并催差传讯去后未到。兹已开篆,除移催外,合行饬催。为此,票仰原差

蔡标迅协该地总保，立即查明黄阿爱等新垦田园，何以隐匿未报，先行禀复。一面即吊二比所执契约、垦字各据，并传后开有名被、原人证各正身，限五日内禀带赴辕，以凭并讯察究。该差勿得再延干比。速速。

　　加批：刻值奉办清赋之时，该差应即遵限吊据报到。控关隐匿钱粮，此催敢再不复、不传，定即改差，究比不贷。（《淡新档案》22302·09）

　　这段批示文字的中心意思是催促差役蔡标弄清楚事实真相，并传原、被告到案。陈星聚知道隐瞒所垦田地，不缴纳皇粮是件大事，仅靠一个差役调查、取证毕竟有难度，又行文给竹堑清赋总局，责令该局迅即派丈量人员前往中港滥仔坑丈量黄阿爱、黄阿满等新垦田园，如果属实，即应缴粮。他在给竹堑清赋总局的公文中写道：

　　赏戴花翎特授淡水分府陈为移催汇勘报升事……嗣据黄君祥以黄阿爱尚有滥坑仔田业，年可收谷六七百石，亦系新开未报之业，又有鹿厨坑、尖山等处新垦田园甚多，被黄阿满、黄阿佑、黄阿春、黄阿桶等霸匿耕种，叩请一并传讯究分，汇勘报升等情，续呈前来。复经催差吊契、传讯，并移催汇勘在案。查新垦未报应升之产，刻下又值清赋之期，即据呈控，除将本案由敝厅吊据传讯外，所有应升垦业，前经移勘未复，捡合移催。为此，备移贵局，请烦查照先今来移，希将前项新开田业，并黄君祥续呈黄阿满等匿隐耕种鹿厨坑、尖山等处新垦田园，迅请委员带同厅书与丈手，亲诣该地，带同该处佃种人证，一并查勘丈量，照则科升，以杜隐漏，幸勿延续。须至移者。（《淡新档案》22302·10）

　　但是蔡标不履行职责，延宕至光绪元年（1875）这一案件仍无进展。陈星聚撤掉蔡标，随堂严比，追究他玩忽职守之责，另差一个叫汤才的衙役调查此案。汤才很快便弄清了事实真相。据当地总理称，黄阿爱等本是踞地刁抗之人，屡次被人控告，均拒不到案，人所共知。汤才仔细走访调查，黄阿爱果然在滥仔坑、鹿厨坑、尖山等地开垦有新田，并未上报。而黄阿爱兄弟共称，新开田园为数无几，不肯上报，邻庄之人虽然知情，但无人敢言。该处总理称，若奉有衙门公文，当立即出面查勘。陈星聚得知黄阿爱如此蛮横，便在汤才呈报的材料上批示说：

> 批：黄阿爱是何等之人，究竟是衿？是民？所谓送被人控、抗传者，是何案情？计有若干控案？先着该差查明白禀复。至其匿报田甲，既称查系属实，候另饬该管对保查勘复夺。（《淡新档案》22302·12）

光绪四年（1878）十月，陈星聚已从淡水同知升任台北知府，黄君祥与黄阿爱纠纷一案尚未结案。原因是黄阿爱拒不到庭，迁延既久，该案已经注销。黄君祥则继续上告，一直告到了福建按察司衙门，按察司又把这起案件批给了刚任台北知府的陈星聚。陈星聚当即命差役陈有、陈水立传黄阿爱等人到案讯断。到了光绪五年（1879），屡次告状的黄君祥已76岁，而被告黄阿爱已经亡故，由他的儿子黄斯传出庭。听了两人的陈述后，陈星聚当场作出判决：

> 堂谕：案据黄君祥呈控黄阿爱违约横佻（按：为追逐侥幸之利而不择手段称横佻）等情前来，审得黄阿爱咸丰元年有向中港社刘合欢买过山埔田园一所，因无水灌溉，招得黄君祥出本银一百元开圳，约明无论水田、埔园、山面，一切作三份均分，黄阿爱得二份，黄君祥得一份，咸丰四年同立合约字各执。讵黄阿爱于圳成之后翻异，所有应分黄君祥一份，抗不分给，黄君祥屡次呈控，因而成讼。查黄阿爱以黄君祥银开圳，既经约明分田，何得翻异？断令照原约，黄阿爱得二，黄君祥得一均分，自本年为始。所有以前未分之租，应毋庸议，以断缪缠。取具依结完案。黄君祥堂呈合约字发还。此谕。（《淡新档案》22302·30）

这一判决不偏不倚，公正合理，双方均无异议，这一场旷日持久的官司始告结束。

陈星聚刚刚莅任台北府，便有一个叫邱阿连的人控告姐夫古阿俊欠账不还。据邱阿连供述，小人32岁，原籍陆丰（今属广东），现住竹南三保吞霄街，宰猪为生。小人年幼时父亲亡故，与母亲搬往姐丈古阿俊家居住，所有资业交他管理。小人十七八岁时，因长大成人，向姐夫古阿俊讨银，古阿俊的叔父古阿传当时便拿出一本明细账册，承认借有小人银60余元，每年纳利谷9石3斗，前欠均已纳清，至乙亥年（光绪元年，1875），便不再交纳，但当时并未立有字据。近因小人母亲病故，再向阿古俊讨还欠银，他借口曾与小人管理家务5年，要扣工资银100元。经吞霄街卓祥麟调解，欲还银20元，嗣至小人到城呈控，彼又托人还银30元，小人不肯答应。这古阿俊虽系耕田之人，但有家资万余之多，至今尚在，他确实欠小人银元。只因借银无字，仅凭自写账簿，又无人证，凭何断追，小人无法取讨，乞大老爷做主。陈星聚读完，不禁纳闷，这邱阿连状告别人欠钱，却没有借据作为凭证，证人如何断案？再看看被告人古阿俊的供词是：小人年39岁，原籍嘉应州（今广东梅州市），住竹南二保内湖庄，农耕为业。这邱阿连是小人妻舅。小人之祖有租业万余，今已分居，家有百余人，并不欠邱阿连银钱，也无与小的同住之情，明系捏造伪账，诬欠索讨。小人与他往来账目已经结清，据称小人之叔登记有账目，未知作何串通，乞大人驳回邱阿连的诉讼。借款既无字据，空口难以为凭，陈星聚当堂便判决道：

> 堂谕：案据邱阿连呈控古阿俊欺死鲸吞等情前来。查控告借款，总以借字为凭，此案邱阿连并无执有古阿俊借据，仅凭自写账簿，安知是实？古阿俊坚供实无借过邱阿连银元情事，似此既无经手人证，又无借单实据，凭何断还？应作罢论可也。此谕。（《淡新档案》23407·16）

也许邱阿连真的曾借给过古阿俊银钱，但是没有借据，又没有经手人证，陈星聚无法断案，只好作出"应作罢论可也"的堂谕。

光绪九年（1883）六月，陈星聚接到新竹县民妇周许氏的诉状，说她夫死子弱，有数万元的家产被小叔子周玉树、周五娘霸占，小妇人告到县衙，蒙大老爷公断给还。周玉树等买嘱喜欢帮讼的陈廉甫、郭天赐捏造事实，写出状纸，又贿赂门丁侯少兰，致使新任县令屈断，伏乞大人做主。陈星聚凭直觉便感到这张诉状有疑窦，按照惯例，弟兄们剖析家产，理应有契约，也即阄书，如有阄书在，她的小叔子周玉树还敢恃强硬占吗？于是他批示现任新竹知县立即调查此案：

钦加三品衔台北府正堂加一级随带加八级纪录四次陈批：果否该氏借

抚养为词,砌词饰耸,希图重得祖业,抑周玉树等实有欺寡吞产,布赂门丁侯少兰朦断情事,案关牵涉家丁,虚实均应彻究。仰现任新竹县立即吊验阄书,传集复讯究断,毋任缠讼。切切。(《淡新档案》22609·32)

新竹知县周志侃接到陈星聚的批示,不敢怠慢,迅速作了调查,结果是:周许氏的丈夫名叫周冬福,祖上遗有田业,还有茶泰号生意,均由周冬福亲自掌管,后因患病另居,将契、业统交其弟玉树、五娘料理,周冬福的医药费由自己支付。迨至同治十二年(1873)周冬福病故,由公亲调处,从茶泰号抽银500元料理丧事,而田业、生意值银6万元均未分割。经前任知县判决,既然周冬福兄弟早已分居,当由周冬福与弟玉树等签立合约,载明祖上所遗茶泰店中家器货物、田业、契据、碛地及人欠、欠人账目,并自置物件,归玉树、玉行、五娘3人执掌,或合或分,都与长房周冬福无涉。经三面议定不用抓阄,由玉行等出银150元,交付周冬福改图别业,与周玉行等无关。嗣后周冬福另开茶源号茶庄,身故后螟蛉子周春草将其资财挥霍一空,周许氏便与周玉树兴讼,经亲戚陈谦甫调解,让周玉树帮银550元,作为周许氏养老之资,以后周许氏不得再因茶泰号生意而起争执,致启无厌之求。因念双方实属至亲,又让周五娘出银80元交与周许氏,该氏银已具领。如今判墨未干,又来控告,此等刁棍、泼妇,若不从严惩办,何以息刁风而清讼源? 请宪台察核,周许氏若再逞刁上控,请允准押发下县讯办。

陈星聚接到新竹知县周志侃的请示报告,还未来得及批复,又接到了台湾道刘璈的批示。原来周许氏确实是个健讼的刁妇,她先是上控到新竹县,接着上控到台北府,最后又上控到了台湾道。台湾道刘璈在得知周许氏的为人后,行文给台北府,内称:"如周许氏、周春草等来辕刁告,准即扣留,押发讯办,抑台北府转饬知照。"(《淡新档案》22609·37)陈星聚立即将台湾道的批示转发新竹县,并在周许氏的状纸上批示:

本府宪陈批语,周许氏呈批:该氏与夫弟周玉树等所争家产,公亲调处,由该氏收银五百五十元作养老之资,出具实收,声明父遗物业并茶泰号货本,概归玉树、玉行、五娘三人掌管,与氏夫周冬福无涉,以后不得再言茶泰两字争执。现呈谓该氏所出实收不足为凭,尤须阄书方能作证。然则实收既难作凭，即有阉书亦何妨诿卸强词夺理，其中显有讼棍主唆。案经批饬提抱告发县讯办，乃该氏代书徐炳不即将抱告（随同告状之人）送案，率行盖戳渎呈，实属玩违。本应即将代书提案究惩，姑宽。饬将此案抱告周春草立即提送，听押发到县，查拘讼师，从严究办，以儆刁告。（《淡新档案》22609·54）

周许氏与其螟蛉之子周春草受讼棍教唆，四处告状，原以为夫死子弱，会受到各级衙门的同情，能够轻松地赢得这场官司，霸占到手一些财产，不料图谋被陈星聚识破，她的发财梦成了镜花水月，真是自作自受。

陈星聚就任台北知府伊始，就处理了一件非常棘手的人命案件。光绪四年（1878）十二月，新竹县竹南二保尖山庄隘首伍鹤山告状称，本月十七日，突有凶汉十余人，勾结生番百余人，攻杀分水（属竹南二保）地方，围困数日，势甚危急，小人赶紧赴邻隘求救，不料邻隘也被围攻，不敢前救，只得悉力拒敌，致被铳毙园佃1人，铳伤2人，铳毙、铳伤隘丁各1人。小人速雇壮丁多名，杀获生番首级两颗，生番始退，而桂竹林园佃1人也被铳伤命危，请求青天大老爷饬查拿究。就在同一天，住在竹南二保分水的刘阿增也来告状，称他与弟刘阿双于分水地方耕种田园，本月十七日，有凶汉数十人带着生番（按：生番是指当地的少数民族，生番是侮辱性的称呼）百余人，将分水隘丁园佃围杀数日，认识范阿壬、张阿秀、谢阿睦等系桂竹林山面之人，胞弟刘阿双被铳伤左胁胸前登即毙命，请求拿获凶手。几天之后，家住竹南二保的黄进来、邱林盛二人也来喊冤，说黄进来叔父黄阿四、邱林盛之兄邱兴俱各受伤，桂竹林山面的范阿壬、张阿秀等是打人凶手。十二月二十九日，尖山庄隘首伍鹤山将范阿壬擒获，送交台北府。光绪五年（1879）正月，黄进来禀报，伊叔黄阿四伤重不治身亡，恳请陈星聚提审凶手，为叔父伸冤。陈星聚审讯范阿壬聚众滋事杀人一案，不料却极不顺利，他不得不另作安排：

赏戴花翎署台北府正堂陈为相验拘究事……当经审讯范阿壬，供不承认，而控情又前后枝节不符。除录供附卷，并呈、禀分别批示外，合行票饬。为此，仰役迅往该地，协同总保，速提黄阿四尸亲人证，查明黄阿四实在死于何日？且经隘首禀明在先，同时被番铳伤毙命，看明伤处，并确查范阿壬有无带番攻隘？何以隘首并不指明，即速禀复，听候本府带同刑仵亲诣相验，一面查拘后开有名被告，在场人证，并传同黄阿四一名尸亲各正身，限三日内齐集，禀带赴辕，以凭质讯究办。该役勿得违延干咎。火速，火速。

　　右票仰对值役许福、蔡汉（《淡新档案》32101•10）

　　范阿壬既不承认杀人，就必须另找证据；黄阿四死于何时，也必须查证清楚；范阿壬是否带领生番攻隘，隘首伍鹤山也未在诉状中说明，因此必须将原被告带往台北府审讯。设隘的目的就是为了防止生番杀人越货，如今出了命案，隘首自不能辞其咎。就在陈星聚沉吟不决之际，黄进来又呈来了状纸，说范阿壬同张阿秀、谢阿睦是在带领生番攻杀时认识的，因惧罪出逃，被隘首伍鹤山拿获。而派往竹南二保查看情况的头役许福、蔡汉则说，范阿壬平日在番界采藤做料，不是安分之徒，张阿秀、谢阿睦两人平日在生番社作造刀铳之铁匠，是否带生番攻隘，无人听见敢以指证。陈星聚在黄进来的状纸上批示道：

　　赏戴花翎署理台北府正堂卓异候升加三级纪录十次陈批：设隘所以防番，若平素纵令奸民与番勾结，则隘首所司何事？乃至出隘带番攻杀？而隘首尚复不知阻止，岂隘首亦与奸民通同勾结耶？不听，则有隘无丁，平时任番出入，及至肆扰伤人，尚图诿过平人，则尤法在必惩。总之，番既出扰，毋论伤毙几命，则隘首势不能不究，而范阿壬等是否被诬归咎，抑果有带番攻杀，更不能不彻底跟查。着候拘集人证，研讯确情，分别惩办可也。（《淡新档案》32101•17）

　　陈星聚认为隘首明显失职，如果尽职尽责，便不可能有生番杀人越货的事发生，应该受到惩处，而范阿壬是否受到诬陷，是否带有生番攻打竹林二保，也须调查清楚。更重要的是，要弄清事情的全部真相，还要传所有原被告到案，并搜集到有关契约文书。经过陈星聚的细致审理，终于调查清楚了范阿壬勾结生番杀人越货的事实，范阿壬自然受到了应得的惩处，而隘首伍鹤山也因渎职罪受到了追究。

　　陈星聚在台北知府任上还处理过一起错综复杂的互相控告案件。光绪四年

（1878）十月，住在竹堑城内太爷街的杨洪氏与其子杨文厘告状说，小妇人丈夫兄弟两人共置产业，后来弟兄两人先后亡故，留下2子3侄，遂将家业按5份均分。因夫兄在日，曾用公有田契向吴进发典借银元，不料孽侄杨成、杨泮到、杨日升3人竟将典与吴进发之田契赎回，想据为己有。小妇人之子杨文厘得知前往阻止，蒙前府宪林大人（达泉）断令，将杨成赎回之田分作6份，杨成兄弟3人、小妇人2个儿子各得1份，小妇人分半份养老，剩余半份留给杨成之子，年收租谷120石亦按此均分，各人分头找人耕种。不料杨成竟将小妇人养老之田私下租给黄蕃薯耕种，反诬小妇人佃户田阿恐抗纳，乞大老爷做主。陈星聚匆匆将状纸阅览一过，还未及处理，又接到了杨成的诉状，说他父亲与一个叫吴光折的人合买田地一块，两人均分，曾从共置产业中借银980元。其父亡故后，杨成欲将地进回，然后卖给杨和春、黄四吉，议定地价1580元。但吴光折之子吴进发抗赎，前任林知府断令取赎，杨成手中无钱，想用卖地钱支付，于是向杨和春支取银钱，但当时契约未立，杨和春不肯付钱。杨成无奈，只得立下卖田契约，杨和春才交来1047元，连同前收的定金100元，田价银50元，共收1197元。佃户管理费120元应由杨和春负担，除此外尚欠田价银263，实欠杨成403元，杨和春仗恃契约已立，剩下的钱不肯交付，又牵扯承佃人田阿恐等人掩饰，请大老爷追究。

这起案件颇耐人寻味，杨洪氏告的是侄子杨成，而杨成没有应诉，却又状告杨和春。就在陈星聚寻思如何断案时，黄四吉、杨和春又告杨成图谋侵占田产，乞台北知府陈星聚追究。他说自己凭中人买到杨成、杨日升、杨泮到兄弟与吴进发合伙买得的一半田地，银清契立，但佃人田阿恐等串同杨日升变卦，将本年之租抗住，将田霸耕，又因吴进发与杨成之婶杨洪氏共谋欲分田户之际，混水摸鱼，欲霸吞田产。田阿恐侧身其中，是想久耕此田，杨洪氏参与其中，是受吴进发唆使，而吴进发又与杨成一伙，理应追究，这才公平。

杨洪氏因陈星聚尚未处理她告杨成的案子，再次控告杨成串通黄蕃薯诬赖她的佃户田阿恐抗纳租谷，希图盗卖她和儿子应分的两份半田产，而杨成也再告黄四吉、杨和春侵吞他的403元田款，请求陈星聚追究。案情如此扑朔迷离，真假难辨，陈星聚在经过认真细致的调查后，又听取了涉案人员的陈述，当堂作出了判决：

堂谕：此案黄四吉、杨和春承买杨成隘口之田，纠葛不清，缠讼不休，实不如收价另置别业之为得也。查公业原不惟一人独卖，查阅该杨姓阄书，此田虽未批明公业，亦未分在一人名下，则与公业何异？杨成之独卖，固属非是，而黄四吉等明知杨洪氏控争，蒙断有份，乃背杨洪氏，而向杨成承买，与知情谋买何异？亦属不合，碍难照准。断令杨成照原价奉还，所有早冬租谷，黄四吉于四月已交过银一千余元，虽系六月立契，亦应酌断与黄四吉分半，以免独抱向隅。而买总由卖而来，所有黄四吉税契之银，着杨成补还，以昭公允。杨成背杨洪氏而卖，黄四吉背杨洪氏而买，均应责惩，惟念该民等不谙例典，且甘愿赎转以断纠葛，尚非始终执迷，从宽免究。杨快、杨芹池与杨成至亲，岂不知该田两造有份，乃背杨洪氏作中盗卖，致有此讼，着将中人礼二十四元返还黄四吉等，以免买主吃亏。两造各遵具结完案。(《淡新档案》22213·13)

陈星聚先是查阅了杨姓田地的契约，该田虽未注明是杨姓公田，但也未分在一人名下，实际上就是公田。既是公田，杨成不该一人独卖，黄四吉明知杨洪氏应分得公田一份，仍背着杨洪氏向杨成购买，也不近情理。杨成应照价奉还给黄四吉田价，黄四吉已交过赋税银1000余元，杨成应分摊一半，黄四吉所交田契税的银子，自然该杨成补还。杨成、黄四吉背着杨洪氏卖田地，均应惩罚，但念及他们二人不熟悉法律，且已认错，免于追究。杨快、杨芹池与杨成是至亲，明知杨洪氏与该田有关涉，仍背着她盗卖，才有了这场官司，应将当中人收的24元银钱还给黄四吉，以免买主吃亏。陈星聚考虑得是何等周详，何等公平！

陈星聚在台湾居官期间，审理了近千起案件，每起案件都审得细致入微，无一错判，无一冤案，受到了百姓的赞扬。他审案的艺术也是越来越娴熟，有时片言折狱，有时几次停审，补充证据，他的判词无论是原告、被告，都心悦诚服，无一翻案。他铁面无私，刚正不阿，没有人敢贿赂他，没有人敢游说他，现在台湾档案馆的有关陈星聚的判案记录，证明了他是清末乱世中出污泥而不染的廉吏！

纪念馆落成典礼台湾来宾

（九）保护工商，发展经济

　　台北物产丰饶，除了盛产稻谷外，还出产石油、樟脑、硝磺等物。这些物品对于发展台北地方经济极有裨益，陈星聚主政台北期间，积极扶植工商业，促进了台北经济的发展。

　　石油在当时也称煤油，未发现石油前，台北人燃灯多用豆油，后来有石油从国外运入台湾，起初只在城市使用，不数十年便传遍了乡村，因其价廉而光亮倍增受到百姓欢迎。台北蕴藏有石油，但不知开采之法，只好任其沉睡地下。一个偶然的机会，石油始见天日。咸丰末年，有个叫邱苟的广东人做通事（翻译），与深山中的土著勾结，杀人越货，官府捕之甚急。他慌忙中遁入深山，至猫里溪上游，见水面漂浮有油状物，以鼻嗅之，味道甚恶。看看天色已晚，早到了落日熔金，暮云合璧时分，邱苟欲点灯照明，却没有蜡烛，无奈之中将溪水盛于碗中，以火燃之，碗中发出了极亮的光芒。邱苟心中窃喜，将这一消息告诉了吴某，吴某遂以百金买下，但不知如何应用。邱苟又把猫里溪水面卖给了宝顺洋行，每年可获得银千余两。吴某和邱苟为争夺猫里溪所有权，双方聚众械斗，久久不息。咸丰九年（1859）淡水同知逮捕邱苟治罪，又以外商无权在内地开矿为名，将油田查封。迨至沈葆桢巡视台湾,始知淡水有石油。"光绪四年(1878),聘美国工师二人勘验,以后垄油脉最旺,乃购机器取之。其始多盐水,掘至百数十丈,达油脉,滚滚而出,日得十五担。久之,工师与有司不洽,竟辞去,遂废。"(《台湾通史》下册第354页)光绪七年(1881)因列强觊觎,台湾形势严峻,知府衔选用同知唐培香向上峰建议,可以开发煤矿、铁矿,用赚来的钱训练军队,巩固海防。外国石油流入中国,不过10年光景,现在竟然各个口岸畅销,获利甚丰,台北也有石油,何不自己开采,堵塞这一漏洞。台北旧有油田,只因所用洋匠与官府意见不合,开采之事遂告中止,市场全被外商占领,卑职等目睹时艰,深相惋惜。今年三月有一英国著名油师来闽,卑职邀他到台湾勘查。据他说,油源甚旺,油质亦高,如不开采,实在可惜。卑职等现邀合同人凑集股本,情愿试办。所集股份,皆中国商人,没有洋商丝毫资本。俟将来油田有一定规模,所产之油照章纳税,所有房屋、机器,交官府收存。商人如欲使用房屋机器,听凭众人公开估算价值若干,等上司批准后,再依期分缴,以照平允。但采油必须机器,运售必须轮船,还请上司给予方便。闽浙总督何璟也认为,台北的石油"亦应及时设法经理,以裕饷源。但官帑现既支绌,委办又乏妥员,与其日久悬宕,何如招商承办"(《淡新档案》14408·02)。于是招商开采台北石油的事便定了下来,由唐培香负责办理。

唐培香于是带上矿师,前赴台北开采油矿。他忽然想起,以前这里曾开过油矿,后来虽然停办,但官府购买的勘探设备及铁筒、钻嘴等机器尚存台北,尽管锈迹斑斑,但略加修理,仍可使用,便向船政大臣禀报,求他行文给台北府,暂借这些设备,将来归还时若有损坏,愿照价赔偿。船政大臣当即致函陈星聚,要他玉成其事。当年台北采油时,陈星聚还在淡水中路同知任上,任台北知府的是林达泉,他接任台北知府后,油田已经停办,那些机器还在新竹县境内,但庋藏何处,他也不知情。如今油田再度开采,陈星聚自然非常支持,接到船政大臣的公文,他立即给新竹知县施锡卫写了一封信,要他积极配合,并派差役妥为保护:

台陈村文化舞台

　　稚莲（施锡卫的字）仁兄大人阁下：案奉船政宪札选用同知唐培香等承办台北挖取煤油，现已带同矿师前赴开挖。惟查向日官办时，所置钻地机器，以及铁筒、钻嘴一切应用等物，尚存台北，请借出自行备用，饬即拨借点交付应用，并转饬该处营、哨保护等因。查从前官办时，系叶清渠观察承办，林前府（按：指陈星聚的前任台北知府林达泉）在任，弟适在中路（按：指陈星聚曾任淡水中路同知），停办后，机器搁在何处，弟不得而知。兹称查机器尚搁在山上，而承办煤油之商及矿师已到后垄等候数日。查县役徐祥对该处最为熟悉，祈即派干练家丁并差役不分昼夜，赶紧前往，邀同在地邱彩庭，将机器检出，点交该商人借用，一面派差弁移该管营哨随时保护，以免民番杂处，致滋事端。除备公牍外，用特肃函奉告。尚祈察照妥办，仍将办理情形示复为祷。专此，即请升安不一。愚弟陈星聚八月初五夜。（《淡新档案》14408·06）

　　陈星聚的信发出半月后，还不见新竹县令回复，便再次札饬新竹县立即将前官办油矿所用机器逐件交由煤商唐培香承办，借用机器数目也要开单禀报。原来这年闰七月台北突降暴雨，将机器冲走多件，新竹知县急于派人寻找，故此没有回复。在得知采油机器已送达唐培香以后,陈星聚又要求新竹县多派丁役看守,妥为保护机器,免遭损坏。

台北的油田在新竹县后垄港,那里与土著民毗邻,油田开工两个月之后,便受到了他们的骚扰。台北煤油矿务总管蔡崇光致函陈星聚说,油田开工以来,各事渐有头绪,正当采探油源吃紧之际,居住在深山中的土著屡次到油田骚扰,他们体魄健壮,剽悍凶猛,每次骚扰,工匠们都惊恐不已。须得早为设防,壮其声威,使土著人有所畏惧,这才能消患于未然。油田在光绪四年开办时,曾设有山厂公所,以保护机器,并派9名兵丁在厂守护,但兵丁太少,没有威慑力,而且时间一久,护厂兵丁逐渐懈怠,守护已形同虚设,应该因地制宜,妥筹防范之策。若保护油田,只有添兵设防一策,但添兵少了,无济于事,添兵多了,则经费不支。蔡崇光思虑再三,想出了一个两全之法:该处大湖村有个叫吴定新的垦户,一向为本地及土著人信服,他是隘首。附近村庄每年提供隘粮300石,由吴定新招募隘丁,建造铳柜,以备守御西南山面。吴氏熟悉当地民情,若委他办理此事,必收实效,庶几地方无蹂躏之虞,而商旅也可得保全。陈星聚采纳了这一建议,立即"札新竹县即便转饬大湖隘首吴定新多募隘丁,将油山认真防护,毋得稍有疏虞,致干查究"(《淡新档案》14408·31)。

陈星聚立意不可谓不善,保护油田的措施不可谓不力,但是让大湖垦户隘首吴定新管理此事却是任用非人,引狼入室。据唐培香禀报,新竹沿山一带一向设有隘首开垦田亩,招募隘丁,防范土著人滋事。吴定新原充隘首,历年承领隘粮,近日接受新任务后,虽然答应履行职责,但并不认真防堵。吴定新所招募隘丁中,有个叫邱大满的人,他弟兄9人,仗着人多势众,遂私开油井,赚钱牟利。吴定新垂涎邱大满的财富,与之争论,邱大满每年分给他银子240元,双方遂同流合污,狼狈为奸。蔡崇光总管奉命开采新竹油田,邱大满恐夺其利,便勾结土著到官井滋扰。吴定新、邱大满的余党多次向官井索钱,遭到拒绝后,竟大打出手,枪毙隘丁一名。陈星聚派人核实后,果断札饬委办新竹沿山隘垦事务副将黄世昌、参将陆鸣皋等将吴定新、邱大满诱出生擒,带至大甲行辕。邱大满交新竹县管押讯办,"吴定新所充隘首,即行革退,不准再收隘粮,仍交具结禀保之总垦户黄南球、姜绍基严加管束"(《淡新档案》14408·54)。油井地方由黄副将分派隘丁前往防守。打死隘丁的歹徒要迅速缉拿归案。油井仍归蔡崇光开办,据称每月可出油百余担，约值银 200 元，作为添发办理隘垦各委员薪水。陈星聚处理得颇为妥善，油井又恢复了蓬勃生机。

台湾还出产樟脑。樟脑是工业和药物原料，白色晶体或粉末状，取樟树的根干枝叶干溜制成。明朝末年郑成功之父郑芝龙居台湾时，部下入山开垦，发现山中有不少樟树，遂伐樟熬脑，销往日本当作药料。入清以后，封禁山地，伐樟树者处死。康熙年间曾逮捕熬樟脑者数百人治罪，熬脑之业渐废，但深山小民犹有私熬者。雍正初年，闽浙总督奏准台澎水师造战船，在台湾设厂修造，令台湾道台协助监督。于是台湾南北二路各设军工料馆，采伐大木以为船料，由匠首负责其事。台湾樟树北路较多，樟树有两种，香者可以熬脑，臭者仅可打造器具。因此匠首入山，天赐其便，可以熬脑谋利。道光五年（1824），清廷在艋舺设军工厂，并设军工料场兼办脑务，内山所熬之脑皆归军工料馆所收，然后自己送往各地。鸦片战争之后，英国船只常至鸡笼（今台湾基隆）用鸦片烟换樟脑。当地百姓见有利可图，便竞相熬脑，置法令于不顾。咸丰五年（1855），英商德记洋行始与台湾道订约购脑，每担价 16 元，销往欧洲。熬脑户每担得 8 元，其余的归入道署。咸丰十年（1860），台湾开港，外商渐至。樟脑为出口之货，岁入约 20 万元，台湾道陈方伯议归官办，设专门机构收购。同治二年（1863），"艋舺料馆改为脑馆，竹堑、后垄、大甲等处均设小馆，以理其事。其时艋舺、大甲所出特多，岁各一万二三千担，竹堑、后垄亦各有一二千担"（《台湾通史》下册第 355 页）。樟脑可为台北百姓带来经济效益，从事樟脑贸易的人便多了起来。

客商既多，便难免有匪徒趁火打劫，扰乱治安。同治十年（1871）二月，新竹县咸菜瓮一个靠煎熬樟脑为生叫连葵芳的人上告说，他在一天早晨雇工挑樟脑前往艋舺一个樟脑店销售，行至龙潭坡泉水孔时，被山仔顶庄匪徒陈阿富纠集30 余人，各执铳械，将挑夫逐散，抢去樟脑 17 担，恳请究治。青天白日，朗朗乾坤，竟然有人抢劫，陈星聚立即派差役"迅协该地总保，立即严拘陈阿富并传同栳长连葵芳各正身，限三日内分别锁带赴辕，以凭质讯究追"（《淡新档案》33207·02）。不料过了几天，陈阿富也上告说，自己胞兄被连葵芳勾结当地土著杀死，为逃避罪责，化名告小人抢走他樟脑 17 担，他真名叫连乌魁，请大老爷将他拘捕到案审讯。既然两人的状词大相径庭，陈星聚立刻派人调查，并在陈阿富的状纸上批示：

台湾北路淡水总捕公府加十级纪录十次陈批：既据粘领投到，候即催差跟拘连乌魁等到案研讯察办。至连葵芳具控抢栳（即樟脑，也称樟栳）一案，系艋舺厘局委员胡移清差追，是否连乌魁假名捏控，应俟到案后一并究讯。（《淡新档案》33207·03）

差役徐祥、方武奉命把陈阿富带回淡水厅，而桃涧保五小庄总理古史荣、垦户黄庆兴等则说，连葵芳往艋舺卖樟脑是实，陈阿富中途纠缠打闹也确有其事，请大老爷"请齐两造质讯察夺，俾水清石见，泾渭有别"。陈星聚批示："陈阿富与连葵芳仅止途中较闹，何得捏以抢栳等情，前赴艋舺厘局具禀。仍候勒提连葵芳等到案，分别究追。"（《淡新档案》33207·09）

在陈星聚的细致审问下，这一案得到了妥善解决，以后再也没有发生过抢劫樟脑的事。

台北出产硫磺，也称硝磺，产地在淡水。西班牙人占据台湾时，曾掘取之，因瘴疠严重，虫多水恶，工人多病，遂弃之而去。清朝康熙年间，福州火药局发生火灾，打算派人到淡水掘取硫磺制造火药，但无人敢于前往，适逢仁和县生员郁永河在省，慨然请行。既至，聚集当地土著饮酒，告以采磺之事，相约一筐硫磺换布7尺，土著人甚为高兴，各负磺而至。磺有黑黄两种，放在手上点燃，飒飒有声者最佳。硫磺采出后，先碎为粉，放在日下晒干，再放入锅中，锅中放油，而后徐徐放土，两人持竹竿搅拌，土油混合后，硫磺自出，油土相融，而后成为可用之物。一锅可熬四五百斤或一二百斤，产量多少取决于火候的掌控。产磺之地石头呈蓝靛色，有沸泉，草色枯黄，山麓白气缕缕，如云雾状，那便是磺穴所在。再前行半里，草木不生，地面炙热如烤，穴中毒焰扑人，人触之皆死。当是时，"淡水未辟，而北投（地名，属淡水）又在番境（即土著人居住之地），奸宄潜至，私制火药"（《台湾通史》下册第350页）。乾隆年间，官府禁止开矿采磺，派屯丁把守，一年四季北路营副将都派兵入山，焚毁草木，防止私人开矿。直至同治六年（1867），一个叫卢璧山的人，奉南洋通商大臣之命，来台湾开采硫磺矿，召募工人熬磺。既而闽浙总督英桂命总兵杨任元、兵备道黎兆棠派员会勘。因当时整军经武，抵御外侮，多用火药，才决定开矿。但因产量不多，恐怕投资过多，得不偿失，到同治九年(1870)又封了矿山,不再开采。以后时断时续,直至光绪十三年(1887)开设脑磺总局,硫磺才得以大规模开采。

官府对硝磺的开采时断时续,而贩卖硝磺又有丰厚的利润,于是走私硝磺的人便趋之若鹜,陈星聚从任淡水同知到擢升为台北知府,一直不遗余力地打击走私硝磺的不法之人,维护当地的经济秩序。光绪元年(1875)三月,大甲溪巡检许其菜捉拿到一个叫陈赐的人私贩硝磺两篓,约100余斤,交给陈星聚审讯。陈赐则供述说,他卖茶叶为生,那晚与两个贩卖硝磺的同店居住,大甲司局的差役来搜查时,贩硝磺的商人逃走,误将他抓来实属冤枉。陈星聚当即堂谕:"据供贩茶为业,当时被大甲司搜出硝磺实不知系何人贩来等语。是否恃无证据,任意狡辩,候饬传大甲溪店主到案质讯查究。此谕。"(《淡新档案》14407·11)陈赐究竟是贩茶还是贩硝磺,一时还弄不清楚,因而陈星聚才传店主到案查询。几天之后,陈赐之弟陈机到衙门喊冤,说他的兄长实是贩茶之人,恳乞释放,并追还茶叶。弟弟为哥哥伸冤,并未提供任何证据,陈星聚自然不信,批示道:

> 赏戴花翎升授台湾北路淡水总捕分府陈批:尔兄陈赐私贩硝磺,为大甲巡检所获,已解送到厅,此亦咎由自取,静候提讯案办,不必饰词抵诉,呈送粘单(诉状)掷还。(《淡新档案》14407·12)

纪念馆正殿

此时陈星聚还认为陈赐就是贩卖硝磺之人,他说自己是贩卖茶叶的,不过是遁词而已。及至店主管甫山证明陈赐没有田业,以贩茶为生时,便当堂将他取保释放:

> 堂谕:提讯店主管甫山供称,当司役查拿贩硝之时,贩人逃脱,陈赐实系贩卖茶叶,被司役误为贩磺之人,拿来送案。质之陈赐,供亦无异。着管甫山出具陈赐实非贩磺之人切结,将陈赐交差,取具在地有身家人保状,详请枭道宪批示遵行。此谕。(《淡新档案》14407·16)

不料陈赐在取保释放之后逃逸,福建分巡台澎兵备道夏献纶得知后立即飞函责问。陈星聚回复说,陈赐供词与店主所说一致,陈赐如真以贩茶为生,自称曾在堑城一路贩卖,堑城必有交关铺户,可以稽查。据卑职察核,陈赐确曾在堑城贩卖茶叶,因而那里认识陈赐的商户连环具保,他曾在大甲溪销售茶叶,亦有店主管甫山作证。而陈赐之弟所述陈赐贩茶行踪,也斑斑可考,因此陈赐以贩茶叶为生之说可以凭信。卑职之所以未将陈赐释放,是因为此案关乎私贩禁物,不能不慎之又慎,以便核实。陈赐供述在彰化县城内居住,其平日是否安分守己,有无家室,移请彰化县就地查明,自可清清楚楚。正在备文移查之时,陈赐于某日夜晚逃逸。"卑职伏查陈赐所供贩茶为生,已经得有证据,所以先则押所,继则提交差带,原拟候彰化县查复实在根底,卑职当即据实禀陈,上恳宪恩暂予交保。乃陈赐并不静候办理,遽行逃遁,虽由于看役之疏忽,亦由于陈赐之冥顽。除将私磺储库,严提看役革责比拘,一面关移邻封营县,认真会缉贩磺两人正身,务获究报外,合将陈赐并非贩磺正犯,差带乘间逃逸缘由,禀请大人察核。肃此具禀恭请勋安,伏乞垂鉴。除禀道宪外,卑职星聚谨禀。光绪元年十一月二十九日。"(《淡新档案》14407·23)你看陈星聚调查得多么详细,惟恐冤枉了一个好人,也绝不放过一个坏人。有这样尽职尽责的官员,他所到之处,怎会不弊绝风清!

光绪四年(1878)十二月,刚刚接篆台北知府的陈星聚,接到台湾北路右营游击吴世添的公文,要他缉拿一艘走私硝磺的船只。原来这月初十夜三更,有一艘船只遇浪驶入淡水港内,发现时已不见一人,船上有禁物硝磺 1000 余斤及其他货物。陈星聚当即扣押了船只,将违禁品硝磺没收入官。此后直到光绪十一年(1885)六月陈星聚溘逝,他处理过许多起私贩硝磺案件,每一件都处理得妥贴恰当,有力地促进了当地经济的发展。

台湾是滨海之地,煮水为盐,获利甚多。但台湾所产之盐味道苦涩,不适宜食用,民间所食之盐多自漳州、泉州运入。明末永历年间,谘议参军陈永华始教民晒盐,方法是在海边筑埕(东南沿海一带培育蛏类的田),铺以碎砖,引水于池,等到出现卤水时,泼而晒之,即日可成,许民自卖而征其税。归清以后,盐户日多,销路愈广,竞争激烈。"台湾榷卖之制,始于清代,初理盐、磺,后及煤、脑,盖此为天地自然之利,苟振兴之,足以裕国而益民焉。"(《台湾通史》下册第348页)雍正年间盐务由官府管理,分设盐场,每场设管事1人,巡丁10人或8人、6人。盐户晒盐,照例在春冬二季,春季晒盐称大汛、冬季晒盐称小汛,因夏秋两季雨多,故不晒盐。盐课所入,多充军饷。

售盐既有利可图,而制盐又比采掘硫磺容易,因此私自煎盐销售者便大有人在。光绪九年(1883)九月,陈星聚接到艋舺盐务总馆报案,称新竹县大潭庄盐贩吴阿相、谢老私自煎盐贩卖,虽请求新竹县查办,但未见处理,吴阿相等人越发猖狂,纠集团伙不下数百人。吴阿相本家有个举人吴士敬,还有刁绅廖赞元和他们沆瀣一气,狼狈为奸,包揽讼事,因此虽有告发,但未见差勇下乡,可见官府置之不问,盐务总局的巡丁也畏葸不前,莫敢撄其锋。大潭庄本系盐乡,私煎者甚多,盐务局曾会同当地文武官员带兵勇痛加剿办,该地安静了数年。后来防范渐渐松弛,煎私盐者便故态复萌,"实属有关台北盐务销数,非从严究办,不足以示惩儆"(《淡新档案》14203·10)。陈星聚于是札饬新竹县立即派人协同总保,将吴阿相等抓获归案。督办全台盐务总局刘璈也给新竹知县周志侃行文,要他速派干役赴大潭庄沿海一带缉拿吴阿相、谢老等人。就在这时,盐犯邱明、邱海等把前来催缴盐课的盐务局官员彭良翰打成重伤,抢走课银,并将两名哨丁掳去,存亡未卜。陈星聚心急如焚,立即给新竹知县周志侃写了一封措辞恳切的信,请他先行释放被掳哨丁并严拿贩盐私党:

　　仲行仁兄大人阁下,径启者:现据艋舺总馆委员华仲侯兄具禀,以中坜子馆司事彭良翰下乡催收课项,被私枭邱明、邱海等将彭司事殴打重伤,抢去课银一百二十元并将哨丁阿古、叶阿礼二名掳禁,存亡莫卜。请檄尊处亲临押放,一面咨请统领禁军庆祥等营曹军门派拨弁勇会办等情。除另备公牍并派府差前赴你署随同前往押放,并咨请曹军门速饬弁勇会办,用特专函禀布,务祈阁下立即多带三班头役亲往该乡,将哨丁先行押放,追起课银暨将私枭邱明等按名务获,从严惩办,以儆效尤。臬道宪按临考试在即,尤须赶速办理,以免宪诘,幸勿稍行松懈,实为至要。即请升安,准照不一。

　　愚弟陈星聚

　　九月十五日(《淡新档案》14203·22)

　　写完这封信,陈星聚又于同日札饬新竹知县周志侃派人解救哨丁并缉拿盐贩吴阿相、谢老、邱明、邱海等人。周志侃不敢怠慢,将查办情况向陈星聚作了简要陈述,陈星聚当即批示:

　　钦加三品衔台北府正堂加一级随带加八级纪录四次陈批:据禀并另禀均悉。曹军门营房请缓拨截留等情,因为爱民起见,但中坜一带地方煎贩私盐明目张胆,毫无忌惮,此次若不会同营勇严加查缉,诚恐私贩愈多,官销日短,现在曹军门派拨之霆庆中营哨长王总兵,已带同练勇于二十日拔队前进,即艋舺盐馆委员华令亦前往会商,该县即驰赴该处会同妥为商办,一面饬集廖赞元、徐国清、黄安澜等到案,提同在押之邱阿清及报到之吴顺记、吴阿相即吴赏、谢老等并应讯一干人证,质讯确情,分别究详,并将中坜馆销盐额数着落该处头人,或具结保销,或立限认配,则官盐不致短绌,私盐从此禁绝,庶于盐政有益,乡民无扰,仍将办理情形具报察看,并候本道、全台盐务总局宪批示。(《淡新档案》14203·45)

　　在陈星聚的不懈努力下,台湾的盐业生产得以顺利进行。

　　台北也产蔗糖。"台湾熬糖之厂,谓之廍,一曰公司廍,合股而设者也;二曰头家廍,业主所设者也;三曰牛奔廍,蔗农合设者也。"(《台湾通史》下册第458页)一廍下设9奔,奔是廍下的单位。通常情况下,每廍以6个奔运甘蔗,另外3个奔碾蔗制糖,通办合作,各乡莫不设之。制糖时间多在冬至之前开始,至清明而止。制糖之时,须由糖师操作,先把蔗浆倒入锅中熬煮,候其火色,加入石灰,在糖将成之时,再投入蓖麻油,然后把浆倾入槽中,用棍搅拌,渐冷渐硬,这样制成的糖称青糖。还有白糖,冰糖。陈星聚主政台北时,宜兰、淡水、新竹皆设有糖厂,百姓以生产、贩卖蔗糖为生者甚多。有些糖厂为追逐利润,竟不顾质量,以次充好,引起购买者不满。光绪六年(1880)七月,新竹知县施锡卫向陈星聚禀报,台湾府各糖户在领取凭证时议定,生产干净白糖,但到缴货时,则多是烧锅糖,锅底掺有沙泥,颜色污浊,味道亦异,商贾往往掉头而去,不再购买,这样不仅造成了白糖积压,而且损坏了糖厂声誉。经禀明台湾府,于每年夏秋两季派人到各糖厂考察,与各糖厂签订公平交易议定书,以杜奸弊,此办法已实行多年。现今台南、台北分治,上年宜兰县禀报台北府批准,委派典史就近查看,防止糖厂弄虚作假,效果甚好。如今新竹县南北关外、中港、头份、猫里、东罗源庄等处均设有糖厂,现正值秋季,亟应派员往查,俾便公平交易。卑县典史具禀前情,可否准予所请,由卑县委人查处,理合禀请大人察核,俯赐批示,以便遵照执行。陈星聚认为,台湾各糖厂产品质量如何,一向由台湾派人查取,上年南北分治,台北府建立伊始,府中适乏堪委之人,故未委派。宜兰县派典史查看,乃是一时权宜之计,不足为例。本年新竹各糖厂,届时应由台北府派人查看,于是饬札所属各县:

钦加三品衔调署台北府正堂卓异候升陈为札委查取事。案蒙宪行各属糖廊各户,应连结缴查。无如日久弊生,各廊每于起工之时,除嘱各户加重糖送造,并将锅底膏糖搅和沙泥装垫笼底牟利害商。经郊商金永顺等控,经台湾府严禁,历于年终委员查取甘结缴查在案。兹南北分治,所有光绪六年分查取各廊甘结,应由府中委员亲赴各廊查察,除宜兰一县另行委员外,所有淡、新两县,合就札委查取。为此,札仰该员即便亲赴各廊查察,取具各糖户公平交易切实结状,禀缴备查,以杜奸弊,而昭平允,切勿徇私,致干未便。凛之,慎之,切切。此札。

光绪六年十月十五日札(《淡新档案》14102·08)

不法糖商为牟取利润,降低成本,竟不惜把锅底泥沙也当蔗糖贩卖,以致引起纠纷,经陈星聚派人整治,这种现象得到了有效遏制,蔗糖的生产、贩卖都规范了。

　　台湾还蕴藏有煤矿。"煤为矿产大宗,台湾多有,而基隆最盛。"(《台湾通史》下册第 351 页)西班牙人占领台湾时,曾在基隆开矿采煤,其遗迹至今尚存。入清以后,仍然采掘。乾隆年间,基隆移民渐多,台湾府认为如再采煤,将有伤龙脉,请求禁止,但民间仍有私自采掘者。道光十五年(1835)淡水同知娄云下令禁采,十七年(1837)淡水同知曹谨再申禁令。当时海运已通,西方列强商船往来,台湾为必经之路,商船须用煤作燃料,也要仰给基隆,因此各国商船多注目基隆。鸦片战争后,英帝国主义者觊觎基隆,多次来台湾,谋求通商。道光二十八年(1848)英国水师游击至基隆查勘煤层,归报其国。两年后,英国公使与清朝交涉,请准英国人开采煤矿,被清廷拒绝。咸丰四年(1854)美国水师提督也来基隆勘探,得知煤层丰富,请求在此地建军港,以开启中美贸易,实际上是想攫取煤矿采掘权。咸丰八年(1858)五月清廷与英、法两国分别签订了丧权辱国的中英、中法《天津条约》,允许开基隆为商埠,为帝国主义染指台湾提供了契机。同治三年(1864)福州税务司上书,陈述采煤之利,因国人技术不行,请准英商租地开采,淡水税务司赞同这一建议。但福建巡抚徐宗干奏言不可,基隆绅民也立约说,鸡笼山一带为全台龙脉所在,灵秀所钟,风脉攸关。近有沿海奸民,讹言山根生有煤炭,难保无人偷挖,一经损伤,全台不利。如有人敢冒天下之大不韪偷偷采掘,立即围捕送官,如敢抗拒,格杀勿论,有不遵者,公议惩罚。但言者谆谆,听者藐藐,私人采挖者甚多,禁而不止。

　　同治九年(1870)正月,闽浙总督英桂派人至基隆查勘,又委托江苏候补道与淡水同知会勘。确定采挖地点后,传集山主及当地绅民,议定开采章程,立石为界,不许租与外人,不许私自典卖。一个煤矿称"一洞",各洞相距南北 25 里,东西 5 至 6 里,已封闭煤矿不得再开采,基隆煤矿以 70 洞为限。煤户须是本地人,又有亲族庐墓在此者,互相环保,曾为洋行办事者不准加入。采煤工也须是土著,家在 50 里地以内者方可用,每洞工人不得超过 20 人。煤户须立保证,所产之煤卖给指定商行,由官府督办,违者受罚。"当是时,基隆、沪尾已为通商之口,轮船出入,用煤日多,或运至福州、厦门,每年出产多至三四十万石,少亦十余万石。"(《台湾通史》下册第 352 页)煤分三等,价钱有别。若运出市上,每石征税 5 厘,但船政局运煤免税,煤户也无须纳税。这一措施促进了基隆煤矿业的发展。

光绪元年(1875),钦差大臣沈葆桢提出,种田利微,开矿利大,国内南北各省白天以煤烧饭,入冬以煤御寒,若煤出口甚多,其价必昂贵,这对百姓来说是增加了负担,而台湾无论是烧饭或取暖均无需煤,除了出口,别无销路。台煤虽多,但开采不旺,因此滞销。今拟将出口之煤,每吨减为税银一钱,其他别方不得援以为例。光绪帝下诏批准。光绪三年(1877),福建巡抚聘英国人为矿师,并购置机器,大为开采,产量既增,出口亦多,正是在这种背景下,台北的煤炭贸易甚为火爆,但随之而来的欺诈行为也越来越多。同治十四年(按:同治只十三年,无十四年,此处当为光绪元年,文献有误)二月,办理台北煤务候补府经历向陈星聚禀报,台北煤务局奉命采购煤炭,以备轮船应用,随即向基隆各店按照当时价格,陆续购煤,遇有轮船到达基隆即时拨付。上年九月,向基隆地方的合益店字号老板叶添来、叶添生购煤2000石,每百担17元,先交定银200元,该店出具有领煤凭证。但叶添来等仅交炭530余石,嗣后轮船往基隆装炭,屡催不应,实属无赖。若不申请押追,定会延误大事。请大老爷察核,俯赐饬差拘案押追,俾使奸民知儆,而公事不致延误,实为德便。叶添来兄弟收钱不发煤,无异于拦路抢劫,陈星聚十分恼怒,立即派人查问并批示:

赏戴花翎特授淡水分府陈为饬差押交事。本年二月初六日,准办理台北煤务委员林申请,案奉臬道宪札委购买煤炭,以备轮船应用等因。随向基隆各店按照时价,陆续购煤,遇有轮船到奎,随时拨付。向合益店叶添来、叶添生购煤二千石,每百担一百七十元,交定银二百元,取具该店领状存据。讵叶添来等仅交炭五百三十余担,迨后轮船到基隆装炭,屡催罔应,申请差拘押追等由过厅。准此,合行饬差押交。为此,票仰值、对役迅往该地,协同总保,立将合益店叶添来、叶添生等所欠煤炭,严押追交清楚。倘敢抗违,克日禀带赴辕,以凭讯究。去役毋得违延干咎。火速火速。

右票仰值、对役汤才、江龙

光绪元年三月十三日。(《淡新档案》23101·02)

纪念馆－育才亭

叶添来兄弟自恃是当地土著,家族势力盘根错节,不把官府放在眼里,想通过巧取豪夺,发一笔横财,因此收了煤款,却不发货,以为官府其奈我何。陈星聚自然不能容忍这种丑恶现象,派人严肃追查,叶添来兄弟只得补齐了扣押的煤炭。从此后,基隆的煤炭商人不敢再以身试法,讹诈客商钱财了。

(十)嫉恶如仇,整饬吏治

陈星聚做官勤慎清廉,恪守官箴,他不但自己率先垂范,也严格要求下属秉公办事,不得徇私渎职,陈星聚莅任之初,台北社会秩序不靖,命盗重案屡屡发生,而有些官员在处理案件时却漫不经心,敷衍塞责,致使有人蒙冤莫伸,有人则逍遥法外,递交上司的案卷往往被退回重审。陈星聚要求下属,将"未结各旧案,及现办新案,提集犯证,虚衷研鞫,讯录切供,确核例案,务使无枉无纵……犯供不致狡翻,罪名并无出入,庶可由司照转"(《淡新档案》31204·39)。把罪犯的犯罪情节坐实,使罪犯无从翻供,是准确办案的基本前提。陈星聚从严要求属下,对罪犯无枉无纵,体现了一个地方官认真负责的态度。

台湾基层官吏风气不正,祸害百姓之事时有发生。光绪八年(1882)二月,福建巡抚岑毓英接到西螺保总理(西螺是地名,保是农村最基层的行政单位,总理约相当于保长)林逢春与众百姓禀告称,保内人心不古,世风日下,凡遇人命、盗窃案件,办案官吏不思冤有头、债有主,一味恃强凌弱,一人蒙冤,全村受祸,甚至捏词造案,不分黑白,先把人捅禁。身负保卫地方安宁的汛防官员,不为地方的安全着想,只以牟私利为念,目无法纪。他们颠倒黑白,只勘办良民,不捉拿恶贼,是以地方治安混乱,盗贼滋盛。收税的契差蛮不讲理,不遵王法,在村庄设馆,任意拘押百姓,追要税款。即使值20元的什物也要上税,一有不从,随即严拿到馆,严刑吊打,处处刻剥,弄得无人不骇异,何庄不悲伤! 小人忝属总理,观此地方不安,人民凄凉,触目伤心,职责所在,不忍袖手旁观。幸逢大人按临,恰如包明公再世,有召伯甘棠遗风,真是社稷的洪福,因此才敢沥情呈禀。如蒙恩准,请札谕立碑,迅即施行,以定国法,以靖地方。林逢春为引起岑毓英的重视,把台湾的基层吏治说得暗无天日,也许有言过其实之处,但大体情况当相去不远。其实这些情况岑毓英早有所闻,便在禀告信上批示:"据称台属命盗案件,并不措拿正犯,多系牵连无辜,汛弁擅受呈词,枉法办案,差役设馆清查税契,借端苛索,种种弊端,皆属实情。本院亦早所闻,迭经查禁在案。该总理见能及此,甚属可嘉。仰台湾道申明例禁,出示革除,勒石遵守,毋任扰累。"(《淡新档案》31302·01)陈星聚接到这一批示后,立即札饬新竹知县徐锡祉:"日后凡遇命盗各案,如有差役不拿正犯,汛弁枉法办案,差役借端勒索等情,定即严拿究惩。"(《淡新档案》31302·01)陈星聚的表态并非官样文章,一纸具文,他所到之处,激浊扬清,整饬吏治,取得了良好效果!

纪念馆牌坊

福建民风剽悍,诬告讹诈之事屡有发生。光绪九年(1883),福建巡抚部院通报宁化县百姓尹云湘自己失足跌伤身死,其妻巫氏找人写了状纸诬告他人,但该县县令竟未查出作词讼棍,致使好人受冤枉,实属渎职。陈星聚为此札饬新竹县令:"此后遇有诬告案件,务须究明作词讼棍,密拿惩治,以除民害而杜刁告,切勿稍事宽纵,毋违。"(《淡新档案》31303·01)尹云湘之妻巫氏只是目不识丁的家庭妇女,未必会想诬告别人,讹诈钱财,有讼棍怂恿巫氏诬告,且自告奋勇书写状纸,以便打赢官司后分成,殊堪痛恨。地方官倘不查明,偏听偏信,就会流毒无穷,给百姓带来灾难,因此陈星聚谆谆告诫下属,对怂恿别人诬告的讼棍,"切勿稍事宽纵"。对渎职的官吏严厉查处,决不姑息。

更有甚者,福建有自尽诬告图诈之风,而台北新竹尤甚。一旦发生此案,地方上便有大批人员出动,仅看验、抬夫、胥役等项,便得花费千缗有奇,少者也须百十缗,这些费用均由被告承担,而被告往往并非真正罪犯。发生一起自尽诬告命案,便有数家破产,或沦为乞丐,或衣食不给,啼饥号寒。"然原告之畏坐诬,胥役之敢于得费,非官纵之乎?"原告敢于诬告,下层官吏敢于明目张胆地收受钱财,这都是地方官纵容的结果,以后若再发现官吏收受贿赂,玩视民瘼,决不姑容。"地方官多尽一分心,即百姓多受一分福。"(《淡新档案》3113·01)所谓"地方官多尽一分心",是指地方官公平决狱,关心民瘼,重视稼穑。能做到这几点,便能弊绝风清,天下太平,百姓不只是多受一分福,而是受无穷之福了。

陈星聚嫉恶如仇,整饬吏治雷厉风行。光绪五年(1879),驻扎在新竹县的军营采办李少怀在采办米石时,嘱令米铺以8斗米装作1石,计买米128石,当作150石运往军营,又另开虚账,共侵吞银150元。后被发现,只得退回赃银。因他品质恶劣,被军营斥革。陈星聚恐新竹县留用,特札饬新竹知县刘元升:"不准将李少怀留用,倘有逗留在境,即行据实禀明,以便转报饬拿递解回籍,毋稍徇延。"(《淡新档案》31503·01)结果李少怀被驱逐出了新竹县。

光绪九年(1883),福建平和县一个负责缉拿犯人的捕快胡善举,溢支捕费银75两后潜逃,既未在县内逗留,也无家属可查,福建巡抚只得行文在全省查拿。陈星聚札饬台北境内:"立查胡善举,如有逗留在境,勒令按数追缴解司,倘无到境,及已知事故,亦即据实具复,一面报府备查,毋违。"(《淡新档案》31507·01)其实,福建巡抚院虽行文查拿,也不过是例行公事,各地亦只是虚应故事,

纪念馆内牌坊 1（1）

很快呈报。只有台北府的陈星聚认真执行，要求下属如发现胡善举踪迹，立即扣留，要他退回赃款，如未发现踪迹，也要据实具复。这就是陈星聚办事的风格。

每年稻谷收获后，台湾有关衙门便会派人下乡征收钱粮作为赋税，经手之人称为书差。书差中的一些人往往耀武扬威，借端讹诈蛊蛊小民，弄得百姓叫苦不迭。陈星聚洞知其中弊端，札饬新竹知县徐锡祉："至该书差借端索扰一节，一体认真严禁，一面将各属书差是何姓名，勒令出具赴乡征收钱粮及词讼案件，暨相验命案，并无勒索滋扰各切结，按季送司稽核，俾该书差咸知炯戒。"（《淡新档案》31601·13）书差所到之处，当地要出具并无勒索滋扰证明，方可证明其清白，如无这一纸证明，便有勒索滋扰之嫌。如此一来，那些书差便不敢胡作非为，搜刮民财了，陈星聚这一防患于未然的措施，值得赞许！

对于蒙冤受屈之人，陈星聚为他平反，即使是被上司斥革之人，一经查清原委，照样录用。光绪九年（1883），陈星聚接到抚院一纸公文，说新竹县有一个叫徐祥的快役，因事被斥革，他贿赂县衙中门丁侯锟、纪录二人，以图恢复旧职。抚院让陈星聚查讯有无此事，要求"切实跟究，断不准稍涉含糊，致干未便"。报案者是新竹县快役杨祥。陈星聚当即将杨祥、徐祥等传来询问。杨祥称，自己一向在新竹县当差，因捕盗有功，在快总役徐祥被斥革后，升为总役。此时有门丁侯锟、纪录来索取保结 100 元、过堂银 100 元、挂牌银 100 元，均由跟班叶二即叶升转交。又徐祥欠缴税契银 94 元，也在小人名下代缴，导致自己欠缴税契 60 元，被县主斥革，令徐祥接充，求追回侯锟等原收谢礼 300 元。徐祥则称，自己在淡水厅、新竹县充当快总役前后 15 年，一向奉公守法，从未贻误公事。前年冬天被人挟嫌上告，说小人借案索诈抢掳毙命，致蒙斥革，全系诬告。蒙县主禀请，照旧当差，并未行贿。当年小人被革以后，由杨祥接充。杨祥办公之所，即小人办公之所，历年所置家用器具，值银 300 余元，被杨祥借用，言明贴银 94 元，划抵他未缴契价，因他未缴契价。后因杨祥办公不力，欠缴税契银元，被县主斥革。查点馆内器具，被杨祥搬匿，失少大半，所存不值百元，反倒诬告别人霸占家器。又据门丁侯锟、纪录供称，两人跟随新竹知县多年，蒙派稿案钱粮，署中各项公事，均系县主自裁，我等无从舞弊。杨祥因拿获盗犯有功，知县才赏他充当快总役，后因办公疲玩，案犯屡限不获，税契催缴不力，又侵吞契价银，才被斥革，仍令徐祥复充。不料杨祥惧罪脱逃，捏词上控，希图抵制，尚求明察。陈星聚经过详细调查取证，得知徐祥为人老诚，捉拿贼寇尽责尽力，只因被人诬告，才丢了差使，便给巡抚禀报说："查该役徐祥熟悉内山地方，拿犯最称出力。此卑府前在裁缺淡水厅任时，所深知者。现查其被告既系虚诬，招告又无人控，且屡获重犯，不无微劳足录，自应仰恳宪恩，准其照常当差，以示激劝。是否有当，理合禀请大人察核示遵，实为公便。肃此，恭请勋安，伏乞垂鉴。除禀抚、臬、道宪外，卑府星聚谨禀。"（《淡新档案》11312·15）由于陈星聚力荐，徐祥得以重做快总役。那杨祥因办公疲玩被革，又侵吞税契银元，被斥革后，惧被押追，辄敢脱逃，并捏词诬告，"应即枷号一个月，限满，杖责发落，以示惩儆"（《淡新档案》11312·16）。门丁侯锟、纪录二人在此案中被控勒索谢礼，虽查无实据，"而本府查其平时跟官日久，熟悉公事，颇能得主人欢，因而声名甚属平常，应即驱逐内渡，不准在台逗留，免招物议"（《淡新档案》11312·16）。两人此次虽被被牵连进去，但平日为人圆滑，名声不佳，自应驱逐出境。不久，侯、纪二人便被驱逐到了内地。

　　陈星聚刚任台北知府，便接到了福建分巡台澎等处地方兵备道兼提督学政夏献纶的札饬，说是奉巡抚院之命，调查近年屯饷有无克扣，是否有官员假公济私，损公肥私现象。据新竹县竹堑屯弁目钱登云禀请，近年屯丁粮饷只发四成，要求发给全饷。夏献纶立即命陈星聚"查明近年屯饷是否实给四成？有无克扣？此次钱登云等所禀是否假公济私？如有书吏从中勾串，冒名投递，即将该书吏斥革，与假冒之人及屯弁钱登云、屯目钱总和、马港生一并交由委员押解来辕，听候讯办"（《淡新档案》17421·01）。陈星聚将钱登云、马港生提到讯问。钱登云供述：钱总和是公号，并非人名。自己充当竹堑屯弁，管11社400余名屯丁，竹堑社屯丁95人，在这里屯田耕耘。自同治十二年（1873）起，屯饷就是只给四成，而屯丁不信，硬要发给全额。小人无奈，只得邀同马港生及众屯目相商上报，并非府署门丁及书差人等唆弄。马港生也供述：自同治十二年充当奎泵社屯目，因只发给四成屯饷，众屯丁怀疑吞扣六成之饷，只得与钱登云会同小番目叩禀陈明，并无拖累别人。两人说法相同，看来并非事前串通，自同治十二年来屯丁只发四成饷也应属实。但是钱登云、马港生不向屯丁说明，引起屯丁怀疑，实在不妥，当即堂谕：

> 堂谕：屯丁因未出示晓谕，不信只给四成之饷，何以不于当堂领饷时，回明给示。即欲迫讨六成，希图多给，应早据情禀述。数载相安，忽于抚宪来台，冒自呈禀。既供各任门丁并无克减，亦非胥差唆弄，听候委员提郡，自行诉明。此谕。（《淡新档案》17421·08）

陈星聚的质问句句都击中要害：既然上司只给屯丁发四成之饷，何以不在屯丁领饷时出示证据，当堂说明，以释屯丁疑窦？即使想讨回剩下的六成，也应及早禀述，为何蹉跎多年，要等抚台大人来台湾视察时呈禀？既然此次禀报并非府署门丁及书差人等唆使，应将尔等解至福建分巡台澎兵备道衙门自行诉明。

钱登云、马港生解到夏献纶衙门后，夏献纶又批示说：本道访闻散给屯饷时，每名屯丁全年应得四成银3元2角，该厅衙门书吏有无扣银2角，屯弁扣银1角之事，此次提询钱登云，供述称已革屯把总吴永福与盐局蔡管事同在一皂役陈有家商量，诈称委员需索差费，亟应将吴永福、蔡管事、陈有一并提解来辕，彻底讯究。为弄清事情真相，陈星聚作了深入细致的讯问调查，将吴永福、蔡管事、陈有、马港生分别讯问。终于弄清了此案的来龙去脉。原来蔡暖（即蔡管事）于光绪四年（1878）冬充当竹堑盐馆哨丁，与吴永福相识，吴永福又与钱登云、马港生交好。钱登云因被屯丁怀疑侵吞饷项，恳请发给全额。经前任吴抚台批准，派薛经历到台北府衙提解钱登云，吴永福托称为马港生探病，来到羁押所，马港生正患疾病,便与也在这里拘押的钱登云商量,由竹堑至台湾府城台南,路途遥远,非坐轿不可,轿夫价、房价、吃饭等费用,以及薛经历所带家丁,也须酌量尽情,途中方有照应,估计需有银180元左右,钱登云也深以为然。因一时无从筹钱,吴永福与蔡暖商议,先借银80元,余嗣筹足,交由吴永福陆续寄往郡治台南,以备缓急。议定后由钱登云、马港生同立借据,托吴永福转交蔡暖收执。因钱登云已点解起程,马港生病情缓解,蔡暖于先后所允代借之款并无分毫付给薛经历家丁,又无人从中关说,和议遂中止。当时皂役陈有因有公事,并未在场,对此事毫不知情。陈星聚又饬传屯弁解忠顺、王仁才、代办屯务之粮书李登等,细加鞫问。屯弁们都称,竹堑、麻薯、日北、武劳湾等处屯饷,从前领饷,每人每年扣2角、3角不等,自同治十二年秋季奉到上司公文起,屯丁每人每年应领四成实银3元2角,衙门并未克扣,但各屯丁不知原委,怀疑屯弁串同书吏侵吞,因此钱登云禀请全额发给,以释群疑。现在屯丁已经释然,不敢再请求增加,各屯弁也愿同具切结,以后不敢再控。至于各处屯丁所得全年饷银,一向由屯弁按春秋两季赴厅承领,按名发给。但屯弁多次往返郡治盘川及一切食用等项,无从报销,同时屯丁每进县城,都由屯弁带领,至城中安排屯丁住所、饮食,这些花费也无处开支,历年由该屯丁每年饷银内提取2角,一切花销尽在此2角之内,屯弁未入私囊,因此屯丁愿意支出。此做法已相沿多年,实无借端克扣及假公济私之事。所传屯务书吏扣费之事,实属子虚乌有,因无专书,由粮书代办,也无领款扣费等事,询问众人,均无异词,究诘至再,矢口不移。陈星聚将这些情况一一秉报给夏献纶后,又说,卑府遵照大人谕示,自光绪五年(1879)春季发屯饷为始,谕令屯弁及监领屯目不准再扣丝毫,即使屯社各丁至县城,也听任屯丁自行解决租房、伙食,不再由屯弁、屯目料理房、饭、旅费,如敢阳奉阴违,查实即从严惩处。至于钱登云、马港生、吴永福、蔡暖等如何处理,陈星聚提出了详尽中肯的建议:

　　其屯弁人等从前所得扣费,实系相沿已久,并非起于一时,且屯弁与番丁为倚依,至屯务因无专书,暂归粮书代办,既无领饷扣款,又复迭经更换,似可宽其既往,乞恩免追,仍由卑府分别严禁革除陋习,以儆将来。至奉提屯目马港生一名在押,病尚未痊,哨丁蔡暖一名,讯非盐馆管事,仅只认为代借银元,其吴永福等先有议托委员家丁照应等事,该哨丁始亦未尝预闻。革弁吴永福一名因恐钱登云、马港生等在途艰苦，虽有恳托委员家丁照顾之议，及见委员无苛求，且请托一层，无词可入，议即不行，亦尚非敢于试法。惟蔡暖事非干己，而举止亦不免涉于招摇，若不薄予责惩，殊恐效尤日甚。拟将哨丁蔡暖一名，由卑府就近枷责，游街示众，俟限满后，解回原籍，严加管束。吴永福一名并予从重枷责，屯目马港生一名亦应薄责示儆。一皂役陈有虽无在场与闻其事，然以看管羁犯之所，听人出入，究属看守不谨，亦应责惩。可否均免解质，准照卑府拟办完结之处，伏候宪裁。缘蒙前因，理合将讯供拟办完案缘由，一并禀乞大人察核，俯赐批示祇遵，实为公便。再革弁钱登云一名，业已解辕审办，可否发回，仍由卑府讯拟发落。统乞钧裁，合并声请，恭请勋安，伏冀垂鉴。卑府星聚谨禀。

光绪五年闰三月初四日（《淡新档案》17421·43）

这本是一起极为普通的民事案件，福建分巡台澎兵备道夏献纶却想办成一件中饱私囊的贪污案。陈星聚小心谨慎地调查了事件的全部经过，未放过一个细节，得到了确凿可靠的第一手资料，因而他提出的处理办法也极为公允。蔡暖本与此案无涉，却积极为钱登云筹钱，以致造成误会，贻别人以口实，被误认为敛财，若不惩罚，难免有人效尤，因此枷责游街示众，然后解回原籍管教。吴永福因与钱登云稔熟，在屯丁怀疑钱登云侵吞屯饷时，出面为钱登云筹钱，以致群情惊疑，自应从重枷责。马港生与钱登云一样，不向屯丁说明上司只发四成屯饷，反而向抚院要求全饷，以此证明自己清白，也应惩罚。皂役陈有负责看管羁押人犯，听任蔡暖随便出入，实属看守不谨，也应责罚。这几个人薄加惩罚，已达教育之目的，不必再解往福建分巡台澎兵备道夏献纶的府衙。即使已解往夏献纶衙门的钱登云，陈星聚也请求发回，由自己讯拟发落。从此案的处理措施看，既展现了陈星聚不偏不倚、严格执法的一面，也体现了他宽厚仁慈、呵护下属的一面。夏献纶最终答应了陈星聚的请求。

即便是上司已经定性，交待查办的案件，如果有人蒙受冤枉，陈星聚也会出面力争，还受害人清白。光绪元年六月，陈星聚接到总督府转发刑部的公文，让他把拘押在监的待质人犯黄春的犯罪事实、年龄、相貌造具清册，呈送上级衙门审核，作为量刑的根据。此案是同治十二年（1873）总督府转发的刑部公文，先是转发给台湾府,台湾府又转给了淡水厅。内称:已被革职的艋舺县丞李守谐擅自受理民间词讼,又失察门丁索诈滥押,致民妇廖张氏在押身死一案,其中牵涉到犯人黄春。陈星聚详细调阅了案件记录,又亲自讯问,发现黄春竟是无辜蒙受冤屈之人。原来李守谐是江西宜黄县人,用钱捐了一个县丞,赴福建候补,被委为艋舺县丞。黄春是淡水厅人,充当艋舺县丞衙门弓役,与已死廖助之妻廖张氏素无嫌隙。先是廖助有田一块,卖与一个叫李咸的人为业。李咸买后,仍将田交给廖助耕种,按约收租。后因廖助欠租,李咸将田抽回,另租给他人,但廖助不答应。李咸上告到淡水厅衙门,淡水厅责令廖助将田退给李咸。适逢廖助外出,其妻廖张氏找李咸吵闹,李咸就近赴艋舺县丞衙门控告,该县县丞李守谐传廖张氏到案,交给弓役黄春看管。廖张氏在与李咸吵闹时震动胎孕,在黄春家生下一子,旋即夭亡,廖张氏悲痛成病,经黄春3次禀报取保。当时在艋舺县丞衙门充当门丁的张二,起意索诈,将黄春的禀报私自扣押。廖张氏病重,在黄春家身亡。经台湾府、淡水厅调查取证,将李守谐革职,交台湾府究办。廖张氏之死实因张二索诈不遂,导致毙命,黄春并未帮助索诈、凌虐廖张氏。黄春亦作如是供述。尽管是张二逼死人命,但黄春所供是否句句皆真,还应等到缉获张二时,两人对质,方可将事件原委讯问清楚,因此黄春还在羁押之中。陈星聚在给上级衙门呈送的公文中,请求免除黄春所受刑罚:"兹查黄春一犯,自同治十二年十月十八奉文之日起,经卑厅牢固监禁。案犯年四十八岁,紫面,无须,左手无名指斗,余指箕;右手大指、无名指斗,余指箕。系拟杖援免,供称在逃之犯诈赃酿命,该犯并无帮同索诈,凌虐致毙各情,此次应咨再予援免。查照部议,未经声叙,伏候宪示遵办。理合登明。"(《淡新档案》31802·16)陈星聚对仍在监禁中的黄春十分关照,知道他含冤负屈,被拘捕后本应受杖刑,被陈星聚赦免,此次刑部发文追究此案,陈星聚仍要求援免。一个堂堂淡水厅同知,为一个衙门弓役洗刷冤枉,体现了封建社会一个正直官员执法平恕的襟怀。同时陈星聚对黄春的情况了若指掌,连他的指纹是斗或是簸箕都十分清楚,万一此案真的牵连到他,而他又逃逸的话,就算逃到天涯海角,陈星聚也能把他缉捕归案。这又体现了陈星聚办事的认真细心。

台湾僻在一隅,又远在天涯,所谓天高皇帝远之地,一个小小的衙役也能恃势讹诈乡里。福建巡抚丁日昌在巡视台湾时就说:"台湾远隔重洋,吏治黯无天日，衙役倚恃官势吓诈乡里，所欲不遂，辄即私押勒索，被害者往往卖妻鬻子，破产倾家，实堪痛恨。"（《丁禹生（日昌）政书·惩办蠹役片》）这种情况很普遍，并非个别现象。丁日昌在巡视台湾时，途中听说台湾县衙役中有个叫林升的人，此人做过强盗，充当衙役后，遇事索诈，弄得众怨切齿，却又无可奈何。丁日昌当即命令台湾县拘拿到案讯办。据台防同知兼理台湾县事孙寿铭核查禀复，林升充当衙役多年，乡民被讹诈者数不胜数。又查其家资，颇为殷实，远非一般衙役家庭所能比拟。他自己承认，之所以如此富有，完全是索诈民财得来。这样的害群之马理应惩办，以除暴安良，丁日昌批示台湾道夏献纶审问确实后，便将林升毙于杖下。"其时万众聚观，咸谓地方从此除一巨害，无不同声称快。"（《丁禹生（日昌）政书·惩办蠹役片》）台湾县知县白鸾卿莅任十有余年，对林升的情况应该了如指掌，却视而不见，一任差役妄为，实属纵容姑息，姑息适足以养奸，丁日昌下令将他撤职。陈星聚在台湾任职多年，对台湾的吏治情况当比丁日昌更为清楚，吏治的好坏关乎着政治是否清明，因此陈星聚大刀阔斧地整顿吏治，他本人也率先垂范，成为封建社会中不可多得的廉吏！

四、抵御外侮，以身许国

（一）列强环伺，宝岛多难

台湾归属清朝之后，一向闭关自守，不与外界往来。清朝中叶以后，外患渐迫，侵略中国最积极的当数英国，英国人因贩卖鸦片，为祸尤酷。道光十八年（1838），林则徐在两广总督任上严禁鸦片，并于虎门销毁鸦片 13600 余箱，以绝祸源。英帝国主义恼羞成怒，调军舰攻打广州，中英战端一开，台湾立即宣布戒严。台湾兵备道姚莹与总兵达洪阿未雨绸缪，共商战守之策，增筑炮台，严守海防，英国军舰几次进犯，均被击退。道光二十年（1840）五月，英国军舰驶至鹿耳门（今台湾台南市安平港北），被清兵击退。为增强防御，朝廷命福建水师提督王得禄移驻台湾，协同姚莹、达洪阿防守。不久，厦门失守，警报频传，台湾军民同仇敌忾，戮力御侮。姚莹亲赴台湾南北各地，集合绅耆，研究防御之术，训练义勇痛击来犯之敌，又把义勇的半数调至各地守御。凡发现有汉奸来台湾活动，为英国人张目者，捕获后一律斩首，故无内患。道光二十二年（1842）正月，突有英舰数艘驶至大安港，意欲寻衅滋事，见岸上兵民披挂齐整，严阵以待，知道讨不到便宜，便掉头而去，慌乱中触上了礁石，英兵乱作一团，岸上开炮击之，英舰破损，台湾军民抓获英军 20 人、印度兵 65 人，缴获大炮 20 门及英人掠夺的镇海、宁波清兵军营之物，英人为之气夺。这年三月间，英国人调集军舰 19 艘，并勾结了海盗，大举来犯，又被台湾军民击败。道光帝甚为高兴，加姚莹布政使衔、达洪阿提督衔，以嘉奖二人守台之功。

英国侵略者虽未讨得便宜，仍不肯罢手，不时派军舰到台湾各港骚扰，这年八月间，一艘英舰打算驶入后港（今台湾高雄港），见军民有备，悻悻北去。八月十四日,英舰进犯淡水,被击退。十八日又进犯鸡笼(即基隆),参将邱镇功调守备许长明、欧阳宝防御,淡水同知曹谨委托澎湖通判范学恒巡守沿海,知县王廷干偕同艋舺县丞宓维康驻扎三沙湾炮台。英舰将驶入鸡笼港口,被岸上军民发炮击中,桅杆折断,军舰触礁而没,数名英军被俘。九月间英舰再次骚扰鸡笼,又被击退,自是英舰不敢窥视台湾。

台湾虽然暂时安定,但福建、浙江、广东3省均被英国侵扰,清廷只得派大臣议和,但台湾捕获的印度兵已于五月间奉旨处斩,只把被俘的英军释放。英国领事璞鼎查攻讦台湾道妄杀遭难兵民,江苏的主和派及福建打败仗的文武官员嫉妒台湾诸人的功劳,流言蜚语,喋喋不休。钦差大臣耆英根据总督苏廷玉、提督李廷钰两个福建人的家信,偏听一面之词,弹劾姚莹、达洪阿之罪。报国获罪,立功遭难,令两人欲哭无泪。道光帝并未完全相信耆英的话,命闽浙总督查实上奏。那人至台湾查阅案卷,见姚莹、达洪阿所奏,均是根据官兵及绅民禀报而来,并无滥杀无辜,冒功邀赏之事,但因英国人质问,姚、达两人应该引咎认罪,以谢英人。清廷欲将姚、达两人逮捕至京问罪,台湾军民得知,纷纷罢市以示抗议,姚、达两人反而婉言劝解。就在这时,新任总督因病去职,由一个叫刘鸿翔的人接任,台湾军民纷纷赴衙门诉姚、达之冤,请求他上奏朝廷。刘鸿翔将台湾军民原来的禀报材料送交军机处,朝廷方知姚莹、达洪阿蒙受冤枉,旋即起用两人。英国船只也屡至台湾。道光二十八年(1848),福建兵备道徐宗干著防夷之书,散发给百姓,百姓也设立了禁烟公约。

咸丰十年(1860),清廷开放安平(今台湾台南)、淡水两地与英人互市。随着英国商人的到来,景教也随之传入。因景教系外来宗教,与台湾民间固有的宗教多次产生矛盾。同治七年(1868),英国人米里沙来到苏澳——噶玛兰厅一个偏僻的乡村,娶当地土著女人为妻,打算耕垦苏澳的荒地。噶玛兰厅通判恐怕引起中外纠纷,派人劝说米里沙,不娶中国女子为妻,亦不可在那里垦荒。米里沙不听,并说台东(今台湾台东县)非中国政令所及之地,因此不能视为中国版图,在那里耕耘如故。这当然是一派胡言,台东是台湾的属县,整个台湾都在清朝的掌控之下,岂能说台东不是中国的版图!台湾兵备道找英国领事交涉,英国领事也置之不理。不久,米里沙在赴噶玛兰厅途中溺水身亡,此事遂告一段落。

一年之后,中英又爆发了安平之役。原来英国人在安平(今台湾台南)建造领事馆,因购买地皮与居民发生龃龉,双方剑拔弩张。不久,英国领事馆丢失物件,便照会有关衙门捕捉盗贼,衙门官员不熟悉外情,百姓中对英人反感者又频频叙说其恃势蛮横,官员也对英人印象不佳,因此在不长时间里,双方发生交涉18起,英国领事吉普里多次无理诘责,中国官员均不予理会。吉普里大为恚怒,禀报给香港总督,英国人遂派舰至安平示威要挟,安平军民不为所动。英人又派3艘军舰在安平港外停泊,吉普里登舰向岸上喊话,大放厥词,又突然向岸上开炮,炮弹落在海畔,居民惊慌不已,相率逃遁。安平守兵副将国珍连忙禀报给有司,总兵刘明镫闻警,率军驻岸上,戎装披挂,准备作战。武弁萧瑞芳献策说,英国之所以开炮,并非有意与我方作战,不过是想先声夺人,造成威慑之势而已。卑职颇知其中隐情,愿凭三寸不烂之舌,劝说英国人退兵。如果英国人不听,便是他们理屈了,击之未晚。刘明镫采纳了他的意见,派他到英军兵营中议和。萧瑞芳至舰上,盛赞英舰壮观,愿意与之一见。次日英舰将领果至,安平副将国珍盛筵款待,双方商谈英舰撤退之事。英舰将领走后,瑞芳对国珍、刘明镫说,洋人重承诺,讲信义,他们既愿撤离港口,我军仍在岸上布阵,一定怀疑我们失约。刘明镫见他说得有理,即命撤岸上之兵归营。当夜萧瑞芳去会晤国珍,二更时分,见白光一道自海上冲天而起,国珍吃惊地询问是怎么回事,瑞芳回答说,这是英国人的号令,表示军舰就要驶离港口了,遂辞别国珍而去。谁知英人答应撤离乃是缓兵之计,待岸上清军撤走,便驾小艇上岸,团团围住了国珍的住所。国珍从睡梦中惊醒,赤手空拳,无法抵御,只得逾墙而去,躲入百姓家中。英兵遍搜不获,便捣毁了国珍办公的军营。城中居民也惊慌失措,彻夜不眠。次日忽报国珍被杀身亡,英兵始去。郡中闻变,人心汹汹,打算派人与英军议和,但见英军残暴,竟无人敢往。绅士黄景祺愿意毁家纾难,慨然请行,仅带一翻译前往。吉普里态度傲慢,要求先交4万元押金才能相见,景祺家是台湾富绅,立命人抬着现金进入英军营中。吉普里见黄景祺并不还价,出手阔绰,便后悔要价太低,改口多要。黄景祺自然不愿多给,据理力争。吉普里考虑到结怨台湾绅民,妨碍将来通商,遂收钱退兵,军舰驶离了安平港,安平之役宣告结束。

安平之役前,安平郡的富绅许廷勋与英人合办樟脑工厂,吉普里初到台湾时,曾赁居其家,与许廷勋稔熟。许廷勋与其兄廷道因分家产产生矛盾,双方对簿公堂,但案件悬而未结。不久,廷道因他事下狱,廷勋所办樟脑厂也告倒闭。

英国军舰来安平港，吉普里又狮子大开口索要赔款，因他曾在许廷勋家居住，有人说廷勋与英国人有勾结。廷道之子也四处放风，说实有其事，又说英军炮击安平港，是廷勋撺掇的结果。兵备道曾献德不察真伪，立即禀报总督，总督又上奏朝廷，咸丰帝大为震怒，下诏严办，但英人却庇护许廷勋，清廷也无可奈何。后来事情渐渐平息，廷勋始得恢复自由。

重修陈星聚墓碑（1）

英国军舰在驶离安平时，吉普里自感理屈，把讹诈来的银钱完璧归赵，又还

给了黄景祺,安平港的军民无不称颂黄景祺之功。朝廷认为台湾兵备道曾献德
不善于处理外交事务,将其免职。英国政府也召回了领事,并治舰将擅自启衅之
罪,只有萧瑞芳因立功擢升为安平副将。萧瑞芳系广东人,原名苏阿成,以制作
渔船为业。中英广东之役,他卖国求荣,充当英国人间谍,两广总督叶名琛被英
人劫持,苏阿成随行,改名为萧瑞芳,又以重金行贿,得到了一个低级武官的职
位,国珍之死,萧瑞芳参预了这场阴谋。萧瑞芳小人得志,好不惬意。几年之后,
他无端鞭打随从,那人将他的诸多隐私公之于众,叶名琛之子与随从之子联合上
书朝廷,朝廷派人落实后,下诏斩于台湾。英国驻台湾领事得知后驰马往救,萧
瑞芳已身首异处了。

　　继英国之后,觊觎台湾的是美国。同治六年(1867)二月,美国商船对自汕
头(今属广东)启航,途中遭遇大风,船漂至台湾南岬,触礁沉没。船长马西德率
所部乘小艇来到琅峤(今台湾南部琅猴洞山),刚登岸,便遭到台湾土著的袭击,
美国人猝不及防,登时全部殒命。船上的水手是广东人,伏于草丛中得以逃脱。
他如惊弓之鸟,向西行走数百里,至打鼓(今台湾高雄),鸣告于官。因牵涉外
交,当地官府转达于英国领事馆,英国领事又电告驻在北京的美国公使。美国驻
中国公使闻知,便向清廷提出交涉。当时有一艘军舰驻泊安平(今台湾台南),
管带得知美国人受到狙击的消息,打算前往营救,但一登岸,又受到当地土著的
袭击,未能前往,乃回到打鼓,转赴厦门。美国公使照会清廷,敦请讨伐台湾当地
土著,以保航路。清廷答以土著生活于深山老林之中,属于化外之民,非台湾政
令所能及。美国公使自然不肯干休,即汇报其国,请求发兵往讨。同治六年六
月,美国水师提督彼理率军舰两艘,士兵181人,径至土著人居住之地寻衅,土著
人奋勇迎战,美军水师副提督马特西节毙命,美军大败输亏,只得狼狈退入舰中。
土著人居住在"南鄙僻远之域,山峻谷险,荆棘丛生,而科亚尔族尤悍,四出屠
杀,败则窜入山,据险莫破"(《台湾通史》上册第279页)。彼理兵败后,上报给
美国政府,美国政府决定与台湾道合兵讨伐。九月间,台湾的军队与美国军队一
起行动,由美国领事李仙得统率。台湾军队不想与自己同胞互相杀戮,打仗时漫
不经心,李仙得知道,在山陡林茂之地与土著人交手,未必能讨到便宜,于是率通
事(翻译)及随从往见土著人首领,责以妄杀滥杀之罪。土著人首领不想扩大事
端,置酒款待,并将被杀美国人的首级归还,立誓和好,同时表示今后有美国船只

漂泊至此者，如船上粮食、煤炭不足，可举红旗为信，土著人一定会出手相助。双方商定后，美船返回，此后再无美国人遇害之事。

美国船只遭台湾土著袭击 6 年之后，又有中日之间的牡丹之役。同治十年（1871）三月，琉球商船遇到飓风，漂泊至台东（今属台湾）县的八瑶湾，被牡丹社的土著劫杀 54 人。所谓"牡丹社"，是对台湾土著人剽悍者的称呼。同治十二年（1873），另一岛上小田县又有 4 人遇害，于是蛮横的日本政府欲借机发难，兴问罪之师。但是行凶的土著人俱系台湾籍人，日本政府不能擅自讨伐，便命令驻在北京的副岛种臣为全权公使，向清廷提出交涉，并质问台湾的主权属谁。副岛种臣派副使柳原前光前往询问总理衙门。总理衙门回答说，台湾土著人杀害琉球人，大清国朝廷已经知道，但是杀死贵国人则未听说。但二岛俱属我国领土，属土人之间互相杀戮，至于如何惩治，裁决权在我，如何救恤琉球人，我国自有处置，不劳贵国过问。柳原力争琉球属日本版图，又详述小田县民被害惨状，并质问总理衙门，贵国既然表示体恤琉球人，为何不讨伐台湾土著人？总理衙门回答说，杀人者是台湾土著人，一向是化外之民，日本也有不服王化的夷人，这是世界各国共有的现象，不必惊诧。柳原又摇唇鼓舌说，台湾土著杀人，贵国舍而不治，但每一名百姓都是家庭赤子，赤子遇害而不问，做家长的如何为父母？我国将前往问罪，因与贵国盟好，故派使者相告。双方反复辩论，累日不决。柳原不得要领，只好回朝赴命。

日本国内的反华势力也蠢蠢欲动。鹿儿岛县参事大山纲良奏请天皇，要求讨伐台湾土著，一时和者四应，只有参议木户孝允力争不可。他认为日本国内正须治理，突然间又生外衅，胜败尚未可预料，而战端一开，必然糜饷损兵，使百姓受累，这哪里是国家之福，是给国家带来灾难。台湾不过是东海上的一撮土，斗狠好杀，乃性格使然，如今仅因他们横杀琉球人，便前往讨伐，岂足以扬国威？况且琉球人虽已内附，但仍然系念中国，常听琉球人说，日本父也，中国母也。他们首鼠两端，乃是弱国的习惯做法，而我国如何对待这些人，自应有轻重缓急之别。按照常理，国内应是根本，属土为末端，先末后本，决非长治之计。日本天皇没有采纳他的意见，副岛种臣主战，得到了日本天皇的支持。同治十三年（1874）春天，日本在长崎设置了台湾番地事务局，任命参议兼大藏卿大隈重信主持其事，以陆军中将西乡从道为番地都督，陆军少将谷干城、海军少将赤松则良为参军，率兵赴台湾。又任命陆军少佐福岛九成为厦门领事,兼管番地事务,同时延请美国人李仙得为参谋,明目张胆地侵略中国。李仙得为美国前驻厦门领事,番地争端开始,便被日本人聘为顾问,帮助日本人向中国交涉。这年四月,西乡从道率海陆军从日本出发,雇英美两国轮船运兵。船至长崎,美国公使认为中日开战,美国是局外人,应持中立态度,同时饬厦门领事李仙得不能任日本顾问。英国人也持同样态度。日本内阁见美英两国均持中立态度,便派人前往长崎传旨,命大隈重信停止前进,先回京城商议。大隈重信与西乡从道密谋之后,决定不奉内阁之命。两人认为近日日本朝政不定,令人危疑。况且此次所征之兵,皆是日本精锐,如果驾驭失误,必生不测之祸。如果强令停止前往,西乡从道表示要交回敕书,独自率军前往,死而后已。倘若中国对此次军事行动有异议,天皇视某为亡命之徒,不管承担多大的罪名,我都坦然处之。大隈重信将西乡从道的言论呈报给日本内阁,内阁大为忧虑,派大臣赴长崎劝阻西乡出兵,西乡不听。大臣只得告诫西乡勿急于开战,在原地待命,然后携李仙得回东京。

日本国内进攻台湾之声甚嚣尘上,日本内阁决定出兵台湾。同治十三年五月,日本日进、孟春、三国等 3 艘战舰自长崎出发,3 日之后抵达台湾社寮港,登陆后移阵龟山。日军见当地土著没有应战,便派轻兵深入,那里千岩万壑,重峰复岭,牡丹番埋伏于草莽中狙击日军,日军退走。隔了两天,日军找到了一个当地土著为向导,进攻竹社、风港、石门等地,西乡从道也乘舰到来。参谋佐久间、佐马太率两小队人马,在向导的指引下,攻破了石门,击伤了土著人首领。土著人见日本人势大,许多人纳款投诚,剩下的人马退守龟山。日军在得势之后,在台湾建都督府,设立医院,修筑桥梁道路,开荒屯田,作久驻之计。日本内阁在日军出发之时,派柳原前光赴北京。领事福岛九成至厦门,并以书信致闽浙总督丁鹤年说,台湾番人杀人之事,昔日副岛大使已告知了贵国政府,如今我国将兴问罪之师,若贵国能管束台湾,我国当秋毫无犯;若不能管束,我国肯定不会罢休。疆场相距甚近,愿勿骚扰。日本人如此嚣张,这一番告白,无异于向中国下战书。闽浙总督丁鹤年也不示弱,针锋相对地回答:"台湾我之境土,土番犯禁,我自处置,何假日本之力。请速收军出境,毋启二国之衅。"(《台湾通史》上册第 281 页),并将日人挑衅之事上报朝廷。而总理衙门已在此之前奏明朝廷,朝廷派船政大臣沈葆桢巡视台湾,布置守台事宜。

　　日本内阁派出的使臣柳原前光赴北京后，便咄咄逼人地与清廷总理衙门展开辩论，想不战而屈人之兵，逼迫清廷就范。清廷自然不愿任人摆布，双方言辞激烈，互不相让，几欲兵戎相见。清廷大臣中多主张武力解决争端，不能任人玩弄于股掌之上，江苏布政使宝应态度尤为激昂。他说，日本寻找借口挑起事端，闯入我领土，杀戮我百姓，可恶之极。中国珍惜邦交，据理力争，不愿大动干戈，并许诺为日商人建造楼塔，保护商船，可谓关怀备至。谁能料到日本人不以诚待人，以虚语诳人，久踞番社，威胁利诱台湾土著，坏事做尽。台湾土著人迫于日本人凶焰，暂时屈服，最终必将受日人羁縻，久而久之，台湾之地必将是日本与我朝共有，岂不贻国人之忧！台湾虽小，乃我圣祖仁皇帝（指康熙帝）费了 20 年心血才得来的土地。台湾受到侵略，理应处处戒严，古人称，一日纵敌，数世之患。今日台湾番事值得深思，日本与西方各国自通商以来，之所以不敢逾矩，没有发动战争，是因为有条约约束，彼等有所顾忌。如今日本不守条约，欲在台湾谋求利益，若让彼得逞，不但被彼窃笑，而且更使西方藐视中国。为今之计，宜揭露日本人阴谋，布告诸国，若日本贪得无厌，我朝将不惜一战。虽然古代驭外之术，必先能守而后议和才有保障，必先能战而后才能守御。与其战于内地，不如战于外洋，与其战于外洋，不如战于彼国。从大局考虑，如果委曲求和，让日本在台湾获得利益，虽然可以减少战争，但这样做后患无穷，就算缔结了和约，也难以持久，日人会随时撕毁协议，因此议和是下策。积极防范，待日军入境，随时给以重创，这是中策。秣马厉兵，日军临境，主动出击，虽然得失参半，犹强于软弱受人欺凌，这才是上策。宝应条分缕析，提出的意见切中腠理，但清廷并未采纳。

　　船政大臣沈葆桢与福建布政使潘霨于同治十三年（1874）五月初先后抵达台湾，当即会见台湾的官员。据他们称，四月二十五日有日本船一艘，装载生番（指台湾土著人）及受伤倭兵回国，同日又有两艘日本船赴厦门。二十七日其中的一艘开往后山，琅峤（今台湾南部琅桥猴洞山）一带不再有兵船。二十九日又有日本轮船运军装粮食来台。几天之内，便有日本轮船数艘来往于日本、台湾之间，以上是水路情形。岸上的日军有 2000 余人，一支驻扎大埔角，一支驻扎琅峤，一支驻扎龟山。这 3 支队伍不时派人以甘言财利引诱各社投降。牡丹社位于山下者已被日军攻破，剩余数百人逃往山顶，龟仔角的土著台湾人也不肯降。降者有纲索等十一社，日本人给旗帜一面为凭。二十八日，倭兵增兵 200 人从石门,800 余人从风港进入后山,杀死土著 3 人,掳走 5 人,经过一番厮杀,台湾官民称土著人死者多于倭兵,倭寇则说倭兵死者多于土著。"又据淡水厅陈星聚禀称,有日本兵船一只,船名牧源源吾,载兵一百余名,由台湾南路开行,绕后山一带过噶玛兰洋面,驶进鸡笼口,买煤 150 吨开去。或谓其回日本运粮,或谓其仍回南路等语。"(第 39 种《甲戌公牍钞存·台湾镇、道禀总督》)陈星聚作为淡水厅的行政长官,时刻注意着日本侵略者的动向。

沈葆桢、陈星聚等认为,对付日本人不外三策:一是理谕,二是开禁,三是设防。开禁非旦夕之间所能办到,只有等条件成熟时再说。至于理谕一节,日本人狡诈成性,不是一味推诿,就是言而无信,也不可行。既然开禁、理谕两策行不通,剩下的就是设防一途了。"设防之事,万不容缓。台地绵亘千余里,固属防不胜防,要以郡城为根本。"郡城离海岸甚近,完全在洋炮射程之内,海口安平港(今台湾台南市),沙水交错,地势平坦,其中只有一小阜突出,俗称红毛台。所谓"阜",就是小土山。荷兰人曾在那里筑过炮台,后为地震破坏,炮台倒塌,但砖石坚厚,遗址尚存,炮已锈迹斑斑,不能使用了。西洋火炮猛烈,砖石炮台已不能抵御,为今之计,应模仿西洋新法,在小阜上修筑三合土大炮台一座,安放西洋巨炮,使海口不能停泊兵船,而后郡城可守。"台地精华,又在北路淡水、噶玛兰、鸡笼一带,物产殷阜",但兵力偏少,有事鞭长莫及,拟命"镇、道等添招劲勇,着力训练,多筹子药、煤炭,以备不虞"(《甲戌公牍钞存·钦差大臣沈葆桢等奏》)。应该说,沈葆桢的处置措施还是很得力的。

沈葆桢入台后,筹办防务,募兵分守各处,在澎湖诸岛修筑炮台,设海底电缆方便军务,又调淮军助防,在台湾搞得有声有色。欧美人士在中国、日本者,就两国的举措品头评足,推波助澜,为日本帝国主义张目,日本人把这些评论登诸报端,乘机煽动,打算坐收渔人之利。这时日军又先后至台湾,共 3658 人,因溽暑难耐,中暑而死者 561 人。日本人又打听到福建巡抚王凯泰将率 2 万士兵入台,如果战端一开,便兵连祸结,永无宁日了。面对日本侵略者的挑衅,清廷未雨绸缪,调兵遣将,以防不测,自在情理之中。

在沈葆桢入台之前,闽浙总督丁鹤年命福建布政使潘霨、台湾兵备道夏献纶与日本陆军中将西乡从道磋商台湾牡丹社杀死琉球商人之事。西乡从道态度倨傲,蛮横无礼,潘霨忍无可忍,拂袖而起。西乡从道要挟他说,我国军队暴师海外,糜费钱财,兴师动众,为贵国开辟草莱,铲除顽梗,花掉的钱不可胜计,贵国难道不应该补偿? 潘霨回答说,果真如此,敝国将为贵国赔偿军费。同治十三年(1874)八月,日本内阁派内务卿大久保利通为办理大臣,委以和战全权。八月初六日,大久保利通从东京出发,李仙得随行。九月十九日,抵达北京,与清廷先讨论番地管理权问题,双方意见相左,相持不下。大久保利通扬言要中断谈判回国,并写信给清廷说,贵国派人谈判,动不动就援引条约,以背盟的罪名指责敝国,是表面上说要谈判解决问题,而在暗中排斥敝国,使人不能容忍。我已打算回国,或和或战,限 10 日答复。这分明是讹诈,想从中国捞取更多利益。西方列强自然袒护日本,英国公使威妥玛出面斡旋,实际上是替日本争权益。军机大臣文祥认为,日本如此猖獗,和议不可恃,惟有刀兵相见一途。处理台湾事务的钦差大臣沈葆桢也认为日本无赖,没有和谈诚意,若与和谈,必落入其圈套中。但是朝廷权衡利弊,认为列强环伺,不宜树敌过多,遂决意与日本议和。和议内容为:"一、日本国此次所为,原为保民义举,清国不指为不是。二、前次遇害难民之家,清国许给抚恤银十万两。而日本在番地修道建房等件,清国愿留自用,先行议定筹补银四十万两。三、凡此次往来公文,彼此撤回注销,作为罢论。该地生番,清国自行设法,妥为约束。"(《台湾通史》上册第 282 页)这完全是丧权辱国、令人痛心疾首的条约。琉球本是清国藩属,台湾是中国领土,台湾土著杀琉球商人,清廷自有权处置,与日本国毫不相干,日本国以保护侨民为借口出兵台湾,是地地道道的侵略行径,和议中却说那是"保民义举,清国不指为不是",颠倒黑白,莫此为甚。日本人在台湾土著民地区强制修造房屋,本属非法,应该拆除,清廷却补偿日本白银 40 万两,这分明是日本人敲竹杠,清廷却安然受之,真是弱国无外交,只要势力弱小,就要受人欺凌,今日思之,犹使人愤懑不平! 至于台湾"生番,清国自行设法,妥为约束"一条,根本就不该写入协议中,对生番约束与否,如何约束,均与日本无涉,本国的事情,何劳日本指手画脚! 这个和议是日本的胜利,是清廷的耻辱,是清朝外交史上的一次败笔。和议既成,大久保利通兴高采烈回国,日本天皇下诏班师,西乡从道也振旅而归。"牡丹之役"清廷吃尽了日本的苦头。

（二）法国侵越，意在台湾

　　越南也称安南，中国历史上称作交趾。从秦汉开始，越南就和中国建立了亲密友好关系，是中国的藩属之邦。法国早就想染指越南，乾隆五十二年（1787），越南内部旧阮、新阮两派为争夺王位而大动干戈，旧阮嘉隆王被新阮打败，在国内无法存身，逃到了法国。迨至嘉庆七年（1802），嘉隆王在法国人帮助下灭掉了新阮，重新登上了王位，因此对法国感激涕零。而法国也自恃对嘉隆王有恩，想控制越南，再以此为跳板进攻中国。法国人在寻觅时机。道光二十六年（1846），法国借口越南杀死法国传教士，几次派兵侵略越南，企图变越南为其殖民地。咸丰七年（1857），一名西班牙传教士在越南被杀，法国以此为口实，鼓动西班牙与法国共同出兵攻打越南，西班牙也是帝国主义国家，自然欣然同意。两国联军先是攻陷了越南的广南港，继而又攻占了西贡及其他地方。越南当时还是闭塞落后的国家，无法打赢战争，只得委曲求和。同治元年（1862），越南被迫与法、西两国签订了城下之盟——《西贡条约》，法国一举得到了越南3个州之地与康道尔岛，法、西两国得到2000万法郎的军费赔偿，越南允许法国商船与军舰可以在湄公河自由航行，湄公河的上游在中国云南境内，叫澜沧江。法国、西班牙的传教士可以在越南自由传教。

　　法国之所以急不可耐地要求在湄公河通航，目的是想从水路直通云南，侵略中国的西南边陲。但是湄公河激流险滩甚多，根本不适宜航行，令法国人大失所望。法国人当然不甘心就此罢休，又去谋画取得红河的通航权。红河又名富良江，上游也在云南，如果能控制红河，一样能够把触角伸到云南。同治十年（1871）后，法国商人堵布益几次经过红河运军火到云南，帮助清廷镇压云南的回民起义。同治十二年（1873），法国人出兵袭击河内及其附近地区，法国的侵略行径遭到了越南人民的顽强抗击，这种抗击既有越南百姓的自发抵抗，也有驻扎在中越边境的刘永福所率黑旗军的帮助。刘永福原是太平天国将领，太平天国覆亡后，刘永福不肯皈依清朝，率部退入滇越边境，在那里披荆斩棘，垦荒种田。他的部队骁勇善战，打七星黑旗，故被称为黑旗军。越南阮氏王朝为借重刘永福捍卫边境，封他为三宣副提督，驻扎宣光、山西、兴化3省，控制着红河上游的广袤地区。法国侵略者欲染指红河，刘永福率领的黑旗军是法国侵略者的最大障碍，法国人必欲消灭黑旗军而后快。

黑旗军虽然多次重创法国侵略者，但是越南的阮氏王朝还是在法国的挟持下签订了不平等的屈辱条约，承认法国对越南领土北圻、中圻的"保护权"，实际上是把这两块地方当成了殖民地，同时越南政府允许法国在红河通航，越南的主权受到了严重损害，正在一步步地沦为法国的殖民地。法国急于占领越南北部，就是为了入侵中国，清廷也看清了法国的阴谋，光绪七、八年间陆续派兵进驻广西、云南及越南边境，并向法国蚕食中国藩属越南的行径提出了抗议。法国自恃兵力强大，对清廷的抗议照会不予理会。清廷中一些有识之士认为中越山水相邻，法国侵越，威胁中国，唇亡则齿寒，如法国猖獗太甚，当不惜诉诸战争。但是朝中掌权者则主张多一事不如少一事，如果谈判能获得苟安，绝不兵戎相见。法国人狡诈异常，一方面调兵遣将准备重开战端，一方面又假惺惺地要求同清朝谈判。慈禧太后派李鸿章为全权代表与法国谈判。李鸿章多次与外国谈判，一贯主张妥协换来苟安，这一次同法国公使宝海在天津的谈判仍然是故技重演，妥协退让。他答应撤出清朝派往中越边境的部队，允许越南开放保胜（保胜是黑旗军的大本营和根据地），以便于法军进攻黑旗军。法国承认越南仍是中国的藩属，但这仅是名义而已，实际上李鸿章已经放弃越南了。这个协定有损中国主权，消息传来，全国舆论大哗，法国人仍不满意，继续派兵进攻越南。

光绪八、九年间，法国侵略者占领了河内、南定，越南政府只得吁请黑旗军参战，打击法国军队的嚣张气焰。刘永福临危受命，立即率军进攻河内。光绪九年（1883）四月，黑旗军与法军在河内城西二里的纸桥激烈交锋，黑旗军奋不顾身，舍生忘死冲杀，把装备精良的法军打得丢盔卸甲，溃不成军，法军指挥官李维业中校也在战斗中殒命。法军重新部署，任命了新统帅，增添了兵力，重新发动了进攻。除了刘永福的黑旗军重创法军外，清兵是一触即溃，刘永福孤立无援，只得退守保胜（今越南老街）。光绪十年（1884）四月，李鸿章与法国的谈判代表福禄诺在天津签订了《简明条款》，主要内容是：法国有权"保护"越南，进驻越南北圻的中国军队调回边界，法国商品可从越南自由输入中国。至于抗越有功的黑旗军，清政府不闻不问，听任法军消灭。"这个《简明条款》明显地违背了中越两国人民的根本利益，并自动向侵略者打开了西南的大门，因而在官僚集团内部也引起了一片反对声浪。但是以慈禧太后为首的朝廷完全同意这个条约,以为这样一来,就避开一次危险的战争了。"(《从鸦片战争到五四运动》上册第507页)

清廷想通过委曲求全避免战争,只是一厢情愿,法国虽然占尽了便宜,仍然不肯罢手,中法《简明条款》签订的墨迹未干,就向驻扎谅山还未及撤退的清军发动了进攻,清军当即回击,法军一些士兵伤亡。法国以此为借口,向清廷提出赔偿二亿五千万法郎(折合白银3800万两)的要求,并声称要派海军进攻中国。这是明火执杖的勒索行径,清廷派曾纪泽赴上海与法国公使交涉,并寄希望于西方列强主持公道,这当然无异于与虎谋皮。从中斡旋的总税务司英国人赫德与法国人沆瀣一气,一起讹诈中国。法国侵略者讨不到便宜,便想先占领中国一处地方,以此来要挟清廷。光绪十年(1884)三月,法军舰艇突然对台湾的基隆发动进攻,并占领了基隆炮台,旋即被督办台湾防务的刘铭传击退。法国侵略台湾从此开始。

法国人之所以处心积虑地攻打台湾,除了想占领一片地方作为要挟清廷的筹码外,还有更深层次的原因,一是台湾孤悬海上,离大陆距离较远,容易攻占,大陆如果发兵支援,隔着台湾海峡,自然是鞭长莫及。当时的福建巡抚丁日昌就说,台湾归福建管辖,巡抚衙门在福州,山水阻隔,很难兼顾台湾。法国的总理也如是说,因为台湾孤悬海外,隔着大海,我船坚炮利,容易攻占,你却难于防守。另外,法国人要攻占别的地方,比如福建、山东或辽东半岛,容易引起纠纷,因为别的帝国主义国家已经在那里划分好势力范围了,而攻占台湾则不会遇到这一问题。二是法国人攻打台湾是想占领基隆。基隆港是个天然良港,可以停泊大型战舰,控制了基隆,就能控制整个西太平洋地区,基隆是法国人理想的军事基地。更为重要的是,基隆港除了可做军港外,还有丰富的煤矿,这是法国人垂涎的又一个原因。法国人非常看重基隆的煤矿资源,千方百计要攫取到手。据法国人的记载,光绪六年(1880)基隆出售煤炭24850吨,光绪四年(1878)基隆的煤炭产量就已达到55000吨,按照20法郎一吨的价格,总值为110万法郎。法国人设想,只要占领了台湾北部,就能给法国提供很多资源,光是台北的资源就略多于300万法郎。只要能占领基隆这个原材料产地,原料市场、劳动力市场、商品市场都可轻易解决了。既然占领台湾有这么多好处,法国人当然不会放弃了。

　　当然，清廷对台湾防务也有考虑。光绪九年（1883）冬，越南阮氏王朝遭法国侵略之时，即吁请清朝出兵保护。清廷知道闽海局势险恶，便通饬沿海各省，严申戒备，以防不测。十一月，特命两江总督（由闽浙总督调任两江总督）左宗棠派兵增防台湾，入台之兵归台湾道刘璈调遣，其时刘璈驻扎台南。这年年底，清廷又派湘军水师大将杨岳斌筹办福建海防事宜。光绪十年（1864）春，朝廷一再命闽浙总督何璟严防台湾，四月间，加派主战最力之张佩纶会办福建海防事宜。迨至中法《天津简约》成立，清廷仍叮嘱何璟等防务不可松弛，台湾更要切实筹划。远在台南的刘璈也上书督抚说，台湾本是大有可为之地，为之也并非没有把握，但关键在于要有治理之人，有治理之法，又有治理之权，如此事情可为，地方亦可治理。台湾防务不外山防、海防，所谓"山防"是指台湾山高林密，为歹徒出没提供了便利，因此防范不可松懈；所谓"海防"是指台湾四面环海，须防日本及西洋各国从海上进攻。若无外患，山防重于海防，若有外患，则海防重于山防。为今之计，必先整饬山防，海防才有保证，否则内外交困，防务更难措手，因此无论是山防、海防，均不可偏废。有人议论说，台湾自办开山抚番，十余年来，伤人逾万，糜费军饷数百万，迄无成效，以致奏请停办，说停办可以节约开支。开山抚番之所以不成功，是因为办事的人没有选择好，办事的人又不得其法，因此事情没有办好，单单说开山抚番无益，是不知台湾事情的底细，才发出了这样的议论。事在人为，如果选择的人得当，不但山前已开辟之地可以整顿，即山后山中未加开辟地区，垦务、矿务、林木、水利等项，皆可成为生利之源，若开办得法，农村、工厂、渔业、番地皆可寓兵，且能筹饷。饷借兵力，可以打开利源，而部队有饷，可以加强训练。开山抚番刚开始时费用虽多，但不到 10 年间投资就可收回，10 年之后所带来的好处，必然是财源滚滚，所谓开头难结尾易是也。这就是因利而利以台治台的大致方略。但是这一方案必须在平日就预先筹划，到有事时才能用得上，不能马上见到效果，建功立业。如果墨守成规，没有远虑，不奉行开山抚番政策，必然一事无成，将来既无兵源，又无粮饷。万一台湾为西洋诸国所袭，台湾物产富饶，凡我朝得不到的东西，必为西洋人所得，我国的南北洋务都将无安枕之日。由此看来，误台湾就是误国家，这都是不开山抚番引起的后果。"台、澎四面皆海，周围三千余里，无险可扼，随处可登，备御之法，较各省尤难。"（《台湾通史》下册第 646 页）为今之计，筹办台湾防务应分作五路，因地制宜。

如南路、中路、后路之新旧营勇,都经过卑职挑选,训练紧严。章高元提督所统率的淮军、杨金龙提督所率的湘军,皆属器精兵锐,能战能守,兼以水陆训练,认真操演,虚实互用,这三路陆防已十分可靠。如果前路、北路也能像前边的三路一样,则不必忧虑台湾防务之不振。现在值得忧虑的是海面防御不周。海上兵船既少,又缺乏水雷炮舰,如台南郡城靠近海隅,那里浅露平脆,不易防守,而安平、旗后(今台湾高雄港)、基隆、沪尾(今台湾淡水港)等地炮台也是如此。倘若敌人以战舰聚泊港外,专以巨炮轰击我城池,我方无法反击,敌人逞其所长不战而胜,而我方则战、守皆不能如意,我方之短处显而易见。因此,我方不求与敌人角力于海中,只求制胜于陆上,因为陆地防御之权我方可以操纵自如。只要制陆之权在我,敌人便会为我所制,南、中、后、前、北五路防军虽分犹合,皆可运用自如。如果事权不一,自己先为自己所制,怎能制敌? 这一点是陆防的难点所在。卑职现在从台湾上书,远隔重洋,多有不便。卑职鉴前虑后,曾以权缓急、决疑难、定刑赏3件大事,非派专阃节制不可,详恳朝廷简派熟悉军事的大员渡台督办,实为安危第一要事。而巡抚大人认为督办台湾事务不必请外省之人,饬卑职勉为其难,敢不奉命?

刘璈是湖南岳阳人,他有才干,得民望,台湾局势紧张后,他便整饬军备,修筑炮台,构建营垒,购买新枪,添置水雷,从水陆两方面布置防御之策。他以曾文溪以南到恒春为南路,统军5000人,由兵备道率领;曾文溪以北至大甲为中路,统军3000人,由镇将率领;大甲溪至苏澳为北路,统军4000人,由提督曹志忠率领;后山自花莲港至凤山之界为后路,统军1500人,由副将张兆连率领,澎湖为前路,由水师副将率领。共计兵力16500名,各守其地,有事策应。刘璈对台湾的防务,可说是竭尽了全力。

光绪十年闰五月初四,光绪帝命刘铭传以巡抚衔督办台湾军务,凡台湾所有镇道各官,均归他节制。他于十四日驰赴天津筹饷募兵,选出教练陆操100人,教练炮队30人,教练水雷4人。又派其旧部提督王贵扬等10余人,携带毛瑟后门枪3000支,并配齐子弹;又请南洋大臣曾国荃由上海机器局筹拨前门炮10尊;道员龚照瑗自上海制造局筹拨后门小炮20尊,另有水雷10个,将这些作为基隆港口之防御措施。此外,刘铭传又电请朝廷拨款40万两作为购买军火之用。清廷旋即命闽浙总督何璟、福建巡抚张兆栋筹拨银两14万两,交给刘铭传备用。刘铭传路过上海,稍事停留,购买军火,便连夜乘车南下,于同月二十四日轻装抵达基隆,征尘未洗,便登岸勘查炮台形势。4 天之后,又到台北视察防务。台湾的防务虽已经历过 10 年时间,但因经费之限制,人事之变动,所有防御设施都不尽如人意。况且以往设防多偏于南路,北路仅基隆筑有炮台。台湾兵备道刘璈把防御重点放在台南,40 营的防御军队,南部便占了 31 营,台北只有署福建陆路提督孙开华所部 3 营及曹志忠所部 6 营,共计 9 营,重南轻北,颇呈矛盾现象。刘铭传抵达台湾后,又重新部署防御,把防御的大本营设在台北府城,以基隆、沪尾(今台湾淡水港)两地为军事据点,并调用旧部章高元率武毅两营来台北作为护队,又建鳞墩、社寮两座炮台。至于全台湾的军力,决定分区负责,各明职守。全台湾共分五路,与刘璈所分相同,只北路原由提督曹志忠统率,又加上了巡抚刘铭传,足见刘铭传对此路的重视。福建陆路提督苏得胜、孙开华、章高元等也相继而至,分别帮助诸路部署。在淡水港海岸地带埋设地雷,港口内敷设水雷,打狗港口堆积沉埋土块,壅塞港口,防止敌舰进港,妈宫港敷设锁链防障港口要塞,在台北、台湾两府设置支应局,负责军需粮饷事宜。后山一带为后路,在那里设置上海转输局,委任苏松太兵备道兼办,以便于接济补给台湾军饷。刘铭传的部署还是相当细致周密的。

台湾的防御措施既定,还得有财政上的支持方可使军队无后顾之忧。沈葆桢的筹款措施分为捐、借两个方面,所谓“捐”是指殷富士绅急公好义者慷慨解囊,所谓“借”是指由钦差大臣沈葆桢及台湾的各级政府衙门出面,向士绅借银。无论是捐或是借,必须维持 10 个月的军饷,约需银 200 万两。至于捐、借款之分配,彰化县 40 万两,淡水、嘉义两县各 30 万两,台湾府、凤山、新竹、宜兰 4 县各 20 万两。捐、借款之对象为家产 10000 两以上者,借款均付利息。

除了军队防守外,还须动员百姓积极参与,因此刘铭传又在全台实行团练制,以内阁侍读学士林维源为全台团练大臣,担负起总管之责,可在任何地方征集壮丁,使与士兵相互配合。此外另设渔团,以加强海上守望相助。当时流行的民谣说:“西仔来打北台湾,百姓和齐要征番。”可见百姓同仇敌忾之决心。尽管如此,台湾的防御仍有薄弱之处,当时全台湾没有一艘兵舰和轮船,制海权全操在敌人手中。上海方面虽曾雇用轮船运兵、运枪械,但常为法国军舰及风涛所阻,不易上岸。刘铭传又请求清廷将原驻台湾的永保、深航、万年青、伏波 4 艘兵船调回,并增派兵舰协助台海防御,但后来没有下文。至于澎湖、基隆等处炮台,设备陈旧,须改修添筑,方可应付来日大难,但时间与财力均不容拖延。当时台湾的形势是:"兵力既属有限,士兵器械亦不精,饷需尤为孔亟,药丸更无以为继。内地交通,几同断绝,海天寥廓,接济已穷,大敌当前,颇多惆怅。"(《重修台湾省通志》第二册第120页)但是不管环境多么恶劣,台湾军民积极备战,志在必行,行必有果。刘铭传号召台湾各界人士输力输财,通力合作,卫国保家。官绅中有可用者,无不以礼罗致。"台人本慷慨好义,勇于任事,相继捐资募勇。"(《重修台湾省通志》第二册第120页)彰化人林朝栋自备粮饷,独成一军;台北林维源慷慨捐银20万两,其他人如林汝梅、王廷理、周玉谦、陈霞林等人,也各有贡献,甚至梨园名优张李成也要求从戎杀敌。台湾人众志成城,戮力同心保卫家园,奏响了抗击法国侵略者的正气歌!

(三)基隆陷落,星聚请战

　　基隆地处台湾北部,交通便捷,港湾深长,且燃料、食物、淡水补给十分方便,实为一天然优良港口。法国人垂涎已久,此次侵略台湾,将基隆选为第一目标,是早有预谋的。

　　光绪十年(1884)三月十八日,法国巡洋舰楼打号驶进基隆港口,随即有3人上岸,登山瞭望,似画地图,并欲进炮台游玩。炮台乃军事重地,一般百姓人等尚不允许进入,几名法国人却要进入游玩,显然是挑衅行为,炮队尹营官及吴教习当即出面拦阻,不准进入。炮台上适有一犬,见生人进入,即狂吠不止,炮勇遂将犬逐走,法军见不能得逞,只得悻悻退走。不料第二天,法国兵舰便致函炮台守将曹镇军,说炮勇詈骂法国军人,又在炮台上戏狗,对法国人大不敬,应该认错,并开列3条,须遵照惩办。同时又致函基隆厅通判梁纯夫,"谓此间百姓不肯卖煤及食物与他,想系官府禁止。因有要事,限明日七点半钟,煤炭定要到船,否则,八点钟即开炮攻洗基隆,并要在基隆山顶树一红旗,其时恐累及百姓等语"(《巡台退思录·禀法国楼打兵轮驶至基隆寻端挑衅并请咨明总理衙门由》)。法国侵略者是一伙流氓无赖,威胁恐吓、讹诈,无所不用其极,自恃船坚炮利,视中国人如草包、废物,可以玩弄中国人于股掌之上。基隆厅通判梁纯夫知道法国侵略者是无理要挟，为做到有理、有利、有节，当即打听到法国轮船曾向得忌利市洋行买煤 60 吨，但洋行当时仅存煤 20 余吨，因不敷其数，未能售出。他当即向官煤厂拨煤 1000 担，交得忌利市转卖给该船，该船也已收到，并致函法国人，说明并无禁止卖煤之事。至于炮台兵弁拦阻闲人不准混进，乃属分内之事，并无詈骂。而犬吠生人，亦是常事，不值得小题大做。后来又经英国驻港兵轮调停，法国兵船才于三月二十日驶离港口。

法国兵船驶离之后，台湾兵备道刘璈对台湾形势作了透彻分析。他认为法国兵船游弋海面，保护商轮，载于条约，中国从未禁止。但自法越开战以来，法军杀人越货，台湾各口岸商民，无不疑虑重重。如果台湾某一口岸有法国商民在该地通商，开设行栈，法国兵船出入停泊，事先晓谕埠户，或许不会导致恐慌。"至基隆口岸，并无该国商民在口贸易，何烦该国兵船进口停泊。虽兵船往来游弋，本有准其进口采买日用食物之条，但刻当筹防正严之际，商民骤见法轮无故进口，未免猜疑不定，尚欲与之照常交易。乃该兵船主故意挑衅，似出情理之外，非有在地文武曲为调理，难保不误滋事端。"（《巡台退思录·禀法国楼打兵轮驶至基隆寻端挑衅并请咨明总理衙门由》）刘璈说得很有道理，台湾允许通商的口岸，法国兵轮欲保护彼国通商利益，不妨在港口停泊。而基隆口岸并无法国商民在那里贸易，法国兵船没有理由在那里停泊，何况正是边防吃紧之际，商民骤然见到法国兵轮进入港口，难免惊疑不定。法国兵舰进入基隆，完全是挑衅行为。为今之计，非通商口岸，不准外国军舰进港停泊，如有采办对象必须进口，应先由领事照会地方官，派人妥为照料，外国兵船也须约束士兵、水手，不许滋事。至于炮台营垒，系操防重地，不在游历之列，外兵不得违禁擅入，庶几商民安堵，中外无猜。如果法国人不事先照会，任意闯入生事，是他们无礼，故意寻衅滋事，我朝当按照万国公法有关条文，会请各国理论，以顾通商大局。刘璈所说，虽不无道理，但法国侵略者是蓄意挑衅，并不按万国公法条文办事，和他们理论，只能是自讨没趣。惟一的手段就是迎头痛击，法国侵略者只有在兵败之后才会有所收敛。

这年四月间，刘铭传被任命为台湾防务大臣，四月二十四日抵达基隆，二十八日到达台北。五月末，法国军舰 1 艘驶至基隆港内停泊，未经清廷批准，显然也是挑衅行为，守军以双方和战未定，未敢遽加阻止，遂任其横行海上。几天之后，又有德国轮船卫利号自上海载军器经沪尾驶往基隆，法舰得知，即前往拦阻卸货,卫利号不得已,只得退回沪尾卸货离去。台湾守军购买军械,显系为防御之用,而法国军舰拦阻,也同出于军事考虑,但中国军队购买军械保卫中国领土,与法国人了不相干,法国人此举实乃欺人太甚。这一事件发生后,台湾北部形势颇为紧张,大有暴雨欲来风满楼之势。

重修陈星聚墓碑

法国人处心积虑地要夺占基隆,光绪十年六月十二日,法国政府下达了"破坏基隆港防御暨市街并占领附近炭矿"的命令,暴露出了豺狼的真面目。法国驻中国舰队总司令孤拔中将把这一命令交给李士卑斯海军少将执行。李士卑斯次日即自闽江口各地纠集战舰及陆战队士兵在基隆港外会合,十四日法军向基隆清军负责人苏得胜、曹志忠等提出最后通牒，无理要求撤除基隆港之防务设施，并于次日上午八时交出炮台，又向停泊在基隆港内的外国舰船发出中法即将开战的通告。守御基隆的苏得胜、曹志忠不为所动，一面命令防守基隆的各军准备战斗，一面将此事通报正在台北的刘铭传。十五日晨，法军少将李士卑斯下达准备作战命令，清军自然置之不理。上午八时整，法舰齐向基隆炮台猛轰，清军随即应战，刘铭传也从台北赶来督战。清军将士同仇敌忾，万众一心，奋战甚力，社寮岛新炮台督炮营官姜鸿胜第一炮即命中法舰，并先后命中 5 弹，其中 3 弹均落于旗舰上，法舰受挫，不敢正面攻击，改用侧击。新炮台的火炮只能正面射击，不能从其他角度攻击，在交战中处于劣势。法国军舰见清军无法还击，便猛攻不停，一连轰炸 4 小时，致使基隆炮台的前壁与火药库竟被击毁，清军死伤大约 60 余人。姜鸿胜知道无法与法军硬拼，下令放弃炮台，并撤走海滨各营，打算诱敌上岸后与之决战。

　　法军司令李士卑斯见清军向后撤退，便下令陆战队登岸作战，法军约四五百人，在炮舰掩护下由基隆东部的大沙湾登陆，向东侧高地推进，没有遇到激烈抵抗，很快便将高地占领，又派水雷队破坏了占领区内的所有清军炮台，清军为诱敌深入计，未予还击。法军洋洋得意，以为清军胆怯，不敢交锋。

　　六月十六日下午二时，中法激战正式开始。法军巡洋舰费勒斯号上的陆战队，向基隆城的街道搜索前进，同时占领大沙湾东侧高地的巴雅号战舰上的陆战队约 200 人，也向清军曹志忠所据守之高地发起进攻。曹志忠沉着应战，一面命令士兵坚守，一面亲率副将王三星等率军 200 余人迎击法军。清军士气高昂，奋勇争先，一时杀声震天，山鸣谷应。亲往前线督战的刘铭传派章高元、苏得胜率军百余人袭击法军东侧，又命已革职的游击邓长安率 60 余人袭击法军西侧。法军三面受敌，见势不妙，便用巨炮助战，激战数小时，互有胜负。双方交战期间，一队清军生力军登山反扑，兵锋甚锐，直扑敌营，所向披靡，法军招架不住，纷纷逃上战舰，狼狈离去。清军大获胜利，夺得法军步枪数十支，帐房十余架，军旗两面，战事告一段落。是役清军死伤 60 余人，法军死伤 100 余人。十七日，法国舰队统帅孤拔约请刘铭传至军舰相见，作为败军之将，他已没有了当日的嚣张气焰，但遭到了刘铭传的拒绝。捷报传入清廷，光绪帝"下旨嘉奖，发内帑三千两以犒战士，军气大振"（《台湾通史》上册第 283 页）。洋务委员李彤恩面见刘铭传，认为沪尾港港道宽阔，无险可据，应填塞口门，防止法舰入港。英国驻台湾领事则认为正值秋茶上市，若堵塞港口，有碍商务，不同意堵塞港口。李彤恩几次向刘铭传陈述堵塞港口的意义，刘铭传最终同意了他的建议，果然在塞港之后，法国侵略者的军舰不能在内港口为所欲为了。

基隆战役失利，孤拔率舰队调转船头，转而去攻打福州，舰队驻泊于马尾港。闽浙总督何璟平日办事畏首畏尾，防务大臣张佩纶年少懵懂，缺乏文韬武略，两人见法舰来犯，不知如何应对。当时朝野传闻，朝廷有意议和，船政大臣何如璋见法舰驶入港口，本应主动出击，他却下令诸军不得开战。马尾港附近停泊有清军舰艇十余艘，均寂然不动。福州城内人心惶惶，一夕数惊，那些有钱的士绅纷纷携妇将雏，逃入他处，而张佩纶等却熟视无睹。七月三日黎明，法国军舰忽然升起红旗，表示要与清军作战，清军舰艇却毫无准备，等待张佩纶下命令再作定夺。法国军舰开炮射击，清军没有还手之力，眼看着十余艘军舰先后被击中沉没，马尾船政厂也毁于炮火之中。将军穆图善驻扎长门，见法舰如此猖狂，不禁怒火中烧，不俟命令，便开炮还击，法舰这才悠悠驶去。福州既受挫，台湾孤悬海外，处境也就更危险了。

七月初九日，法舰迫近基隆，挂旗索战，连月不休。十一、十二两日，法舰发炮猛攻，守土清军开炮还击，多次击中法舰，法舰不支，向沪尾方向败退而去。十四、十五两日，法舰将目标转向沪尾。"沪尾一名淡水，淡水河由此出海，港口亦可入巨舟，在台北府西三十里。"（《寄鹤斋选集·中西战纪》）沪尾清军守将孙开华、李彤恩以石船堵塞港口，法舰不能进港，只得离去。刘铭传得知沪尾告急，便增添炮勇百名，并亲自前往布防。但是凡来往沪尾港口的船只，均被法舰拦截搜查，不少轮船被迫回航，形成局部封锁局面，沪尾的形势更加严峻了。

八月十二日，孤拔率领法舰聚泊台湾北部海面，把基隆、沪尾两地作为进攻目标。当时清军分布情况是兵备道刘璈守台南，提督孙开华守沪尾，刘铭传自领重兵守基隆。刘铭传以兵单援绝，困守绝地，孤拔且谋大举为由，请求朝廷增兵。钦差大臣左宗棠议以北洋战舰 5 艘、南洋 5 艘援助台湾，但后来并未成行。基隆方面，十三日黎明，孤拔命巡洋舰 3 艘、炮舰 1 艘，掩护陆战队士兵 619 人，由仙洞东南海滨登陆，向仙洞西侧高地推进，守高地的清军只有百余人，抵御不住法军进攻，高地陷落。法军得手后，转攻基隆塞，营官陈永隆、毕长和率 300 人狙击，法寇不能前进，便自山巅抄袭陈永隆等，清军无地利优势，只得退入山口再战。战至酉时（下午5点到7点），法将死亡1人，清军也有伤亡，双方鸣金收兵。沪尾方面，法军开炮猛轰，清军亦开炮还击，时沪尾沿岸为浓雾遮蔽，法舰无法命中岸上的目标，其巡洋舰反为清军炮火击中。等到浓雾散去，清军便渐处劣势，其中的1个炮台因系新建，泥沙不坚，中炮即毁，另一炮台被法军击中，清军阵亡10余人，伤20余人，炮台守将张邦才受重伤，仍苦战不退。法军也因兵少且又受创，未敢贸然登陆，双方势均力敌，战事呈胶着状态。

　　正当基隆、沪尾军民众志成城抗敌之时，刘铭传忽然下达了从基隆撤军的命令，令众人大惑不解。基隆守将曹志忠询问为何撤军，刘铭传说沪尾告急。曹志忠说何不分军往援，刘铭传说，速速退兵，勿得多言。基隆厅通判梁纯夫忽见大军全撤，跪在刘铭传马前说，基隆虽弹丸之地，如果丢失，只会长敌人志气而丧国威，百姓得知，岂不惶骇！且敌人已气馁，将士俱不愿退，奈何弃之？刘铭传不再答话，策马径自离去，梁纯夫朝着基隆方向大哭。铭传回到台北府治，才派一队人马增援沪尾。法军见基隆已无人迎战，知清军已撤，始进入基隆城内，驻扎于街巷之民房中，同时派出400士兵扼守狮球岭以防清军反攻。

　　清军并未在基隆战役中败北，却突然放弃了基隆，使很多人不解，尤其是台湾舆论大哗，认为刘铭传通敌，出卖基隆。说刘铭传通敌，出卖基隆，当然是激愤之语，他是坚定不移的爱国者，对建设开发台湾作出了不可磨灭的贡献。光绪二十二年（1896）他撒手人寰时，光绪帝追赠他为太子太保，谥壮肃，批准为他建立专祠。《台湾通史》的作者连横说："台湾三百年间，吏才不少，而能立长治之策者，厥惟两人：曰陈参军永华，曰刘巡抚铭传，是皆有大勋劳于国家者也。"（《台湾通史》下册第645页）那么，他为什么非要从基隆撤军呢？一种意见认为，撤基隆守军是为了保卫沪尾。"沪尾为台北要害，距城三十里，铭传虑有失，则台北不守，命撤军。各提督力谏，不听，惟留统领林朝栋驻狮球岭。或议之，曰：是恶知吾之深意也。"（《台湾通史》下册第640—641页）显然，该书作者连横认为刘铭传撤军是正确的。《重修台湾省通志》一书也赞同刘铭传的举措。该书说刘铭传在台湾既久，熟悉敌我双方的长处与短处。海上无法与法国人抗衡，而基隆又在敌人大炮射程之内，不易防守，因此他派人拆掉了基隆的八斗煤厂，将机器运往后山，坑口浸水，并将贮存的煤炭约1.5万吨及厂房烧毁，免得为敌人所用。"同时甚感兵力不敷分配,基隆、沪尾难以兼顾。而台北府城为统帅部所在地,军资饷械均集于此,关系至重。基隆距台北较远,其间地形复杂,据险以守,可避敌舰炮火。沪尾离台北较近,道路亦较平坦,且有淡水河可航,该处炮台新造,尚未竣工,一有意外,立即危及台北府城,此时前军不战自溃,势必全局瓦解。故渠审慎考虑之后,遂决定舍基隆而守沪尾,战略堪称高明。"(《重修台湾省通志》第二册第122页)以上两种意见均有道理,沪尾不守,的确危及台北,台北一失,则全台亦岌岌可危,但问题是,是否必须撤基隆之兵守卫沪尾,沪尾才能保全? 不撤基隆之兵,沪尾是否就无法防御? 倘有两全之法,那么撤兵基隆就是一个失误。

另一种意见则认为,撤兵导致基隆失陷,实在不可取,应早日夺回基隆。这一种意见的代表人物是台北知府陈星聚。

陈星聚与基隆通判梁纯夫在给台湾道刘璈的禀报中说,光绪十年八月十三日,有法国兵舰由基隆驶往沪尾,声言十四日开炮攻击炮台,前敌营务处知府李彤恩便密报刘铭传说,沪尾将弱兵单,万不可靠等语。其时已是三更天气,刘铭传得知后,便下令全军开拔回台北,派兵专救沪尾。陈星聚与曹统领认为不妥,力劝刘铭传不要撤兵,刘铭传不听。十四日平明,防守基隆的队伍已撤出,仅留300人戍守狮球山,其余人马于十四日傍晚退回台北。"卑府等查看台北要口,惟基、沪两处,基隆有狮球岭,天险要隘,较之沪尾尤易扼守,法人一过此岭即可长驱直入。郡城空旷,四面受敌,万不能当其开花大炮。"(《中法战争》第五册《台北知府陈星聚基隆通判梁纯夫就基隆退守情形禀报台湾道刘璈》)基于这种情况,陈星聚哭求刘铭传速派重兵抢扎狮球岭以保台北府城,刘铭传不允。陈星聚听说十四日清军撤出基隆后,法军在仙洞、二重桥驻扎有两营,约有1000余人,如果敌军占领狮球岭,台北便处于危险境地了。陈星聚又得知,"沪尾十四(日)开战,相持一日,小炮台被毁,大炮台少损,中国一尊大炮,因施放太多,业已炸坏,其余四十磅小炮四尊,不甚得力,我军伤亡二三十人。现爵帅(指刘铭传)已抽劲旅数百驰往求援,并拟将万年清船上大炮运至山顶。惟本日(指八月十六日,陈星聚于此日给刘璈禀报)沪尾寂无炮声,恐法人闻得撤兵之信,均回基隆,果尔,则北路危险万分"(《中法战争》第五册《台北知府陈星聚基隆通判梁纯夫就基隆退守情形禀报台湾道刘璈》)。陈星聚作为台北知府,自然关心战争形势，据他描述，八月十四日沪尾方面中法进行了一场恶战，清军伤亡数十人，一炮台被毁，一炮台受损，一尊大炮被炸坏。法军伤亡大致与清军相当。陈星聚担心的是，如果清军撤出基隆，法军肯定占领，台湾北部便处于危险之中了。结果陈星聚不幸言中。陈星聚同时建议，台湾南部的安平（含台湾台南）、旗后（今台湾高雄）、斗六（今台湾云林）等港口可以泊船之处，应加强防御，"安平港内无扼守，惟恃炮台，见敌即轰，护台囊沙易塌，且一被轰散则灰尘昧目，不如改囊湿土，似便坚固。凡险要之处，均可设守，以御枪炮。乘此时布置，尚来得及"。陈星聚又预料法军在基隆得手后，必然往攻八斗。"即被抢得狮球岭，直入郡城，彼须先在沪、基两口设立榷税，候九月潮平之后，然后开船，分攻澎湖、安平、旗后等处，或由别口暗渡，绝不肯经由陆路而南，致多阻碍。"（《中法战争》第五册《台北知府陈星聚基隆通判梁纯夫就基隆退守情形禀报台湾道刘璈》）陈星聚的建议具体而微，他料到法军在占领基隆后，绝不会由陆路向南进军，因为道路崎岖，沟壑纵横，易中中国军队埋伏，必然走水路，而水战又是法军的优势所在。即使走水路，也要在沪尾、基隆设立榷税，筹措军用物资，同时还得等到九月之后海上风浪平静之后开船，进攻的目标是澎湖、安平、旗后。因此趁着这个间隙，应该抓紧修缮安平等处炮台。后来的战事证明，陈星聚的分析判断是正确的。刘铭传说陈星聚只是一名行政官吏，不懂军事，显然是带有偏见之言。个中原因是陈星聚屡屡要求收复基隆，和他的见解不合，嫌陈星聚多事，打乱了他的部署。

　　基隆厅通判梁纯夫是又一当事人，他和陈星聚一样对战局洞若观火，除了与陈星聚一起给台湾道刘璈禀报外，还单独给刘璈又写了一封信，详细叙述了清军从基隆撤退回援台北的经过。他说，八月十三日基隆之战已经获胜，法人均已被驱逐下岭。当晚，卑职到大营，与爵帅谈及军事，谓明日当有一场恶战，仙洞旁高山为敌人必争之地，幸亏我方有四十磅大炮两尊，已经安装就绪，可以攻击对面山顶之地。且今日已经苦战获胜，军心甚壮，再加犒赏，法寇定可聚而歼之。梁纯夫正与刘铭传谈话间，适逢章高元、曹志忠、苏得胜3位将领来大营议事，所谈也是明日如何进剿，如何接应及获胜后如何奖赏士兵之事。正谈话间，前敌营务处知府李彤恩差人送来两封急函，内称法寇明日进攻沪尾，沪尾兵力薄弱，当地驻军万不可靠，若不派兵救援，沪尾必失。又据听到有人密报消息说，法寇十四日十点钟定攻沪尾，攻破之后，长驱到台北，台北空虚，料难抵御。若台北有失，则全台大不可问。从洋人的角度看,基隆重而沪尾轻,以中国人的角度看,则基隆轻而台北重。务请爵帅率师救沪尾,以固台北根本。李彤恩又引朝中大臣的话说,基隆兵单力弱,可守则守,不可守则不必强争,作孤注一掷之举。一连两封信,内容大致相同。刘铭传当即亲笔致书守卫沪尾的将领,称基隆兵力尚不敷分配,不能派兵救援,现已飞调刚到新竹的武毅右军左营赴沪尾。基隆方面刚刚打过胜仗,诸将不肯撤军,万难分兵,请坚守一两天,以顾威名而全大局。直至此时,刘铭传还认为必须守卫基隆,并无退兵之意。

但是到了晚上,风云突变,刘铭传便改变了主意。梁纯夫回忆说:

及三更时候,李彤恩□□八百里排单来营告急,中间所云如何,无从而知。爵帅方寸已乱,漏夜密传章、曹、苏三军门实时拔队下艋,经各军力□□□意不肯,仍饬拔队。各统领无可如何,不得不勉遵将令。三更后,传卑职吩咐众队同大队下台北,着即收拾行李。卑职无奈之下,不胜骇异! 当经力请其暂免拔队,待两三日后看沪尾信息如何,再行打算,并回以孙提督系久经战阵之将,还有刘统领新勇营弁,另柳春和一营、李彤恩三百,岂不能为一日之守! 不日新勇到,又多生力数百,总请放心! 若弃基隆□□□则基隆以达宜兰,而苏澳(今台湾北部苏澳港)非复国家土地矣。况守基隆即守舰,基隆不守,敌人即有立足之地,不独可以直下艋舺,且台湾堪忧,其关系大局殊非浅鲜! 言之至再,声泪俱下。而帅意难回,总以顾台北为言,且谓各统领已经拔队,我之军装、行李□□,毋须多谈,作速起程可也。卑职无奈,星夜驰下台北。十四上午到郡,晤商陈守(即陈星聚),知沪尾已经开战,孙军门勇气异常,法舰不敢登岸。卑职随与陈守会衔飞禀爵帅,请其传令各队伍仍回基隆,但大队早发,已不及矣,此事之误,皆由李彤恩不满意于孙军门,专讲孙军门坏话,甚至谓孙军门三营之兵勇不及五百人,且断不能战,以致将爵帅之心摇惑。直令□□□□苦战之功废于一旦,真令九州岛铁不能铸此一大错矣! 大局已去,徒唤奈何……有土人竟请奋勇包打基隆,而帅意不合,无可如何也。刻下兵勇士民怨声载道,皆误于李彤恩之张皇妄报。不斩李彤恩,无以谢基隆、台北百姓矣。卑职未娴军旅,昨与陈守(星聚)禀请,准募土勇两营,与卑职督带防剿。卑职于土音未习,且仓猝募勇,未经训练,

其能用否尚不可知，惟尽心整顿，□□驰驱而已。（《述报法兵侵台纪事残辑》）

从梁纯夫给刘璈的禀报中，我们可以知道以下几点：

第一，八月十三日基隆的防御战取得了胜利，刘铭传当晚与梁纯夫及部下大将谈论的是次日如何打仗，如何犒赏立功将士的事，并未谈及撤退，可见当时刘铭传考虑的是打仗；

第二，十三日夜晚，刘铭传接到了李彤恩从沪尾发来的两封求救信，刘铭传答以无兵可分，已飞檄调别的部队往援，务请坚守沪尾一两日。但到了三更后，便下令从基隆撤军回台北，梁纯夫力劝刘铭传不要撤军，待沪尾有新情况再议，刘铭传不听；

第三，刘铭传之所以突然改变主意，是因为李彤恩说了驻沪尾守军将领孙开华的坏话，说他不能打仗，沪尾将要不守，刘铭传竟然深信不疑，以致匆忙作出了撤军的决定；

第四，刘铭传撤军之后，基隆军民怨声载道，都说李彤恩谎报军情，不杀李彤恩不足以平基隆、台北民愤；

第五，基隆土著人请求夺回基隆，但与刘铭传之意不合，未获得支持。梁纯夫与陈星聚联袂请求募兵抗敌，刘铭传批准招募土著两营，交梁纯夫统率。因是仓猝招募，士兵都是未加训练的乌合之众，梁纯夫既不熟悉土著人语言，也不娴军旅，这支军队能否打仗，尚不得而知，只有尽最大努力而已。

一个叫洪弃生的人，在他所著《寄鹤斋选集》中也认为刘铭传不该丢弃基隆。他说，基隆陷落之后，台北知府陈星聚急于招募岛勇力图收复，台湾兵备道刘璈将军情禀报给钦差大臣左宗棠、福建总督杨昌浚。记名道台朱守谟请招募勇士作战，刘铭传不许。朱守谟到福州后，也说基隆战局有利于我方而退兵，刘铭传大失民心。左宗棠认为刘铭传听李彤恩谎报沪尾战况而错误从基隆撤军，上疏朝廷弹劾他。"刘铭传晓晓抗辩，力护其营务处以自护，且龃龉（yǐ hé，忌恨）守谟，切齿刘璈，恶陈星聚。而适有八月二十日孙、李沪尾之捷，刘铭传遂掠为弃基隆、守沪尾之功效，复介李鸿章交欢醇邸左右，得醇亲王意，遂不问基隆事。方法寇之得基隆也，见官军不进攻，遂专窥沪尾。"（《寄鹤斋选集·中西战纪》)原来李守谟、刘璈、陈星聚等均不同意刘铭传放弃基隆,刘铭传对这3人均无好感,本文作者洪弃生用"龉齕(李)守谟,切齿刘璈,恶陈星聚"12个字来形容刘铭传睚眦必报的心情,真是恰到好处。刘铭传从基隆撤军本是错误之举,但八月二十日沪尾守军打败了法军,刘铭传便认为是从基隆撤军才赢得了沪尾的胜利。同时刘铭传通过李鸿章交结上了朝中掌权的醇亲王奕譞,因而朝廷不再追究他丢弃基隆之事。洪弃生又接着说,台北府曹陈书秉承知府陈星聚之意,与基隆通判梁纯夫"合募岛勇千余,自告奋勇,必复基隆,只领械,不领饷,克复后领赏。陈星聚力荐,铭传阳许之。忽令编四百人入水返脚曹志忠营,编三百人入观音山柳泰和营——观音山近沪尾,不近基隆——余皆解散。是后自告奋勇谋克复者,皆为沮。迄于左宗棠派提督王诗正率兵二千攻寇基隆,刘铭传所部承意不敢开壁助战,遂无功;卒至议和时以数千里越(南)地易取基隆数里、澎湖一小屿,可痛也"(《寄鹤斋选集·中西战纪》)。从这段文字中,我们不难看出,作者激愤之情,溢于言表。陈星聚与梁纯夫辛辛苦苦招募了兵勇千余人,刘铭传只吸收了700人,其中400人编入曹志忠营,300人编入柳泰和营,剩下的300人遣散。左宗棠派提督王诗正率2000人攻打基隆时,刘铭传又不配合作战,因而无功而返。后来在中法议和时虽然中国打了胜仗,却丢失了越南,仅换回了基隆及澎湖一小块土地,言之痛心! 洪弃生的这段言论也许有些偏激,但他反对刘铭传从基隆撤军,正表明了他有一颗拳拳爱国之心!

台湾兵备道刘璈有文韬武略,因他既是兵备道,又兼管行营营务处,按照惯例有资格单独向朝廷上奏折,与刘铭传意见相左时,便不受他节制,铭传甚不满意。光绪十年六月基隆之战,法军败于城下,台湾军民士气大振,"铭传忽撤兵失地,璈揭其短,且言李彤恩蒙蔽之罪。宗棠据以入告,严旨谴责,褫彤恩职,铭传愈恨之"(《台湾通史》下册第647页)。刘璈认为,"基隆为台北要口,狮球岭尤为基隆至郡城要隘。万一基口难防,而狮球岭势所必扼。职道现已飞禀爵帅(指刘铭传),并致函行营营务处,力求爵帅趁法军摆布未定,仍以曹军六营专扼狮球岭,为亡羊补牢要着。沪尾有孙、刘两军门及柳镇、李守各大营,可期扼守。仍请爵帅随带章镇各营,居中调度,首尾借可兼顾"。刘璈的建议虽是上上之策,但刘铭传对刘璈已无好感,自然不肯采纳他的意见。迨至八月二十日,刘璈已得知基隆失陷的消息,不无叹息说:"惟基隆既为敌踞,台北门户已失,沪尾及

郡城自属惊慌。"（《巡台退思录·禀基隆失守大队拔回台北府城缘由》）

钦差大臣左宗棠在光绪十年十月二十九日给光绪帝的奏折中说，他于十月二十四日起程赴福州，二十七日到达福州，与将军、总督、巡抚商议进兵之事。他叙述当时敌我双方的形势时说：

> 惟以臣所闻台湾近日军情，证以台湾道、府及各员禀报，则办理实未尽合，有不敢不陈于圣主之前者。伏查法逆犯台，兵不过四五千，船不及二十艘，我兵之驻基隆、沪尾者数且盈万，虽水战无具，而陆战则倍之。抚臣刘铭传系老于军旅之人，何以一失基隆，遂至困守台北，日久无所设施？臣接见闽中官绅逐加询访，并据台湾道刘璈抄呈台北府知府陈星聚所奉刘铭传禀批，始知八月十三日基隆之战，官军已获胜仗。因刘铭传营务处知府李彤恩带兵驻扎沪尾，平日以提督孙开华诸军为不能战，是夕三次飞书告急，坚称"法人明日来攻沪尾，兵单将弱，万不可靠"，刘铭传为其所动，遽拔大队往援，而基隆不可复问。其实二十日沪尾之捷，仍系孙开华诸营之功，即无大队往援，亦未必失沪尾也，沪尾距台北府城仅三十里，如果岌岌可危，地方官有守土之责，其慎重当有过于他人者，而知府陈星聚屡次禀请进攻基隆，刘铭传竟以无此胆识、无此兵力谢之。狮球岭为台北要隘，所有法兵不过三百，曹志忠所部士勇、客军驻扎水返脚一路者不下八九营，因刘铭传有"不许孟浪进兵"之语，即亦不敢仰攻。且闻台北各营将领及其土著之人，尚有愿自告奋勇往攻基隆者，刘铭传始则为李彤恩所误，继又坐守台北不图进取，皆机宜之坐失者也。（《左文襄公奏牍·行抵闽省详察台湾情形妥筹赴援折》）

左宗棠所奏与陈星聚、梁纯夫、刘璈等人所说互相印证，竟是分毫不爽。一是李彤恩谎报军情，刘铭传为其所动；二是八月二十日沪尾清军打了胜仗，指挥战役的就是孙开华，他能打仗，并非如李彤恩所言不懂军事，即使没有救兵，沪尾也未必失陷；三是陈星聚屡次请求收复基隆，刘铭传均说他没有胆识，不肯答应；四是狮球岭的法军不过300人，而清军有八九营，兵力远远多于法军，收复基隆应无问题，但刘铭传有不许孟浪进兵的话，清兵按兵不动，坐失了收复良机；五是刘铭传坐守台北,不图进取,基隆之事遂不可复问。左宗棠并未夸大事实,危言耸听,罗织刘铭传的罪状,他的叙述是公允的。对于陈星聚的作为,他也给予充分肯定。

守卫沪尾的将领孙开华,在光绪十一年(1885)春天给左宗棠的信中提及刘铭传从基隆撤军之事,仍然愤懑不平。他说刘铭传"为保李革守彤恩(按:李彤恩因谎报军情被革职),不独将沪尾战功一笔抹杀,且欲将轻弃基隆之罪,硬坐防沪之人。比以军务孔亟,沪防各营粮糈、枪械皆需取决于伊,未便与之龃龉,致有掣肘,转误大局,且以朝廷明圣,终难欺罔,是以隐忍至今"。孙开华之所以在基隆撤军问题上没有与刘铭传顶撞,并不表明他同意刘铭传的做法,而是因为沪尾守军的粮饷、枪械均由刘铭传拨发,不能与他发生矛盾,免得有掣肘之虞。孙开华同时又说,清军撤出基隆时,遭到军民阻止:"至其基隆退守及在艋舺饬县雇夫搬运军装、饷项前赴新竹,商民罢市、聚众阻止各情形,其耳而目之者,除绅民外,尚有统带庆祥等营、福宁镇曹镇、管带恪靖巡缉营陈永隆与台北府陈守(星聚)、基隆厅梁倅(梁纯夫)、艋舺营张参将现皆在防、在任,不难密檄行查。"(《法军侵台档》)

刘铭传也不遗余力地为他撤军基隆辩护。在众多的斥责者中,他最在意的是左宗棠的声音,因为他官阶最高,可以直接上书朝廷。刘铭传在得知左宗棠所上奏折的内容后,也给慈禧太后、光绪帝上疏,就左宗棠所说各点一一为自己辩解。他说,自己渡海来台湾时,只带了亲兵120人,到台湾后见有孙开华所率3营、曹志忠6营之兵,每营精壮只300余人。当即从台南调来章高元淮勇两营。其时台南疫疠盛行,兵丁多病,两营兵丁仅来500余人。不久又调来巡辑营1营,加上刘朝祜百余人、张李成土勇1营,统计基隆、沪尾两处共有4000余人,左宗棠上疏说基隆各营兵力上万人,不知何所见闻?兵力多少暂且不论,自光绪十年七月末,基隆发生了瘟疫,将士病倒者十之六七,不能成军,八月十三日之战,9营之兵选出1200人,其中还有抱病出战者。当法寇统师孤拔未来之前,初九、初十两日接到香港、上海电报,知其全股犯台,当时沪尾只有孙开华的3营兵、刘朝祜的100余人以及张李成新招募的土勇1营。刚刚接防,炮台尚未完工,又无营垒,地势坦平,无险可守,危迫情形,可想而知。因此臣致函孙开华、李彤恩,如果敌犯沪尾,即撤基隆之守来援,嘱令坚守以待。一面派员赴下游赶雇船只将军火等笨重之物先运下船。十二日，孤拔率大帮兵船进入沪尾口岸，臣料知敌兵必由仙洞登岸，当即同曹志忠等密商：如果敌兵明日战后驻扎在仙洞，还不至于马上进攻沪尾，如战后收队下船，我军应马上准备回援沪尾，以保后路。十三日酉刻（下午5时至7时）敌军收队，全部下船，当即接到孙开华、李彤恩、刘朝祜先后来信，称有法舰5艘直犯沪尾口门，升旗开炮。臣同孙开华、李彤恩已有成约，不须李彤恩虚词摇惑，左宗棠所说李彤恩3次飞书告急，实际上孙开华、李彤恩、刘朝祜3人3次书信，并非李彤恩1人所写之信。臣当即传令拔队，惟四十磅大炮二尊不能运动，埋于山下，其余军装、锅帐以及伤病勇丁，毫无遗弃，若果因李彤恩3次飞书告急，仓猝拔队退回，军装焉能毫无遗失？

刘铭传以上所说，不能说没有道理，毕竟他是指挥台湾抗击法寇的核心人物。他考虑问题须要盱衡全局，台北、基隆、沪尾都要兼顾，不能顾此失彼。他说台湾之兵只有几千人，且染有疾病，沪尾炮台尚未完工，报告沪尾危急的是孙开华、李彤恩、刘朝祜3人，而非李彤恩1人，这些可能都是实际情况，但并非事情的全部真相。比如孙开华也给刘铭传写了信，但绝非请求他从基隆撤军，而是请他坚守基隆，上引孙开华给左宗棠的信就是佐证。刘铭传从基隆撤走粮秣辎重时，商人罢市，阻止撤军，可见基隆军民情绪之激昂，刘铭传并未把这些情况禀报给朝廷。

左宗棠在给慈禧太后、光绪帝的奏折中，说陈星聚多次禀请进攻基隆，并有土著之人愿意自告奋勇攻打基隆法军一事，刘铭传辩解说：

台北知府陈星聚屡次禀请进攻基隆，并有土著之人愿意自告奋勇往攻基隆者，皆有其事。自沪尾捷后，俱以李彤恩所募张李成土勇得力，提臣孙开华、曹志忠、苏得胜、柳泰和各请添募千人。台北府陈星聚等联名禀请基隆通判梁纯夫招募土勇二千，候补知县周有基禀请招募一千，俱告奋勇，进攻基隆。其时记名道朱守谟请假尚未销差，倡言多招土勇迅攻基隆，至于饷项军械之有无，不计也。忽有台北府书识陈华声称，愿招土勇一千五百人，自备枪械包取基隆，每月每勇需十二元，托亲兵哨官奚松林来说。当经臣申饬，不许多事。朱守谟闻有包取基隆之说，即私许陈华招募。及臣以淮楚营制，每营只月饷四两二钱，陈华大言轻敌，不知能否得力，即给如此重饷，何以服老勇之心,坚执不许添增口粮。该勇俱知台北府无兵,只亲兵数十名,即聚众呐喊鼓噪。臣派弁往看,陈华所募,皆城外艋舺市井之徒,器械毫无。当传陈华来见,谕以兵饷不能加增,如果能克基隆,立给赏号银三万,先发十日口粮,令其带赴水转脚(按水转脚是地名),听候曹志忠调遣。嗣曹志忠见其勇多滋扰,器械毫无,不能克敌,不肯节制。臣令苏得胜亲至曹志忠营与之密商:陈华土勇,先行挟以兵威,裁去五百名,复调三百名赴观音山,归柳泰和裁并,其余随即一并裁撤,费饷一万余两。周有基募勇,尚未成军,即闹饷鼓噪,经臣将已募四百余人派归柳泰和节制,梁纯夫见土勇不遵约束,屡次滋事,不敢招募,此即左宗棠疏中所称各将领以及土著之人愿自告奋勇攻基隆者,系九月初旬事也。(《刘壮肃公奏议·复陈台北情形请旨查办李彤恩一案以明是非折》)

刘铭传所说陈华、周有基招募的土勇,俱系未加训练的乌合之众,自由散漫,枪械俱无,要和装备精良的法国侵略者对垒,未必能稳操胜券,这也许是事实。但陈星聚等地方官员联袂禀请招募土勇,也是不得已而为之,那是解决当时兵力不足的惟一办法,如果刘铭传能够在财物上多给予支持,并派人加紧训练,这些土勇不可能没有一点作为。但是刘铭传只看到了土勇聚众滋扰的一面,对他们奋勇杀敌的一面却估计不足,既裁汰人员,又把他们分往几处,同时只答应先发10日口粮,在获得胜利后才肯给赏银,这等于让他们赤手空拳,以血肉之躯同法国侵略军搏斗,哪里有获胜的可能!

对陈星聚本人,因他多次禀请进攻基隆,肯定引起了刘铭传的不快,因此对陈星聚没有好感:

台北府知府陈星聚,每见必催进攻基隆。臣因其年近七旬,不谙军务,详细告以不能进攻之故,奈该府随言随忘。绅士陈霞林并署淡水知县刘勋,皆明白晓畅,见将士多病,土勇尚未募齐,器械缺乏,俱知不能前进。陈星聚除面催进攻外,复禀请进攻。臣手批百余言,告以不能遽进之道。该府复怂恿曹志忠进攻,并以危言激之。曹志忠一时愤急,遂有九月十四日之挫,幸伤人不多,未损军锐。敌于十五日即渡河耀兵七堵(按:七堵是地名)。

陈星聚妄听谣言,谓基隆法兵病死将尽,又谓业已退走上船,故日催进攻。
自十五以后,该府始自言不谙军务,不再妄言。(《刘壮肃公奏议·复陈台
北情形请旨查办李彤恩一案以明是非折》)

刘铭传说陈星聚"年近七旬,不谙军务",显系偏激之语。说他不娴于兵旅,
那是事实,但一般的军事常识,他还是有的。试看他给台湾道刘敖的禀报中,建
议加固安平港口的炮台,就说得切中肯綮。作为台北府的行政长官,他急如星火
地要求收复基隆,无可厚非,刘铭传告诉他不能收复基隆,陈星聚"随言随忘",
又"怂恿曹志忠进攻,并以危言激之",说明他想兹念兹,一心想的就是收复失
地,刘铭即使有一千条理由不去攻打基隆,也不该如此斥责一位年近耄耋的老
人!

(四)沪尾激战,互有胜负

光绪十年(1884)八月二十上午9时,法国军舰8艘,以炮火猛烈轰击沪尾
市街及清军各据点,轰过之后,法舰忽然散开,清军统领孙开华知道他们是想登
陆,便命令部下分散埋伏于各要害之处,为稳妥起见,又安排了人员策应,以逸待
劳,专等敌军上钩。孙开华部署初定,法军大炮又是一阵猛轰,一时浓烟蔽天,咫
尺莫辨。10时许,法军乘小艇分作三路,自沙仑东北海岸(今淡水海水洛场一
带)登陆缓慢向前推进,孙开华见法军逼近,立即率领李定明、范瀛仙两位将领
分头截击,又派章高元等自北路迎战。清军似下山猛虎,出水蛟龙,奋勇向法军
冲击。法军一部被困于树林地带,无法脱身,只得调其余部队增援。清军则自
北、南、东三个方向聚攻,短兵相接,杀声震天,法军枪炮无法发挥威力,擒拿格斗
又非清军对手,处于下风,伤亡甚多。鏖战至中午12时,法军不支,开始退却,法
国军舰急于解救败兵,慌忙中开炮乱射,击伤自己小轮船1艘,遗弃火炮1门,然
后狼狈逃逸。清军唱凯而归。是役清军阵亡哨官3人,死伤兵勇百余人,法军被
斩首25级,枪毙300余人,并被俘获14人,一律枭首示众,法国虽表示抗议,但
亦无可如何。清军继基隆保卫战后,又取得了沪尾大捷。

孤拔中将所率法军屡屡受挫,不禁恼羞成怒,宣布封锁台湾海口:

自公元一千八百八十四年十月二十三日起自南岬起经西北方至苏澳之沿台湾之海岸及港口,将置于余所统率海军之有效封锁下。所有友邦及中立国船舶统限于三日内将货物起卸,即撤离封锁区域,对于所有企图侵犯封锁之任何船舶,将按照国际法及现行条约之规定加以处理。

光绪十年公元一千八百八十四年十月二十日自基隆港巴雅舰(巴雅为军舰名称)寄(《重修台湾省通志》第二册第123页)

法国的海军将领在中国台湾基隆宣布封锁台湾的所有港口,实在令人匪夷所思,清朝末年帝国主义就是如此欺凌中国的。法军的封锁使台湾经济遭受了严重的影响与打击,互市停息,物价飞涨,文报不通,接济阻断。刘璈虽照会西方诸国,请求仗义执言,但西方列强沆瀣一气,照会没有任何效果。

法军对台湾的封锁起自台湾东北岸的乌石角,一直到南部的南岬鹅銮鼻,以及西北一带沿岸,囊括了整个台湾海峡。在这一绵长的封锁线上,法军仅部署有15艘军舰,兵力未免单薄。分布情况是:苏澳港2艘、基隆港6艘、淡水港3艘、安平港2艘、打狗港南湾2艘。因法军兵力薄弱,清军船舶得以经常突破其封锁而与中国本土联络,法军于同年十一月重新宣布加强封锁,并延长其封锁线于台湾东部一带,但收效甚微。

法军的封锁政策,引起了英国人的不满,因为英国是对台湾通商的主要国家,封锁台湾影响了英国对台湾的贸易。中法交战,英国宣布中立,遂禁止法国舰船在香港停泊添煤或修茸。不久,法国又宣告不准粮船开赴华北,借此以迫使北京求和,而运米船只多为英美两国商船,法国此举颇引起英美两国抗议,英国甚至打算武力护航,法英关系变冷。

法国侵略台湾,举国上下对台湾之安危甚为关切。基隆失守,清廷派左宗棠为钦差大臣前往福建,竭力保全台湾,同时命李鸿章及两江总督曾国荃、两广总督张之洞等接济枪械。为缓解台湾压力,清廷又采用围魏救赵之计,命云贵总督岑毓英、广西巡抚潘鼎新进攻越南,清廷几乎是倾全国之力保卫台湾。而台湾自遭法军封锁之后,因疾疫蔓延,刘铭传部下能战之兵不足3000人,兵力薄弱,不足御敌,盼望救兵如大旱之望云霓。九月初,清廷又下令南洋大臣、北洋大臣选派大队兵轮运送兵械。但两洋快船合起来不足10艘,吨位既小,设备也很简陋,尽管如此，仍然勉为其难。李鸿章等又雇外轮运送兵械，由恒春、台东等处登岸。十一月间，基隆法军屡图内犯，不时进攻暖暖、大武仑、鸟嘴峰等地。鉴于局势严重，清廷又选派南洋5艘轮船赴援。这5艘轮船战斗力本来不强，光绪十一年（1885）元月中旬行驶至浙江石浦洋面时，遭到法舰邀击，2艘沉没，其余3艘被迫返航。大举救援不成，只有设法偷渡一途，有一队清军绕道卑南（今台湾台东）登陆，与驻守的军队会合。

　　沿基隆河上游北岸，自瑞芳、龙潭堵、四脚亭、大坑埔、暖暖等以北地区直达海岸，是一条极不规则而类似三角形之山岳地带，层峦叠嶂，地势险要，清军在这里设防扼守，入侵基隆之法军，如不占据这一地区，便不敢自狮球岭南下，且基隆也随时有被清军收复之可能。法军在多次攻战失利后，已知道不占领这一类似三角形之山岳地带，并将清军逐出，无论是攻占淡水或是台北，均是不可能之事。因此，法军集中兵力，多次攻击暖暖、四脚亭、鸟嘴峰等地，与守军曹志忠、林朝栋等激战，双方援军也陆续到达。这是光绪十年十月的事。十一月间，法军自九芎坑、纱帽岭等地向清军阵地猛烈开炮，林朝栋预料到炮轰是法军大规模进攻的前奏，便命营官苏树森、团总王廷理沉着应战，并命他们扼守要隘，丝毫不得疏忽。部署刚定，法军便从狮球岭、鸟嘴峰、石梯岭、大水窟四个方向来攻，双方相持不下，除犯大坑埔、大水窟的法军攻势稍锐外，其余皆被清军击退。林朝栋命令士兵，待法军逼近营盘时再射击，法军伤亡甚多，不敢前进，稍微前进，清军即弹如雨发。当时基隆山顶法军也开炮助攻，清军于炮火中坚守阵地，岿然不动，曹志忠见形势紧急，即率兵驰援，双方愈战愈烈，自上午8时至下午8时，法军伤亡百余人，有两名军官也被击毙，法军大败输亏，狼狈逃去。当日夜晚，法军乘着月黑风高，来战场抢夺尸首，清军早有防备，当即开枪射击，击毙数人，并斩首7级，又获洋枪等物多件，清军也伤亡10余人。十一月二十六日，法军用大炮遥击清军阵地，但步兵却不敢前进。几日后法军百余人又来大武仑侦察，被清军击退。曹志忠见法军屡屡进攻，恐怕清军兵力单薄，难以守御，又拨两营士兵前往。法军屡次进攻，均不能得手，认为正面进攻不易得逞，兵力短少也不能奏效，因此在稍事休整后，又增添了队伍，以图卷土重来。

　　光绪十年十二月初九日夜，法军开始攻击前进，次日晨，约1000余人自田寮港攻击大水窟、圆窗岭，另以船载兵400人自八斗仔上陆，抄袭深澳坑后方。八斗仔清军土勇兵力单薄,抵御不住法军进攻,溃退而去。法军占领八斗仔后,便长驱直入,大举地攻月眉山,清军林朝栋、桂占彪率军分头截击,营官张仁贵率200人冲入山下竹林中助战,不料被法军围困,当日大雨滂沱,清军力战,但未能突围。次日清晨,林朝栋率部驰援,曹志忠所部营官廖得胜、叶友胜各率300人奋力夹攻,张仁贵始被救出重围。清军喘息未定,法军又增兵千余进攻,攻陷了月眉山,又分兵攻大水窟、圆窗岭一带。月眉山绵亘数里,且山势颇高,易守难攻,但廖得胜、张仁贵等一往无前,拼死仰攻,击毙法军十数人,血战竟日,始夺回月眉岭。法军分攻大水窟,也被林朝栋击退。圆窗岭清军守御薄弱,苏得胜命营官邓长安率士勇300人、练兵百余人协助防守,双方鏖战激烈。当日从清晨至傍晚,大雨如注,双方就在雨水中厮杀。曹志忠担心圆窗岭孤危,亲赴前线督战,鏖战多时,法军1名中尉被击毙,法军始仓皇撤去。清军扼守月眉山顶,法军退而复来,清军在月眉山筑垒固守,法军也在山下筑堡相抗。曹志忠、林朝栋乘法军筑堡未成之际,于夜晚前后夹击,法军全力死争,一直战斗至十二月二十日,法军死伤20余人,才弃堡而去。此役从光绪十年十二月初十起至二十日止,长达一旬,"清军冒雨忍饥,人械尽湿,冻馁交侵"(《重修台湾省通志》第二册第125页),阵亡数百人,但顶住了法军的进攻,表现出了艰苦卓绝、坚韧不拔的高贵品质,在中国人抗击帝国主义侵略的历史上,谱写了一曲响亮的战歌!

此次大战后,刘铭传一面命曹志忠在大水窟至月眉山一带开凿深沟巨洞,以便防御,一面命刘朝祜率所部淮勇千余人赴暖暖、六堵之间协防、同时调军队赴台湾北部助防。清廷又调南洋、北洋水军杨岳斌、程文炳部开抵福建,左宗棠调来的援军王诗正的格靖五营已抵达台湾北部,李鸿章调来的援军聂士成所部淮军850人及陈鸣志新募土勇也于近日到达台北地区。法军自然也不甘落后,基隆法军补充新兵194人、骡马72头、货物船2艘、补助巡洋舰1艘,此外还有工兵器材等。至此,双方都在积极备战,又一场鏖战已迫在眉睫了。

光绪十一年(1885)一月十八日上午3时法军自基隆出发,6时到达八斗谷地,10时许,法军分三路攻击月眉山一带,曹志忠、苏得胜率兵抵御。法军未能得手,转攻深澳坑。那里的城墙刚筑成不久,因久雨坍塌,一名营官被压伤,其余士兵只得撤退。法军自深澳坑抄袭月眉山至深澳坑防御长墙背后,把刘朝栋扼守的戏台山截为两段,清军腹背受敌,曹志忠所部死伤甚多,不支后退。法军遂直攻山眉山巅,山上守军大部已被曹志忠调往别处,守垒者仅百人左右,正在危难之际,适值刘朝祜率300名援军赶到,得以合力抗拒法兵进攻。喋血数刻,法军已将月眉山三面包围,刘朝祜、廖得胜所部死伤枕藉,只得退下山去,与曹志忠、苏得胜合势,扼守新煤厂等待援兵。当时林朝栋据守大水窟,苏树森扼守四脚亭,均稳妥无失。刘铭传得知月眉山清军失利,深恐六堵(地名)方面空虚而危及台北府安全,连夜率聂士成400人驰往六堵接应,前军王诗正也派威、良两营赴六堵救援。因白天进军容易暴露目标,延宕至十九日才潜往暖暖,暖暖离台北50里,离沪尾60余里,山后均有小路可通。清军进入暖暖后,与曹志忠合势扼守大水窟后方。清军稍作准备后,乘机突袭月眉山尾,士兵斗志甚旺,法军望风披靡,狼狈退走,清军在占领后,由王诗正统率的威、良、刚等营屯守。二十日黎明,清军由月眉山尾向山巅进攻,王诗正部下哨官胡少亭、罗国旺身先士卒,奋不顾身,法军炮火如雨,胡、罗两哨官皆中弹殒命,刚营营官申道发殿后力战,足部受伤而退。守卫鸟嘴峰的清军也抵挡不住法军的凌厉攻势,溃围而出。法军分三路进逼,王诗正、曹志忠死战不退。法军见不能得手,便把军队分为两路,一路自月眉山袭击暖暖的前方,一路自鸟嘴峰袭击大水窟的后背,清军此时腹背受敌,大水窟、四脚亭均告失守。林朝栋、刘朝祜救出扼守四角亭的苏树森部,夺围向西退去。于是基隆河北岸尽陷法军之手,如月眉山、深澳坑、暖暖等地尽皆失守。二十一日,清军退至五堵、七堵(均是地名)据河守御,战火已逼近台北,所幸基隆河水骤涨,法军不得渡河,淮军聂士成所部援军赶到,才算控制住了局势。法军鉴于清军拼死抵抗,也不敢轻进。此次战役法军死伤400余人,清军则损失更多,而以王诗正所部伤亡最大。清军之所以失利,除了兵力单薄,装备落后这一因素外,狡诈的法军侵略者也学会了蛊惑人心,台北知府陈星聚、基隆通判梁纯夫、淡水县知县刘勋正在光绪十一年正月二十八日给左宗棠的禀报中说:"法寇不知于正月何日新更提督到基隆,尽反前提督孤拔所为,一味笼络百姓,收拾人心。基隆社寮、八斗、煤峒等处逃剩莠民,均插白旗从逆,且有为之通线带路者。本月十八日,法酋带兵千余,以奸民前导,由大基隆山之竹篙岭小路抄到深澳坑戏台地方,该处无险可守,随即退后。"(《清季外交史料选辑·督办福建军务左宗棠等奏援台各营苦战获胜因援断退师折》)个别宵小败类竟在金钱诱惑之下给法寇带路,正是这种助纣为虐的行为,使清军蒙受了重大损失。

此次战后,刘铭传迅速调整了部署,命王诗正退守五堵,曹志忠守六绪小坑,林朝栋扼守小坑前的草兰尖山顶,绅董王廷理等屯暖暖后河,而刘铭传则督率聂士成、苏得胜、刘朝祜等屯守六堵,以扼守台北孔道。三月初,法军在暖暖架桥,被清军击退,刘铭传遂令苏树森带兵300人屯扎港口,又命苏得胜派1个营守港口河北,与陈鸣志所募千人士勇互为犄角,法军维持原状,既未进攻,也未撤退,战事呈胶着状态,直到中法和议签订。

(五)中法议和,星聚殂逝

月眉山大战后,法军主帅孤拔即感到,仅占领基隆,尚不足以使清廷屈服,因而又想把魔爪伸向澎湖,"盖澎湖港湾深大,位置冲要,为海战必争之地"(《重修台湾省通志》第二册第126页)。孤拔认为若欲占领中国大陆,非多用兵力不可,而中国幅员广袤,法国也无那么多兵可派,不如占领一重要而有利之海港基隆,这样既可要挟中国作为谈判之资,又可获得煤炭之补充——因为基隆产煤。但实际情况并非如此,法军所占仅是基隆港湾及其附近一隅而已,清军分布四周,虎视眈眈,成为法军一大威胁,驻基隆的法军疲于应战,无一日安宁,且煤矿之利益又不甚理想,加上法军在沪尾之败以及清军之稳扎稳打,如此旷日持久,对法军非常不利,因此法军急于寻觅另外据点,以支持海上作战。而当时清军南洋舰队受创后,元气未复,无力支撑巡洋任务。澎湖地方狭小,清廷驻军不多,海军更属阙如。法军认为,如果控制住了澎湖,可以扰乱清朝南北海上交通,进而作为逼迫清廷让步的筹码。于是法国政府以基隆港风涛险恶,气候不良,不适宜久驻船队为由,在光绪十一年(1885)一月间下令攻占澎湖。

法军接到命令后，统帅孤拔以军舰 5 艘及运输船若干艘，还有陆军步兵 1 大队、海军炮兵 1 小队组成澎湖出击军进犯澎湖。清军自然不肯束手待毙，也在妈宫澳等地布置守御。二月十二日，法军将舰艇集中停泊在安平冲，下午 3 时出发，十三日晨迫近西屿炮台，6 时 50 分开炮攻击炮台，但未命中，法舰乃直指妈宫澳，另一艘迫近风柜尾半岛南方之蒿里澳，还有 2 舰驶至观音海面，金龟头炮台附近四角仔清军发炮还击，击中法军 1 舰尾部，该舰转移不灵，狼狈逃去。转眼之间，法舰密集猛轰，各炮台均被毁不守。法舰 2 艘冲入妈宫港内，用小船进犯，清军固守，法军不能得逞，于是转而从蒿里澳登陆，少数清军不战而退。当晚法军一部驻扎纱帽山顶，一部驻纱帽山麓。十五日上午 8 时，法军约 4 个中队陆续登岸，清军水师副将周善初下令守将陈得胜撤退，陈得胜不肯奉命，仍列队前进，行至井仔垵，法军也从鸡母坞赶到，得胜命士兵卧倒等待，法军炮火呼啸着自头上而过，等到法军步兵迫近，得胜始令还击，法军猝不及防，阵脚大乱，败退海滨，清军乘胜追击 1 里余。法军连忙增兵，港内外的法舰又开炮助战，清军三面受敌，不得已向友军乞援，但无结果。有两名哨官受伤，官兵饥肠辘辘，疲惫不堪，只得分作两队，轮留掩护后退，退至珠水营盘，妈宫澳遂告陷落。当日之战法军死伤 40 余人，清军死伤 10 人。陈得胜因孤军难守，退守大城北。法军也跟踪而至。二月十六日，法军如潮水般涌来，清军弹尽援绝，只得乘船撤退，澎湖陷落入法军手中。

法军在澎湖得手后，又派军舰进攻浙江镇海海口，遭到清军炮击，未占到便宜。在陆路作战方面，法军一再败北。由于刘永福的黑旗军骁勇善战，横亘在从越南北部通往云南的必经路上，法军遂改变策略，进攻广西。广西巡抚潘鼎新畏敌如虎，放弃谅山，逃往镇南关（今广西友谊关）。清廷派曾任广西提督的 70 岁老将冯子材迎击法军。光绪十一年二月，冯子材在镇南关外痛快淋漓地歼灭法军千余人，余下的法军像惊弓之鸟，放弃谅山，狼狈逃窜。消息传入法国，引起了法国统治集团的激烈争吵，好战的茹尔·费里内阁因此倒台。孤拔在占领澎湖后志得意满，想把澎湖建设成为亚洲最大的军港，以此作为进攻中国的桥头堡，呈请法国政府拨付经费与器材，法国内阁欣然同意，马上拨出了器材，装船东渡。当船只驶至新加坡时，法国内阁更迭，主和派上台，放弃了修筑澎湖港的计划，孤拔愤懑不已，加上疾病发作，于光绪十一年四月间恼郁而殁。

冯子材击败法国侵略者,取得镇南关大捷,大长了中国人民的志气,灭了帝国主义的威风,清廷本该一鼓作气,将法国侵略者逐出中国,但清朝的投降主义者却认为是议和的最好机会。李鸿章认为:"谅山已复,若此时平心求和,和款可无大损,否则兵又连矣。"意思是说,若于此时求和,损失尚小,若法军增兵,中国连求和的机会都没有了。昏庸的清政府听从了李鸿章的主张,决定撤兵,与法国议和,已收复的城市全部放弃。光绪十一年(1885)四月,李鸿章在天津与法国签订了《中法新约》,承认越南为法国的保护国,给予法国在广西、云南通商的特殊权益,以后中国如在广西、云南两省修造铁路,须聘用法国人。"投降主义者既不敢抗议法国并吞越南,又使法国侵略者打开中国西南边境大门的目的如愿以偿。由于侵略者在战场失利而没有提出赔款的要求,并答应从基隆和澎湖撤兵,这使投降主义者感到是在'面子'上已经很过得去了。"(《从鸦片战争到五四运动》上册第 512 页)法军从这年五月撤离基隆,六月中旬撤离澎湖,台湾战事遂告结束。

陈星聚出身农家,自幼体魄健壮,"即偶沾微恙,亦不自觉"(陈星聚长子琢之《行述》)。但是几十年的仕宦生涯,王事鞅掌,夙夜忧勤,损害了健康,晚年时患有痰喘,不过陈星聚并不在意,不吃药也霍然而愈。他的长子琢之回忆说,父亲"晚年时患痰喘,不孝等进以调摄之品,辄屏不用,旋亦霍然"。修筑台北城时,荜路蓝缕,万事草创,他又事必躬亲,终至积劳成疾。台北城刚筑成,又适值中法战争爆发,他奋不顾身,四方奔走,修筑炮台抵御外侮,心力交瘁,健康每况愈下,疽生于背,终至群医束手,百药罔治,撒手人寰,乘鹤西去,享年 69 岁。他的长子琢之回忆说:"升任台北知府,事皆开创,捐筹劳瘁不辞,形神益惫。而城工一役,经营尤久,饭食因以渐减,窃谓先严之病实基于此。满望工程毕后,乞疾引退。去夏(按:指光绪十年,即 1884 年)城甫告竣,法逆旋扰基、沪。先严以暮年劳顿之躯,当军务烦兴之日,维持一载,力与心违,焦虑苦思,夜以继日。今夏(按:指光绪十一年,即 1885 年)和议甫定,而先严背疽作矣。虽蒙给假医调,谁知老年精力耗竭,受病已深,百药乞灵,卒无效验,延至六月二十二日卯刻(早晨5～7 时),竟弃不孝(琢之自指,是谦卑之词)等而长逝矣。呜呼,痛哉!不孝等既不能调护于常时,复不能乞贷于病后,侍奉无状,罹此鞠凶,抢地呼天,百死莫赎!祇以窀穸未安,不得不苟延残喘,上奉慈闱,以勷大事,苦块昏迷,语无伦次,

伏乞矜鉴！棘人（居父母之丧的人叫棘人）陈琢之、陈佑之（按：佑之是陈星聚次子）泣血。（《行述》）

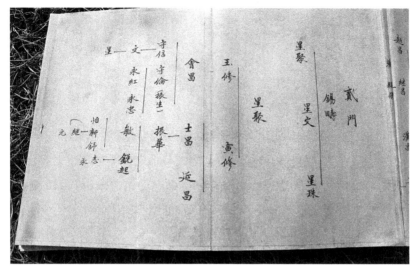

陈氏家谱（3）

陈琢之的这篇回忆录，是陈星聚逝世的真实记录。中法和议后，他已疾病缠身，虽然清廷给假医治，但终因年事已高，疾病已久，而清廷打了胜仗却签订了丧权辱国的《中法新约》，更使陈星聚悲愤不已，于光绪十一年（1885）六月二十二日弃世。陈星聚是循吏，是民族英雄，也是开发建设台湾的功臣！

陈星聚病逝任上，台北士绅军民莫不痛哭流涕，如丧考妣。清廷追封他为"三品道台"，"御赐祭葬如例"，台北为他修建了"陈公祠"，年年俎豆，岁岁祭祀。光绪十二年（1886）朝廷下诏："予故台湾台北府知府陈星聚照军营例优恤。"（《清德宗实录选辑·选辑二》）可谓备极哀荣了。狐死首丘，叶落归根。陈星聚病逝之后，由其家属扶柩归葬，先是渡海入闽，再由水路运至浙江，然后沿大运河北上，又转内河至河南西华县逍遥镇。从这里弃船陆行，经过黄连城、皇帝庙村，几经辗转，终于到达了陈村。陈星聚的墓园始建于光绪十一年（1885），落成于光绪十五年（1889），陈村也从此改名为台陈村。

　　陈星聚墓园在 20 世纪 50 年代及"文化大革命"中两度遭到无妄之灾,几被夷为平地。2008 年气势恢弘的台北知府陈星聚纪念馆落成,成为弘扬中原传统文化的爱国主义教育基地。陈星聚九泉有知,也当含笑瞑目了。

附　　录

一、有关陈星聚史料摘录

陈星聚,字耀堂,性沉毅,读书务穷理,遇人厚而持己严。道光己酉(1849)举人。咸丰间,皖匪出没县境,以守城功荐知县。选知顺昌,时闽省郡邑多陷没,顺昌贼尤为猖獗,营卒之凶顽,客民之横暴,民不聊生也。星聚至官,迭用刚柔,兼施威惠,始连官民为一体。左文襄公(按:指左宗棠)贤之,荐之于朝,交军机处记名升用。充丁卯科(同治六年,1867)帘差。调知建安县(今福建建瓯县),益捐俸修复书院考棚,添置义塾,文风日振起。调知闽县(今福建闽侯县),以清理词讼政源,沈文肃、王文惠两公目之为纯儒循吏也。洋人建炮台于海口,星聚职微,禁之不可,去知仙游(今属福建)。仙游俗好斗且健讼,为编《八戒十劝歌》,民读之有泣下者。知古田(今属福建),有水口乡地为邻邑势绅所夺,力争复之,县民感德,生祠祝焉。擢淡水(今属台湾)同知,以治盗称。历瀍港同知,升台北知府,问政省俗,尤以缮修城池为首务。工甫竣,而法国衅端起矣。当是时,内外隔绝,援兵久不至,乃竭资募勇,修其守御,为全台北门锁钥。以劳,疽发背卒,年六十有九。绅民请恤,御赐祭丧如例。

先是光绪三年(1877),豫省大饥,道殣相望,星聚捐谷千石,又赈本乡谷数百石,急公好义,略可见矣。

——民国四年(1915)版《重修临颍县志》

陈星聚,字耀堂,河南临颍人,道光己酉举人。咸丰十年(1860),捻匪北窜临颍,在籍督率团练,以守城功,保举知县。

同治三年(1864),选授福建顺昌县知县。抵任后,适地方甫遭江右之乱,田产被夺,民不聊生。星聚设法清厘,不假兵威,渐以安谧。县辖之九龙山为匪寇逋逃薮,恃险出掠,远近患之,二十余年,官莫之禁。时左宗棠督闽,欲发兵剿之。星聚为言:"兵至良莠莫分,请先之以董劝。"遂轻舆入山,委曲开导,获送匪首数名,余皆向化,且为之建生祠,以示悦服。宗棠由是赏识,特以"听断缉捕,矢慎矢勤,宽猛协宜,舆情悦服"奏保军机处,留名升用。历调建安、闽县、仙游、古田等县知县。所至政声卓著,民皆额颂。今古田县水口乡有二陈祠,一为陈清端,一即星聚祠也。十年(同治十年,1871)计典,以"洁己爱民,实心任事"卓荐升补淡水厅同知。厅辖横亘数百里,南有铜锣湾庄,北有三角涌、大科崁等庄,皆逼近内山,为盗贼渊薮。每年劫杀重案,或一日十见。前任同知每因之被劾而去。星聚抵任,悬赏购办,亲往南乡,三阅月,督率兵役捕获著名盗首吴阿来。继往北乡,拿获数犯,置之法,境内盗风为之一清。淡北教民恃势横行,往往挟制官长,而邪符害人,尤诡秘不可究诘。星聚相机惩殛一二,皆渐敛迹,民赖以安。爱民如子而疾恶如仇,自奉甚薄而见义必为,凡添设义塾、增加书院膏火、创建养济院诸善政,无不次第举行。又捐廉银二千圆,存放生息,以为乡试诸生盘费,士林德之。三举厅试,所得士皆一时翘楚,人咸服其有特识焉。莅淡五年,实心实政,虽村夫牧竖,皆能道之。任内两膺计典,一为"诚恳笃实,洁己爱民",一为"志坚守洁,慈惠爱民",诚不愧也。

光绪四年(1878)台北新设府治、淡水同知裁缺,调补中路同知。抚番开山,不遗余力,六阅月即升台北府知府。事皆开创,措置裕如。凡试院、学宫及诸庙宇建置,一时并举,劳瘁不辞。而城工一役,经营尤久。工甫竣,适法寇滋扰,基隆不守,郡民素感星聚恩德深,争告奋勇,效命前驱,大局赖以维持一载,星聚之力也。寻,和议定,以劳卒于官。

——《淡水厅同知宦绩新辑》

陈星聚,河南临颍人,道光己酉科举人。

同治十二年(1873)任淡水厅同知,洁己爱民,实心任事。每断死刑,必为涕泣,而于盗贼抢案惩办,则不稍宽。到任后,亲往竹南二堡,三阅月,获著名匪首吴阿来。继往三角涌、大科崁,拿获数犯斩首。十余年,盗贼敛迹,皆星聚之力也。他如裁革口胥,删减船费,捐廉设建养济院,增加书院膏火、诸生乡试川资,举凡有裨益地方者,莫不尽力为之。淡水厅任内两膺计典:一为诚恳笃实,洁己爱民。一为志坚守洁,慈惠爱民,诚不愧也。考试数次,所得皆知名士。

——《新竹县志初稿》卷4《列传·名宦》

养济院在县治北门外水田尾。光绪六年(1880),知府陈星聚捐廉购林瑞源旧屋一进七间,价银八百大圆,添建前后两廊八间,计费银四百大圆。凡孤老废疾穷民,均听造报姓名,收入留养。旧例:孤贫四十六名,每名给口粮三两五钱四分,又给衣布银五钱四分六毫。嗣因人数渐多,乃分额内孤贫四十六名,额外孤贫三十四名,合凑八十名。更定加恩抚恤:每名月给白米二斗。每月计米一十六石,常年计米一百九十二石,闰月加给,合计二百零八石。此款由竹堑社番租银六十八圆、中港社番租银五十一圆项下支给,其不敷处,准就本地公款拨给。光绪十四年(1888),由"存留"项下支给。

——《新竹县志初稿》卷2《赋役志·恤政》

光绪二年(1876),猫里新鸡笼吴阿来乱,同知陈星聚会游击□□□统兵擒斩之,余党散。

阿来,粤人,居猫里新鸡笼。其祖、父世为农夫。阿来生不事生业,好弄兵器。初,邱仔九垦内牛斗口山,有磺窟,生磺油,英人过此,持千金购此磺窟。英人旋归,磺窟无人管理,阿来据而有之。汛兵闻知,以为侵占禁地,往捕,阿来拒之,毙汛兵二名。同知陈星聚饬总理谢海二、彭继生率土勇夜往捕之。阿来前门坚闭,土勇破门而入,匪党枪炮齐发,毙土勇二名。阿来遂号集其党围之,海二、继生均逃免。同知陈星聚会游击□□□统兵击杀,并檄中路汛兵合攻。阿来逃窜,无所容身,自知不免,夜投谢阿伸家,阿伸擒阿来,送官在地正法。

——《新竹县志初稿》卷5《兵燹》

陈星聚,字耀堂,河南许州临颍人。道光己酉举乡试,以军功,保举知县,迁淡水厅同知。洁清自奉,以恤民爱士为心。同治□年,创设□□,公捐费二千圆,乡试士至今赖之。

——《重修台湾省通志》列传《陈星聚》

陈星聚,字耀堂,河南许州临颍人。道光己酉科举人。以军功保举知县,升补淡水厅同知。居官廉洁,省约自奉。治民,一以爱恤为心,而于待士,则尤厚。同治□年,议筹番银二千圆,交殷绅生息,每届乡试,视厅属应试之人数多少,将所入利息照数摊分。至今,士子犹沾润焉。

——《苗栗县志》卷14《列传》

(建瓯县)邑东有东峰屯,文学甲一邑,是殆山川灵秀之气所钟毓,抑其乡先生培植之厚有自来欤?戊辰(同治七年,1868)春,(星聚)役过其乡,于斯院小憩,洋洋乎诵读之声如出金石,海滨之休,于斯为盛焉。颂之曰"学宗邹鲁",志美也,亦以为多士劝。

——民国版《建瓯县志》

同治十年(1871)令古田,莅事精明,存心慈恺。甫至,厘剔粮胥积弊,豁然顿清。试童子军,关防严密,无敢作奸。所拔多宿学寒畯,为政宽严并济,泽下于民。

——民国版《古田县志》

陈星聚字耀堂,河南临颍人。道光二十九年,举于乡。捻党之乱,督率乡团,以功授知县。同治十年,升任淡水同知。淡水地广,延袤数百里,而铜锣湾、三角涌、大科崁等,皆僻处内山,为盗贼薮,劫杀频仍,前任同知以是被劾。星聚悬赏缉捕,亲走南乡,遂获匪首吴阿来诛之,次第肃清。在任五年,颇多善政。光绪四年,台北建府,裁同知,调任中路,越数月即授台北知府。诸皆草创,躬任其难,而城工尤巨,方竣而遭法人之役。集绅民,筹守御,众亦踊跃效命。及和议后,以劳卒于官。

——《台湾通史》卷34《循吏·陈星聚》

陈星聚字耀堂,河南临颍人。性笃厚,宽以接物,人有欺之者,从不记其过。然行事多奇气。里有孀妇,美而知礼,一夕,为豪者所劫持,将夺其志。星聚闻之,走十余里访豪,陈以仁,剖以义,终救之归,人目为侠。

居,恒力治经史,举道光二十九年己酉乡试。咸丰十年捻陷兰封,围考城,通许,扰尉氏,将犯许州。星聚时方在籍,练乡团数百人,从总兵田在田征剿,以军功保举知县,授浙江省(按:应为福建省)某县正堂。同治十年擢淡水同知。淡地溪流交错,山险林深,古以投罪人也。而三角涌、大科崁地在番界,犹称难治。土匪吴阿来遂踞为窟宅,啸聚剽掠,民不安枕,前任同知曾以此获严谴。星聚至任,首于摆接、海山、桃仔园一带厉兵增垒,以严守御。布署既成,乃亲率精锐自风柜店入山,十日始至其巢,匪不及料,一网成擒,或首或纵,悉置重典。已而复平铜锣湾匪,自是贼氛尽戢,一方清泰。

光绪元年台北建府,裁同知,调中路。五年,继林达泉知台北府。是岁,夏疫秋霖,民不聊生。星聚曰:"吾但活吾民,罔顾利害也。"因擅发仓谷赈之。幸大宪怜其勇于任事,未究。七年,台北建城之议虽决,尚未施行。星聚集绅耆林维源、陈霞林、李清琳、潘成清、叶逢春等募银二十万两,克日办理测绘、收地事宜,计方广一千五百零六丈,壁垛合高一丈八尺,宽一丈二尺,设东、南、西、北、小南五门,东、北二门另建外郭。而以"严疆锁钥"四字镌于北门城楼。当是时,城内居民无几,仅三数官衙,一二寺庙以及零落商号,散处田野间。星聚乃禀陈兵备道允准,勘定街道,并饬公正绅董酌中公议,鼓励兴建店铺。每座广阔一丈八尺,进深二十四丈。地基现销银一十五圆,每年纳租银二圆,一经缴足,听其立时起盖。或一人而独造数座,或数人而合造一座,各随力之所能,总期多多益善。不数年,碧甍连云,朱檐栉比,俨然壮邑矣。论者无不钦星聚缔造之功也。

亡何,中法战起,星聚力筹防御,躬任艰难,竟以疾闻。和议成,卒,年六十有八。

　　　　　　　　　　　　　　　　　　　　——《台北市志·宦绩篇》

陈星聚字耀堂,河南临颍人。道光二十九年,举于乡。捻党之乱,督族乡团,以功授知县。同治十年,升任淡水同知。淡水地广,延袤数百里,而铜锣湾、三角涌、大科崁等地,皆僻处内山,为盗贼薮,劫杀频仍,前任同知,以是被劾。星聚至任,悬赏缉捕,亲赴南乡,遂获匪首吴阿来诛之,次第肃清。在任五年,颇多善政。光绪四年,台北建府,裁淡水同知,调任中路。越数月即授台北知府。诸皆草创,星聚躬任其事,而城工大竣。旋遭法人之役,集绅民,筹守御,众亦踊跃效命。及议和后,以劳卒于官。

——《台北县志》卷27《宦绩列传》

窃照本任福建台北府知府赵均于光绪七年(1881)二月十二日在署台湾知府任内闻讣丁母忧,业经具题开缺,照例以闻讣本日作为出缺日期,归二月份截缺。所遗台北府知府系海外新设冲繁、难题调要缺,亟应遴员请补,以重地方。查该缺自新竹大甲溪以北直达后山苏澳等处,地势冲要,户口滋繁,商贾辐辏,政务既极殷繁,近复常有中外交涉要件,非廉明勤干、资望素著之员不足以资治理。臣等督饬藩、臬两司遵于现任知府内逐加拣择,非现居要缺,即人地未宜,复于候补人员中详加遴选,亦无奉旨命往及记名候补之员堪以题补。惟查有候补知府、准补台湾府中路同知陈星聚,年六十五岁,河南临颍县举人……因"听断缉补,宽猛务宜,舆情悦服"汇案保奏,奉旨:"交部带领引见。钦此。"请咨赴部引见,奉旨:"陈星聚,着以同知直隶州回任候升。钦此。"领照回闽。筹办甘肃粮饷案内出力,奏准赏戴花翎。同治十年分记典卓异,升补淡水同知。旋委伴送琉球贡使,顺差请咨引见,奉旨:"陈星聚,准其于知县任内卓异加一级。钦此。"事竣,回闽赴新任。于剿办淡辖铜锣湾积匪吴阿来案内出力,保奏以知府用,先换顶戴。光绪二年十月十八日奉旨:"着照所请奖励。钦此。"三年分大计,卓异。因淡水同知员缺裁汰,归于裁缺同知班内遇缺即补,委署台湾府中路同知,代理台北知府,准补中路同知。六年分大计,卓异,现尚未奉部复。该员廉勤率属,慈惠爱民,在台年久;现代斯缺,循声卓著,舆论翕然;于海疆风土民情,极为熟悉。以之请补台北府知府,洵属人地相需。合无仰恳天恩,俯准以候补知府、准补台湾府中路同知陈星聚补授台北府知府,俾海外新设要缺得人而理,实于海疆地方有裨。如蒙俞允,该员系候补知府请补知府,例免核计参罚,俟奉准后,并案给咨送部引见,据福建藩、臬两司会详前来。臣等谨合词恭折具奏,伏乞皇太后、皇上圣鉴,饬部核复施行。谨奏。

——《清季申报台湾纪事辑录·闽督何璟等奏请补知府折》

卑职见年五十七岁,系河南许州临颍县人。由附生应道光二十九年(1849)

己酉科本省乡试,中式举人。咸丰十年(1860),在籍守城出力,蒙前署河南抚宪黄保奏,咸丰十年十二月十四日,奉旨以知县不论双单月选用,旋即赴京投供(去吏部投送履历,此履历须本人亲书)。同治三年(1864)二月,分奉部选授顺昌县知县。三月初五日赴顺昌县任。五年(1866)十月蒙前宫保(宫保即太子少保,专为清代大臣及有功者的加衔,无职掌官属,为荣誉官职)爵督宪左以卑职"听断缉补,矢慎矢勤,宽猛协宜,舆情悦服"等因汇案保奏,于是年十二月初九日奉旨:"交部带领引见。钦此钦遵。"六年(1867)奉文调帘,十九日卸事,晋省入闱当差。十月初八日奉委署理建宁府建安县事,于十一月初六日接印。七年(1868)五月十四日接奉行知,蒙前督宪吴、抚宪李奏请调补闽县知县,旋蒙饬赴本任,于九月十二日交卸建安县事,十月初一日接闽县篆务。八年(1869)三月,请咨赴部,于是月二十五日卸篆进京。七月初二日吏部带领引见,奉旨:"陈星聚,著以同知隶州回任候升。钦此。"奉给执照,承领出京,于九月初一日到省。旋奉前藩宪夏委署兴化府仙游县篆,遂于十月初六日到任视事。九年(1870)五月蒙本省办理甘捐,司、道宪以陕甘筹饷案内出力,群咨奏请,赏戴花翎。嗣于同治十年(1871)七月十七日奉藩宪委署福州府古田县篆,于十一月初三日接印任事。十年(1871)计典,奉前督宪文,抚宪王以卑职洁己爱民,实心任事,会荐卓异,旋蒙藩宪札委,伴送琉球贡使晋京。遂于十一年(1872)十一月初二日卸古田县事,顺便请咨赴部引见。又蒙督宪李、抚宪王会题升补台湾府淡水同知,于同治十二年(1873)四月初九日蒙吏部带领引见,奉旨:"陈星聚,著准其于知县任内卓异加一级。钦此。"五月二十一日自京伴送回闽,于七月十六日到省,二十二日奉藩宪札饬赴淡水新任,遂于八月二十九日接印视事,见供今职,须至履历者。同治十二年九月初三日。

——陈星聚自撰《出身履历》,见《新竹县采访册》

哀启者:先严气体本旺,事无大小,必躬必亲,未尝一日暇逸。素性坦白,交人接物,一以真诚。机变纷来,漠然不攖。念虑生平,天真保固。即偶沾微恙,亦不自觉。晚年时患痰喘,不孝等进以调摄之品,辄屏不用,旋亦霍然。方幸精神尚健,可望期颐(人活百岁称期颐),岂料积劳之余,一病不起,呜呼痛哉! 伏念先严幼而勤学,曲体先大父志,事亲信友,敦笃伦常,长课乡塾子弟,以立品为先,一时后进蔚起,有理学纯儒之称。膺乡荐,后宦情益淡。会捻匪北窜临颍,先严督率乡团登陴誓守,得以保全。蒙奏选授福建顺昌县,族间诸老强之使行。抵任后,适地方甫遭江右土匪之乱,田产被夺,民不聊生。先严设法清厘,不假兵威,渐以安谧。县辖九龙山为匪寇逋逃薮,恃险出掠,远近患之,二十余年,官莫之禁。时左侯相莅闽,欲发大兵剿之。先严为言:兵至,良莠莫分,请先之以董劝。随即轻舆入山,委曲开导,得获送匪首数名,余皆向化,且为先严建设生祠,以示悦服。侯相由是赏识,特以"听断缉捕,矢慎矢勤,宽猛协宜,舆情悦服"奏保军机处留名升用,旋即调署建安县。县邻江右,客民强悍,宾主相凌,先严悉心调剂,得以辑睦。又为捐廉增建考棚、书院,创立义塾,文风蒸蒸日上。未几调补闽县。先严以首县疲于肆应,无济于民,请以清理词讼为务。沈文肃公屡称之。嗣因洋人在海口之穿石乡私建炮台,先严实禁阻止之,以不合洋情去任,随署仙游县。县俗素好兴讼,动辄械斗。先严亲赴各乡委婉劝导,所至乡之父老子弟环向而立,亲如家人。谕以读书力田之乐,为编八戒十劝诸歌,令相传诵,民间感激有流涕者。古田县大东乡僻远,蛮悍积抗国课税以为常。先严莅任后,先为抑强扶弱,断结词讼,再为诸生讲论文字,劝戒善恶,乡俗大变,课皆自封投柜,无一滞欠。水口乡面水背山,瘠苦异常,居民素靠接连上游木植为生,邻邑势绅夺之,奉宪文已数月矣。先严不避嫌怨,力为争复。今水口有二陈祠,一为陈清端,一即先严祠也。是年计典,以"洁己爱民,实心任事"卓荐,升补淡水同知。

淡水厅辖横亘七百余里,南有铜锣湾庄,北有三角涌、大科崁等庄,皆逼近内山,为盗贼渊薮,每年劫杀重案,或一日十见,前任每因之被劾而去。先严到任,不惜重赏,逐渐购办,亲往南乡,三阅月,获著名匪首吴阿来。继往北乡,拿获数犯,陆续惩办,迄今十余年不闻盗贼。至于除邪灭术,惩殛异民,人谓淡水易治,先严之力也。他如裁革口胥,删减船费,捐廉建设南北养济院,增加书院膏火,举凡有裨益地方者,莫不倾囊为之。淡水任内两膺计典:一为"诚恳笃实,洁己爱民",一为"志坚守洁,慈爱惠民"。诚不愧也。

分治裁缺后,调补中路同知,抚番开山,不遗余力,六阅月即升任台北知府。事皆开创,捐筹劳瘁不辞,形神益惫,而城工一役,经营尤久,饭食因以渐减,窃谓先严之病实基于此。满望工程毕后,乞疾引退。去夏城甫告竣,法逆旋扰基、沪。先严以暮年劳顿之躯,当军务烦兴之日,维持一载,力与心违,焦虑苦思,夜以继日。今夏和议甫定,而先严背疽作矣。虽蒙给假医调,谁知老年精力耗竭,受病已深,百药乞灵,卒无效验,延至光绪十一年(1885)六月二十二日卯刻(早晨5～7点钟)竟弃不孝等而长逝矣。呜呼,痛哉!不孝等既不能调护于常时,复不能乞贷于病后,侍奉无状,罹此鞠凶,抢地呼天,百死莫赎!祈以窀穸未安,不得不苟延残喘,上奉慈闱(指母亲),以勷大事,苫块(为守灵睡在草苫上,头枕土块)昏迷,语无伦次,伏乞矜鉴!棘人陈琢之、陈佑之(星聚次子)泣血。

——《淡水厅同知宦绩新辑》附录《行述》

　　1884年十月,法国侵略军攻占基隆,兵分两路进犯淡水和台北。巡抚刘铭传率领大军把守海防与淡水,曾祖父陈星聚文官挂武衔,率领军民守卫台北。法军窜至离台北十多里处,妄想进攻台北城。陈星聚决心与台北共存亡,把全家亲眷,包括妻子儿女、孙男、孙女共十多口,齐聚后厅,吩咐两个儿子保卫府衙安全,嘱咐妻子儿女、孙媳、孙男、孙女都围坐在后花园水井口边,坐听探马报信,万一战场失利,洋人攻入城内,全家老小便投井殉国,交待完毕,各行其事。68岁的老知府骑上战马,和士绅民勇互相配合,誓死守卫台北。知府夫人带领3个10岁以下的孙儿、孙女,抱着1个三四岁的小孙孙,两个儿媳和两个十四五岁的孙女坐在井沿,腿伸进井内,等候探马报信。每次探马回府,眷属们都提心吊胆,探马走后,才稍微松口气。探马是一个时辰报一次信,花园内是一阵紧张,一阵平静,盼望着旗开得胜后凯旋。阵地上,68岁的老知府,却在“陈”字旗下,跨马挥刀,率领着爱国军民英勇抗战。经过一场激烈战斗,法国侵略者败北,曾祖父陈星聚率领爱国军民胜利归来。城墙上旗帜招展,大街上摆满了香案,台北的父老乡亲扶老携幼,迎接胜利归来的爱国军民。

　　但是,我曾祖父因驰骋疆场,劳累过度,脊部毒疽发作,重疾缠身。加上1885年冯子材老将军夺得“镇南关大捷”,李鸿章反而同法国签订了中国不败而败的《中法新约》,曾祖父义愤填膺,忧愤而死,终年69岁。临终前嘱咐他的两个儿子说:“我死后,不要给我穿戴文官衣帽,要给我穿戴武官盔甲,将我督战抗法用过的宝剑,握我手中,装殓之后运回故乡,使我报国之心扎根故土。教训子孙要勤俭务农,报本追远。

——陈星聚曾孙陈守信《缅怀曾祖父——台北知府陈星聚》(未刊稿)

光绪十一年(1885)六月二十二日,陈星聚在台北逝世,装着他遗体的灵柩从海运走水路运往他的家乡——河南省临颖县。据传说,船只走到某处海面时,波涛汹涌,激流飞湍,船只无法通过,要想平安通过,必须给海龙王送去童男或童女方可,类似古代西门豹治邺时遇到的情景。当时从台湾跟回来一个丫环,名叫来娘,大脚,十二三岁。从人偷偷议论,龙王若要玉女时,就把来娘抛入河中。此事被祖父(指陈星聚长子琢之)发觉,当即高声宣布:来娘已离开老家,如同我的亲生女儿一样,不准瞎想瞎说。从此没人再敢提来娘的事了。

从西华县逍遥镇离开船只转入陆地行走,经过临颖县所属的黄连城、黄帝庙向陈村进发,沿途村民摆了很多供桌迎接陈官的灵柩。百姓们纷纷议论说,陈官离家时还年轻力壮,为官这么多年,干得不错,落了个清官的美名。灵柩从供桌旁经过时,立刻鞭炮齐鸣,非常热闹,场面隆重感人。

骑马护灵的两个丫环特别引人注目,一个大脚,一个小脚。两个丫环长大成人后,先后结婚成家。大脚的叫来娘,小脚的叫春香。她们两个成家后,陈家子女每年春节还去她们家拜年。春香家住临颖县城内西会馆后街,丈夫是位老汉,忠厚老实,但夫妇二人不和,据说他们的儿子是春香和另一个男人生的。来娘的家在临颖县荒张村,他结婚后生的儿子叫来顺,因她是来顺的娘,人们就喊她为来娘,她的真实名字反不为人们知道了。

——陈星聚曾孙陈守信《陈星聚遗体归葬小记》(未刊稿)

奏为拿办淡水厅辖之铜锣庄匪犯,在事出力员弁,恳恩分别奖叙,以昭激劝事。

窃据台湾道夏献纶先后具禀:"据淡水同知陈星聚禀称"淡辖铜锣庄有著名积匪吴阿来、吴阿富等兄弟族众叠犯抢掳,无恶不作,节经设法拿办未获。本年五月三十日,吴阿富等复出掳抢扎厝,经差勇先后追捕,格毙匪首吴阿富、党匪罗昌国二名。该同知陈星聚复募勇丁五十名,移营拨兵五十名,于闰五月二十日前往拿办,弋获匪党林安古等三名。该匪吴阿来等遁入接近番界之老鸡笼庄,将内山水源截断,仍遣党类四出掳入。该同知因地处险遐,未便轻进,商同北右营游击乐文祥携带炮火、添派兵丁,并号召各庄联丁陆续齐集五百余人,连日进剿,将老鸡笼庄匪巢及铳柜五座一律平毁,放出被掳蔡阿兴一名,所塞水源亦即开通。该匪逃窜新鸡笼庄隔溪踞守,于二十九日聚众复出,仍欲夺回老鸡笼庄。兵勇、联丁迎头堵御,乘势涉过溪南,该匪退入竹围。续经乐文祥督队进攻,凭高开炮,击毙贼匪二名,伤者无数,兵勇亦受伤六名。又盘获匪党林阿四、傅阿盛二名,讯系吴阿来每月以洋银五圆雇来帮拒官兵者。维时该处庄民以此次不为破获,则兵退复出,毒害更甚于前,环乞留师,愿为助剿。陈星聚目睹情形可悯,而办理猝难得手,即就近移请管带福锐新右营都司杨金宝,带勇三百名于六月十六日由铜锣庄进剿,攻破水井仔庄匪,连毁铳柜五座,先后毙匪多名,被贼铳毙庄丁罗水生一名,营勇受伤二名。二十三日直捣鹿湖庄老巢,该党骇奔,乡团立将匪巢焚毁,吴阿来向内山逃窜"等情。经臣等以匪首吴阿来在逃,必须添勇剿捕,并购重线缉拿以除后患,批饬遇照去后,兹据该道续禀"都司杨金宝与游击乐文祥等协力剿捕,叠有擒获,该匪窜居黄麻园一带。惟日久未能蒇事,恐致蔓延,由道飞饬线枪营参将吴世添拨勇一哨交都司熊昭万督带,与杨金宝、乐文祥分路进攻,匪势愈蹙。查黄麻园已在丛山之内,箐深林密,逼近生番,官军骤难深入。先经淡水同知陈星聚悬赏一千元,并访有庄民吴定新曾被吴阿来扰害,避居后山,熟悉番径;又由统领飞虎各军总兵吴光亮派令守备吴三胜,密授机宜,驰赴鹿湖,谕饬吴姓头人帮官拿犯,选集庄丁百余名随同吴定新入山,于七月二十日将吴阿来围住。该匪仍复死拒,庄丁间有受伤。陈星聚得信,立发洋银五百圆,并济以子药等项,俾期踊跃。二十二日攻破匪巢,将首匪吴阿来擒获,由守备吴三胜押解出山,淡南市民无不同声称快。惟吴阿来拒捕时腹受镖伤,又复患病,据营、厅驰报到道,当恐该匪悻逃显戮,即饬验讯明确,就地正法,枭首示众,以伸国法,而快人心。余犯另行讯办。所有在事出力员弁禀请分别奏咨奖叙"前来。

臣等查吴阿来为台北积年著匪,扰害乡闾,复敢拥众抗拒官兵,形同叛逆,若任其遁迹番界,贻害胡可胜言?此次在事文武认真剿捕,得将首恶歼擒,洵为地方除一大患,似未便没其微劳,除都司熊昭万一员业已病故,军功吴定新另行咨部核奖,其出力庄丁、兵勇由外酌给奖励外,合无仰恳天恩俯准,将尤为出力之台湾淡水同知陈星聚以知府用,先换顶戴;署台湾北部右营游击、候补游击乐文祥以参将仍留福建尽先补用;暂革福州城守左军都司杨金宝开复原官;花翎守备吴三胜以都司留于福建尽先补用;台湾北路右营千总林金安以守备尽先补用;布政使衔台湾道夏献纶调度有方,并请旨交部从优议叙,以昭激劝。是否有当,臣等谨合词恭折具奏,伏乞圣鉴训示! 谨奏。

——《丁禹生(日昌)政书·拿办匪犯员暨请奖疏》

二、陈星聚年谱

嘉庆二十二年　（1817）　1 岁

西方帝国主义国家向中国输入鸦片,是年英、美两国向中国输入鸦片 4500 箱,美国占 1900 箱。

嘉庆二十三年　（1818）　2 岁

美、英等国继续向中国输入鸦片。

马克思诞生。

秋,颍河决口,大水漫溢。

嘉庆二十四年　（1819）　3 岁

是年黄河多处溃堤,陈星聚的家乡颍河泛滥,平原变成水乡泽国。

嘉庆二十五年　（1820）　4 岁

嘉庆崩逝于热河避暑山庄行宫,皇二子旻宁即位,是为道光帝。

恩格斯诞生。

道光元年　（1821）　5 岁

清廷规定:凡洋船抵达广东,先由行商出具所进黄埔货船并无鸦片甘结,方准开舱验货,若有隐瞒,事后查出,加等治罪。这等于把责任推到中国行商身上。

是年临颍县流行疾疫。

道光二年　（1822）　6 岁

道光三年　（1823）　7 岁

两广总督阮元上奏:现在内港及黄埔、澳门、虎门各海口尚无鸦片输入,即正式进口的商品中没有鸦片,但鸦片的进口主要是走私,福建、江苏、浙江、天津等地均有走私鸦片出现,有些官员就参与走私,甚至两广总督也用官船供走私贩运鸦片。

陈星聚入学读书。

道光四年　（1824）　8 岁

陈星聚仍在私塾读书。

台湾北部艋舺营水师游击升为艋舺水师参将,自是艋舺地位日重,与府城(今台南市)、鹿港并称,时有"一台二鹿三艋舺"之谚。

道光五年　（1825）　9岁

是年七月,道光皇帝诏曰:"台湾向系漳、泉、粤三籍人民分庄居住,上年匪徒许尚等纠众滋事,即有游民从据。赵慎轸等奏请清庄之法,着照所请。嗣后台湾地方,如有面生可疑,无亲属相依者,该庄头人立即禀报地方官,审明籍贯,照例逐令过水刺字,递回原籍安插,毋使复令偷渡。其投充水夫者,亦令夫头查明,果系诚实安分,具结准充;如来历不明,及好勇斗狠之徒,俱报明本管官,一律逐回原籍。并饬漳、泉府厅县,如遇递解游民到境,即责乡耆等严加管束。"清廷为安定台湾地方秩序,严禁闽、粤之人偷渡来台。

是年英国人始驾小船来鸡笼购买樟脑。

道光六年　（1826）　10岁

陈星聚在私塾就读。

是年四月,台湾彰化闽、粤籍人发生械斗,数日之间,蔓延至数十村庄,粤人势弱败北,多逃往南庄,内山粤人乘机煽动"土番"扰乱中港,所至骚动,闽浙总督孙尔准调兵进剿,十一月,彰化械斗始告平定。清廷责令总督孙尔准议定章程,以期永靖。

是年改建淡水厅城,即竹堑城。

道光七年　（1827）　11岁

是年秋季,临颍县大水。

台湾淡水厅城改建开工。

是年英国人始来沪尾销售鸦片。

道光八年　（1828）　12岁

道光九年　（1829）　13岁

道光十年　（1830）　14岁

清廷下诏禁止各省种卖鸦片。

道光十一年　（1831）　15岁

监察御史冯赞勋上奏折指出鸦片之危害,称:"查烟土一项,私相售买,每年出口纹银不下数百万,是以内地有用之财而易外洋害人之物,其流毒无穷,其竭财亦无尽。于国计民生,均大有关系。"

道光十二年 (1832) 16 岁

台湾人张丙称官府专杀闽人,偏袒粤人,遂与其党詹通等竖旗起事,自称开国大元帅,建号"天运",并封詹通、陈办等官职,众人推张丙为总大哥,诸股首皆称大哥,下为旗首,旗首所部称旗脚。至这年年底,始被官军击败,张丙、詹通、陈办等先后被俘,张丙、詹通、陈办、陈连 4 人被械至京师,于次年一月斩之。

是年林则徐调任江苏巡抚。

道光十三年 (1833) 17 岁

江苏巡抚林则徐上奏说:"近年以来,银价之贵,州县最受其亏。而银商因缘为奸,每于钱粮紧迫之时倍抬高价。州县亏空之由,与盐务之积疲、关税之短绌,均未必由于此,要皆偷漏出洋之弊有以致此也。"因鸦片私运入口导致银贵钱贱,对社会经济与国家财政十分不利,因此禁止鸦片就显得更为迫切。

因张丙之役,朝廷下诏训饬闽省督、抚及议处台湾镇道等有关官吏,张丙余党 40 余人被斩首。

道光十四年 (1834) 18 岁

道光十五年 (1835) 19 岁

台湾淡水同知出示,严禁开掘鸡笼一带煤矿。

道光十六年 (1836) 20 岁

太常寺少卿许乃济上疏,主张"准令夷商将鸦片照药材纳税",也即让鸦片贸易合法化,除了文武官员士子兵丁之外,听任民间吸食。反对者认为既然在民间开禁,就无法禁止官员兵丁吸食,以货易货也行不通,因为没有那么多出口货用以交换鸦片。

台湾淡水地方闽、粤连庄,民"番"杂处,物产丰饶,人称乐土。但乡民多未受教育,动辄仇杀,或焚庐舍,或占夺田园,或抗租税,或掳人勒赎,不一而足。淡水同知娄云颁庄规 4 则,禁约 8 条,主要内容是严查户口,禁止外来游民留栖;严禁收藏鸟枪、火药、藤牌等。

道光十七年 (1837) 21 岁

林则徐任湖广总督,总督辖湖北、湖南两省。

台湾凤山县知县曹谨(河南省人)集耆绅,召巧匠,于县之南端开九曲塘,筑堤设闸,引下淡水溪水灌溉,规模之大,台湾前所未有,台湾知府熊一本名之曰"曹公圳"。

道光十八年　(1838)　22 岁

闰四月,鸿胪寺卿黄爵滋上奏认为,只在海口禁止鸦片进口不妥,根本的办法是禁止吸食鸦片,限吸鸦片者 1 年戒绝,过期不戒处死。道光帝将奏折发交各省,最坚定的支持者是湖广总督林则徐,他认为必须雷厉风行地禁止鸦片,"若犹泄泄视之,是使数十年后,中原几无可以御敌之兵,且无可以充饷之银"。

是年十一月十五日,林则徐被任命为钦差大臣赴广州禁烟。

道光十九年　(1839)　23 岁

钦差大臣林则徐与两广总督邓廷桢、水师提督关天培在虎门销毁英、美商人交出的鸦片 2 万多箱,约 230 万斤。九月底,英国派驻广州的商务监督义律率军舰闯入珠江口,与水师提督关天培率领的水军作战,在以后 10 天中又 6 次进攻官涌(九龙尖沙嘴以北的一座小山梁),但均被击退。

道光二十年　(1840)　24 岁

五月间英国舰队开往广东海面,宣布封锁广州。林则徐移驻虎门,校阅水师,准备作战。英国舰队主力北上,在厦门海面与闽浙总督邓廷桢辖下的水师发生冲突。英军又向浙海进攻,先到舟山海面,登陆占领定海县城。七月中旬,英舰抵达天津的白河口。十二月,英军占领了虎门外的沙角、大角两个炮台,水师提督关天培英勇抵抗,使英国侵略者遭受重大伤亡。直隶总督琦善擅自与英国签订《穿鼻草约》,答应割让香港、赔偿烟款 600 万元,英军随即占领香港。

道光二十一年　(1841)　25 岁

是年正月,道光帝下诏表示"痛加剿洗"英国人,将琦善革职锁拿,查抄家产。二月间英军攻打虎门,关天培英勇抵抗,以身殉国。四月,靖逆将军奕山在广州被英军打败,赔付英人 600 万元,英军退出虎门。

林则徐、邓廷桢革职后被"发往伊犁,效力赎罪"。

八月,英军占领定海、镇海(今属浙江)、宁波。

道光二十二年　(1842)　26 岁

正月,扬威将军奕经反攻宁波、镇海,败绩。五月,英军占领吴淞、宝山,英舰进入长江,六月攻陷镇江,七月,英舰停泊于南京下关。七月二十四日(1842年8月29日)钦差大臣耆英、伊里布、两江总督牛鉴与英国签订了《南京条约》,赔款2100万元,割让香港,开放广州、厦门、福州、宁波、上海等五口为通商口岸。这是有损中国主权的不平等条约。

道光二十三年　（1843）　27岁

是年六月和八月,中英又签订了《五口通商章程》(附海关税则)和《五口通商附粘善后条款》(又被称为《虎门条约》),此二者内容是关于通商口岸贸易的具体章程,也是套在中国人民身上的枷锁。

是年台湾淡水同知曹谨建学海书院于艋舺下嵌庄。

道光二十四年　（1844）　28岁

五月,中美签订《望厦条约》,除了割地赔款外,几乎包括了英国所订条约的一切内容。

九月,中法在停泊于黄埔的一艘法国兵舰上签订了《望厦条约》。

道光二十五年　（1845）　29岁

是年十二月,两广总督兼钦差大臣耆英在广州贴出告示,要求百姓不要反抗洋人进城,告示旋即被百姓撕掉,群众包围了知府衙门,纵火焚烧,知府刘浔仓皇出逃,这次事件表达了群众对屈服于侵略者的官员的愤怒情绪。

道光二十六年　（1846）　30岁

道光二十七年　（1847）　31岁

正月,英国驻中国公使兼香港总督和驻军总司令德庇以英国人在广州附近的佛山镇被当地百姓用石块攻击为借口,对广州武装袭击,二月间占领了虎门所有主要炮台,并进入城外商馆地区。两广总督耆英答应两年后英国人可以自由进入广州城。

是年英国轮船在鸡笼发现煤矿,勘探出煤炭质地优良,且易采掘,遂报告其国政府,欲得之以供其远东航运燃料。

道光二十八年　（1848）　32岁

耆英调离广东,广东巡抚徐广缙升任两广总督。英国人要求按照预定期限于道光二十九年三月进入广州城,广州城群众掀起了反英高潮。迫于百姓压力,徐广缙婉言拒绝了英人要求。

是年英国军舰来台探测沿海地形,英国海军少校戈敦以鸡笼煤矿勘察报告,发表于皇家地理学会。

道光二十九年　（1849）　33 岁

陈星聚本省乡试中式举人。

台湾知府曹谨病逝。

英人《中国丛报》认为台湾煤炭较利物浦煤炭质量更优。

美国商船道菜号初到鸡笼试探,意在通商贸易,补给煤炭。

道光三十年　（1850）　34 岁

是年十二月初十日(1851 年 1 月 11 日)洪秀全于广西桂平金田村正式宣布起义,建号太平天国。

英国驻华公使兼香港总督文翰照会两广总督徐广缙,请求采购鸡笼煤炭,遭拒;又照会闽浙总督刘韵珂,亦为所拒。清廷严禁百姓采挖鸡笼煤矿,以杜英人觊觎。

是年道光帝崩逝,奕詝继位,是为咸丰帝。

咸丰元年　（1851）　35 岁

外国商船开始至台湾的沪尾、鸡笼互市,有司照例征税。厦门英领事馆翻译官巴夏礼至鸡笼勘视,意在开港通商,采购煤炭。

咸丰二年　（1852）　36 岁

是年十二月,太平军攻占长江中游重镇武昌。

咸丰三年　（1853）　37 岁

是年二月,太平天国起义军攻占南京,定为首都,更名天京。后又陆续攻占安庆、庐州(安徽合肥)、镇江、扬州等地。并穿越安徽、河南,在郑州以西渡过黄河,进入山西境内,八月份进入直隶。

六月间,太平军进入临颖县。

太平军定鼎南京,举国震动,闽南天地会党人踞厦门,集结小刀会响应。四月间,天地会连下沿海州县漳州、厦门等十余城,台湾亦崛起响应,台湾县人李石以"兴汉灭满"为号召,从者甚众。至七月间被镇压下去,李石等被杀。

美国商人基顿奈致函美国驻华公使伯驾,请占有台湾南部或东部,伯驾建议美国侵台。

咸丰四年 （1854） 38 岁

是年小刀会起义在上海失败。

陈星聚在县办团练。

六月,美国东方舰队司令伯理派人率舰队由日本赴台,调查遭难外人及台湾地质矿藏,并测绘鸡笼水陆地图,对鸡笼煤矿甚为垂涎。伯理回国后,鼓吹占领台湾。美国派驻宁波领事赫利思也上书美国政府收买台湾,但未被采纳。英国伦敦皇家园艺协会会员福穹来淡水采集植物标本。

咸丰五年 （1855） 39 岁

美舰于台湾近海发现海底火山。

咸丰六年 （1856） 40 岁

是年九月英国借口"亚罗"号快艇悬有英国国旗,中国官员为捉拿海盗逮捕了快艇上的 12 名中国人,进犯广州,旋被打退。

咸丰七年 （1857） 41 岁

是年十一月,英法联军攻陷广州,两广总督叶名琛"不战,不和,不守;不死,不降,不走",被俘送往印度,两年后死于印度的加尔各答。

河南裕州（今方城县）土匪武装李汰春由确山、西平攻打郾城,起初只有数百人,及至临颍城东三家店时,已有众 2000 人,马百余匹。又由临颍西去繁城,沿途放火纵掠,许州知州金梁率兵御之,役勇溃散。五月初二日双方又战于繁城、椹涧之间,李汰春败绩,被歼数十人。

美国驻华公使伯驾又建议美、英、法三国联合占领台湾,为国务卿麦赛所拒。

咸丰八年 （1858） 42 岁

五月十六日、十七日中英、中法《天津条约》分别签订,主要内容为:英法公使驻北京;增开通商口岸;外国人可入内地游历、通商、自由传教;修改税则;外国商船可在长江口往来;中国分别向英、法赔款 400 万、200 万两。在此之前已签订中俄、中美《天津条约》,除了赔款外,俄、美两国获得了英、法从《天津条约》中得到的一切。

咸丰九年 （1859） 43 岁

五月二十五日,英、法兵船驶入大沽口,开炮轰击炮台,并以陆战队强行登陆,遭到中国炮台反击,4 艘炮艇被击沉,登陆部队死伤过半,海军上将何柏受伤,在美舰援助下才退出大沽口。

捻军首领孙葵心、刘天福等由睢州(今河南睢县)攻打开封、陈州(今河南淮阳)等县,南阳镇总兵邱联恩追击至太康,击毙捻军七八百人,擒头目王林等。通许、扶沟、西华、临颍等县均有捻军踪迹,二月二十一日,邱联恩与捻军战于西华,二十五日,双方再激战于舞阳北舞渡,日暮风霾,邱联恩与山西参将福瑞战死,清军退入许州。十月初八日,黑龙江副都统关保抵许州繁城镇,十一日捻军姜太林等各捻至临颍北关,关保与河北镇总兵崇安督战,河南巡抚瑛棨派知府李征松率军助战,合击捻军于徐庄铺、土桥集,追至轩庄,捻军败绩。

陈星聚奉命守御临颍县城,击败捻军,立下战功。

咸丰十年 （1860） 44岁

四月,英、法军队占领浙江定海与山东烟台,六月攻占大沽炮台,七月占领天津,八月进攻通州以西的八里桥,咸丰帝仓皇逃往热河承德的避暑山庄行宫,九月九日英法联军纵火焚烧圆明园。恭亲王奕䜣同英法两国签订了《北京条约》,十月初二日又同俄国订立了《中俄续增条约》。这些都是丧权辱国的不平等条约。

中英、中法签订《北京条约》后,准台湾通商,台湾知府议开淡水之八里坌为通商口岸,筹设对岸之沪尾海关,但北路鸡笼以南之各大小口汉,禁止洋船前往贸易。德人李希霍来台勘查鸡笼煤矿。德国军舰爱尔伯号驶抵琅峤,命水兵登陆,为士民所阻。

陈星聚在籍守城出力,蒙前署河南抚宪黄保奏,于是年十二月十四日奉旨以知县不论单双月选用,选即赴京投供(递交自己的履历)。

咸丰十一年 （1861） 45岁

七月,咸丰帝崩逝,由载淳继位,是为穆宗,年号同治。

二月初一日捻军攻长葛,知县金缄击走之,捻军由洧川攻许州,又被知州叶世槐击走。捻军奔临颍,被知县查以谦击败于大石桥。捻军由颍桥进入襄城县,南下南阳诸州县。三月初十日,总兵成景击败捻军,捻军分作两支,一支由北舞渡东回安徽,一支由襄城、郾城入临颍,知县查以谦会同成景击走之。捻军奔鄢陵、扶沟,攻太康,十一月进入泌阳、舞阳,攻掠裕州、叶县、襄城、临颍,时值风雪大作,乃由郾城东去。

同治元年 （1862） 46 岁

四月十三日,捻军首领张乐行派遣部下刘大老渊、刘二老渊等由襄城攻临颍,两次攻城均被知县查以谦击退,捻军转攻许昌。九月二十三日,捻军至临颍之五里河,知县查以谦率练勇败之于瓦店,擒获老捻张玉等,斩捻军马步兵六七百人,捻军败走西华。

同治二年 （1863） 47 岁

捻军首领张乐行被清朝擒斩,姜太林降清,张乐行之侄张宗禹号称小阎王,于七月二十一、二十二日由太康、鄢陵攻打临颍,被击败后分作两路,张宗禹走禹州,程二老坎走襄城。苗党、葛小牛一股也于七月间进入豫境,由西华逍遥镇进入临颍,袭破民寨数处,南下鄢城,复又折回临颍,围攻县城,知县查以谦以大炮击却之。十七日,孙之友、李世玉等击败捻军于颍西大石桥,捻军由茨沟进入襄城县。

是年正月,应英国税务司之请,台湾之鸡笼、旗后、安平 3 处通商。八月,开鸡笼口禁,西洋人派副税务司专驻沪尾、鸡笼二口,会同关员稽征。

同治三年 （1864） 48 岁

六月十六日,清军攻陷天京,太平天国覆亡。

二月,陈星聚奉部选授顺昌县知县,三月初五日,蒙钦派王大臣验放来闽,九月二十一日到省。十一月初三日赴顺昌县上任。

福州税务司上书陈述采煤之利,请准英商租地开办,淡水税务司亦如是说,巡抚徐宗干奏言不可。

而绅民互相煽动,又公立契约,禁止开采,有"倘敢抗拒,格杀勿论"之语。

同治四年 （1865） 49 岁

陈星聚任顺昌县知县后,"兴利除弊,政绩颇多。"六月间缉拿匪首郭英 1 名,旋就地正法。

正月二十一日,捻首张宗禹由临颍、鄢城掠西华,清军张曜、宋庆等跟踪追击。六月十五日,张宗禹等至许州之五女店、临颍县之张潘镇、大石桥,为张曜、宋庆、蒋希夷诸部围剿,捻军奔郏县、襄城县。

五月,英国长老会派牧师马雅各来台湾府城传教,兼医病。后因居民误解相拒,乃迁往打狗之旗后。是年英人杜德来台湾调查淡水茶园。

同治五年　（1866）　50 岁

陈星聚督团于八月间缉获顺昌县九龙山著匪辜留、潘巧、刘勒等 3 名,十月又捕获著匪林春、黄阿五等两名。陈星聚并非一味杀戮,而是"迭用刚柔,兼施威惠",登门劝说,逐家逐户做工作,感化九龙山上铤而走险、落草为寇的农民,使他们弃干戈而事农桑。当地百姓为之建生祠。

是年七月,捻军赖文光、任柱部由河南新郑、禹州、密县、长葛趋许州,盘踞于禹城、贺张诸村,扰及襄城县之颍桥、方窟、茨沟、临颍之三星店,清军进剿,捻军由临颍、郾城抵达沙河。

十月间,闽浙总督左宗棠以陈星聚"听断缉捕,矢勤矢慎,宽猛协宜,舆情悦服"的评语保奏军机处,十二月初九日奉旨交部引见。

是年英人杜德由福建安溪带茶苗来淡北,贷款与民,试种茶树,自是台湾茶业大兴。英建领事馆于打狗港口。

同治六年　（1867）　51 岁

正月奉文调帘,十九日卸事,晋省入闱当差,十月初八日奉委署理建宁府建安县事,于十一月初六日接印。建安即今日的福建建瓯县。该县经济不发达,文化落后,县里的书院考棚门窗朽蠹,墙壁颓圮,星聚捐俸修建书院考棚,增设义塾,建安文风大盛。

二月六日美国商船罗发号遇风漂至台湾南岬,于七星岩冲礁而碎,船长以下 13 人划小船在琅峤登陆,被当地土著杀死。三月,英船柯尔摩兰号前往调查,也遭攻击。四月,美驻厦领事李仙得来台,照会台湾镇总兵、台湾道,请查办,无结果,驻京美公使又向总理衙门提出抗议,答以"番界"非台湾政令所能及,李仙得乃主张派兵会剿。五月二十日,美舰两艘登陆龟仔角,派舰队进攻,不克,一副舰长战殁,美军暂退,拟于秋冬之际再来。

同治七年　（1868）　52 岁

五月十四日,蒙奏请,调补闽县（今福建闽侯县）,九月十二日交卸建安县事,十月初一日接闽县篆务。

五月台湾打狗港英商夏礼与哨丁互殴受伤,英国商人在梧栖港私开洋栈收购樟脑,为鹿港同知截留,英领事出面交涉,为台湾道台所拒。七月,英军舰来台,英领事与台湾道商议处理纠纷,双方不欢而散,英人坚持台湾道必须撤职,清廷答应撤换台湾道、凤山知县及鹿港同知。正当结案之际,英舰向平安开炮,杀伤兵勇 24 人,占据营署。十月十八日,双方达成协议:废除樟脑官营,订立外商采运章程;鹿港同知及凤山知县撤任;承认传教士在台各地传教居住之权;赔偿英商及教会损失。

同治八年 （1869） 53 岁

陈星聚平反冤狱,案无积牍,百姓称他为"包青天",钦差大臣沈葆桢称他为"纯儒循吏"。英法帝国主义欲在闽侯县川石岛构筑炮台,陈星聚力争不果,愤而请辞。三月,陈星聚请咨赴部,是月二十五日卸篆进京,七月初二日吏部带领引见,奉旨陈星聚著以同知直隶州回任候升。九月初一日回省,被藩台委署为兴化府仙游县知县,于十月初六日到任视事。县俗素好兴讼,动辄械斗,星聚亲赴各乡委婉劝导,所至之处,谕以读书力田之乐,为编《八戒十劝歌》,令相传颂,民间感激有流涕者。

上年德国商人美利士与英人荷恩勾结,在台湾东部大南澳"番界"伐木垦荒,是年春,总理衙门向英、德公使提出抗议,英允将荷恩撤回,德国则意存袒护,于是美利士在沪尾等地妄为。三月间,英舰竟来苏澳、大南澳停留 3 日,意在要挟清政府。

同治九年 （1870） 54 岁

五月陈星聚奉巡抚命为甘肃筹饷有功,福建司、道官员以陕甘筹饷案内出力,奏请赏戴花翎。

同治十年 （1871） 55 岁

七月十七日,陈星聚被福建藩台委署为福州府古田县知县,于十一月初三日接印视事。是年计典,闽浙总督与福建巡抚以陈星聚"洁己爱民,实心任事",合力荐举"卓异",旋蒙藩台札委伴送琉球贡使晋京。

古田县农民土地被闽清县土豪劣绅巧取豪夺,长期未能解决,陈星聚多次与闽清县令协商,土地问题得以妥善解决,当地百姓为其立生祠,命名为"陈公祠"。此前古田县还有一个叫陈清端的县令,也敢于为民请命,百姓修了两座祠堂,合称"二陈祠"。

同治十一年 （1872） 56 岁

十一月初二日卸任古田知县,顺便请咨赴部引见,又蒙督宪李、抚宪王会题升补台湾府淡水同知。

是年二月加拿大基督教长老会派传教士马偕至淡水传教,成立沪尾传教本部。至是以大甲溪为界,北部台湾皆为加拿大长老会负责传道,南部台湾则由英国长老会负责传道。

是年八月,日本册封琉球王尚泰为藩主,欲确定日、琉之关系,为进犯台湾作准备。是年日本初置领事于福州,兼管淡水事务。

同治十二年　（1873）　57 岁

四月初九日,陈星聚由吏部带领引见,奉旨"陈星聚著准于知县任内卓异加一级"。五月二十一日自京伴送回闽,于七月十六日到省,二十二日奉藩台札饬,赴淡水新任,八月二十九日接印视事。

日本以琉球宗主国自居,训令驻华全权公使向清廷提出杀害琉球人之交涉,计未得逞。七月,日本军人桦山资纪由福州伪装来台,环游全岛,以刺探台情,逗留 4 个月才返国。

同治十三年　（1874）　58 岁

十二月,同治帝崩逝于养心殿之东暖阁,醇亲王之子载湉继位,是为德宗,年号光绪。

陈星聚任淡水同知,办公地点在新竹县。他在办团练的同时兼及编查户口,将以前未经造册之处,限令一律备送齐全,再行抽查比对,然后刷给门牌,以免挂漏。同时严禁赌博。

是年二月十日,日本水师官桦山资纪至台湾琅𫑡柴城一带调查"番情"地势,十八日,日本授陆军中将西乡从道为"台湾番地事务总督",正式宣布进兵侵台。三月二十二日,日军登陆琅𫑡之社寮,清廷向日本提出抗议。四月七日,日军与牡丹社、高士滑社"番人"战于石门,互有死伤。十八日,日军分三路进攻,毁牡丹、高士滑等社,建大本营于龟山,作久驻计。七月三十日,日本特派全权大臣内务卿大久保利通至北京谈判。是年夏天,日军因溽暑疾疫流行,病死者 500余人,九月二十二日,中日和议成,主要内容是:日本此次所为,原为保民义举,中国不得指为不是;中国赔琉球遇难人抚恤银 10 万两;日本在台湾修道建房,中国愿留自用,先行议定筹补银 40 万两。

光绪元年　（1875）　59 岁

六月十八日,钦差大臣沈葆桢会同闽浙总督、福建巡抚奏请添设台北一府三县。他说的理由有五点:一是淡水同知办公之地在竹堑,要到郡治台南须十九日方能到达,而事无巨细,政令皆统于台湾府,往来实在不便,况且沪尾港口帆樯林立,人烟稠密,必须另设管理机构;二是淡水厅所辖之地华人与洋人杂处,教民与百姓矛盾日增,为防患于未然,须另外建立台北府;三是台湾土特产甚多,大多出自淡北,洋船搬运,客民丛集,风气不一,嗜好各异,难免产生矛盾,各级官员为处理此事而疲于奔命,造成公事积压,也须另建台北府;四是淡水厅学子赴台湾道考试,到达台南须 13 天,很多学子没有川资只好放弃考试,为使士子能就近参加考试,也须建立台北府;五是打官司上控到台湾府,因路途遥远,往往一个案子累月穷年不能结案,被诬告之家频繁往返府衙,冤尚未雪而家已破产,为改变这一状况,也须另建台北府。十二月二十日,清廷准沈葆桢之奏,设台北一府三县,乃置台北府,治艋舺,下设三县:附郭一县曰淡水,改淡水厅为新竹县,噶玛兰厅为宜兰县,改鸡笼为基隆,设通判,同辖于台北府。

台北府城城址选在何处,颇有争议。沈葆桢与第一任台北知府林达泉主张设在艋舺,另一派主张设在淡水旧治新竹,福建巡抚丁日昌则主张设在基隆,最后选在了艋舺与大稻埕之间的田野里。

陈星聚平抑淡水米价。

光绪二年 （1876） **60 岁**

淡水厅所辖铜锣庄积匪吴阿来、吴阿富兄弟纠集匪徒,于五月间抢掠扎厝,经差勇追捕,吴阿富、罗昌国两名匪首被击毙。淡水同知陈星聚乘战胜余威,招募壮丁 50 名,又拨兵 50 名协同进剿,获匪党林安古等 3 人,吴阿来兵败遁入接近番界之老鸡笼庄,截断内山水源,势甚猖獗。陈星聚会同北右营游击乐文祥率兵 500 人进剿,于七月间将吴阿来俘获,斩于市曹。

十一月九日,福建巡抚丁日昌巡视台湾,请调提督孙开华、总兵方耀数营渡台,添筑营垒,以为捍御台湾之计,但不久,丁日昌便因病去职。十二月,大臣袁保恒奏:台湾虽僻处海滨,而物丰民杂,非专驻大臣,镇以重兵,未易为功。可否移福建巡抚为台湾巡抚,长期驻台。是年,修筑沪尾炮台及改筑基隆炮台。聘英人翟萨（Dayid jyzack）为工程师,开凿基隆八斗煤矿。建凤山县试院。宜兰县建县儒学。

光绪三年　（1877）　61 岁

陈星聚发现淡水农村中贫寒之家的女子幼小时便卖给大户殷实人家作婢女,20 至 30 岁尚未出嫁。甚至有人抱养女孩,及长不为之择配,迫令为娼者,伤风败俗,不一而足。陈星聚下令,淡水县严禁民间役使养女,不为婚嫁。凡女婢18 岁以上,不得假以抱养苗媳名义,不为择配,或迫使为娼,违者严办。

是年陈星聚再出告示,严禁开场聚赌,命人在城乡张贴。为保护耕牛,又勒石立碑,立于御署前。

是年陈星聚的家乡临颍县发生饥荒,他捐谷千石,又赈济本村数百石,临颍县父老传为美谈。当年计典,上司的评语是"志坚守洁,慈惠爱民"。

是年五月,清廷批准以江苏海州(今江苏连云港西南)知州林达泉试署台北知府,暂以淡水厅为府署。陈星聚再次平抑淡水米价。

光绪四年　（1878）　62 岁

三月,台北知府林达泉才到职履新。

因台北新设府治,淡水同知裁缺,星聚调补中路同知,他抚番开山,不遗余力。

九月间林达泉病逝任所,陈星聚以中路同知身份代理台北知府。十月间,台北第二任知府向焘坐轮船由大陆赴台。陈星聚拟出建立府城计划,始向官民募捐经费。

光绪五年　（1879）　63 岁

三月,代理台北知府陈星聚发布筑城公告,称城基、街道均已分别勘定,街路既定,民房为先。凡起盖民房,每座广阔 1 丈 8 尺,进深 24 丈。至于造房多寡,或 1 人而独造数座,或数家而合造 1 座,各随力之所能,听绅民之便。但台北城选定的地址原为水田,难以承载城墙、城门之重,陈星聚不得不在预定城墙线上植竹培土,以期在三四年内承载重压。

是年,陈星聚建艋舺养济院,又建淡水县儒学于台北府治。

是年台北发生疾疫、水灾,百姓生活拮据,陈星聚开仓济贫,他说:"吾但活吾民,罔顾利害也。"福建巡抚见他敢于任事,未追究他擅开仓库之罪。

光绪六年　（1880）　64 岁

七月,朝廷谕沿海各省严紧布置防务,基隆炮台配架克虏伯大炮 5 尊,打狗炮台配架 7 英寸口径大炮 4 尊,6 英寸 2 尊,台湾防务大为加强。

台北第三任知府赵均未到任,反而接替周懋琦任台湾府知府,以一身而二任,陈星聚仍然代理台北知府。是年陈星聚先建台北府衙、文庙和考棚,又建台北儒学及登瀛书院于府治。

光绪七年　（1881）　65 岁

闰七月,福建巡抚岑毓英巡台,认为筹办台湾防务,必须使南北声气相通,台湾府城偏于一隅,不易顾及北路,欲将府、道移设彰化,建城于东大墩(今台中市),居中控制。是年台北第三任知府(也兼台湾府知府)赵均因丁母忧去职,八月,吏部行文:"候补知府准补台湾府中路同知陈星聚,准其补授台北府知府。"至此,陈星聚才名正言顺地成了台北府知府。此前他虽主管台北府事务,但都是代理知府。他的 3 位前任虽是知府,但未在台北府城办过公,仅是挂名,陈星聚才是名副其实的台北府首任知府。

左宗棠部将刘璈任分巡台湾兵备道,上任后整饬吏治,振作文风,并将"开山抚番"事宜,次第经理。

光绪八年　（1882）　66 岁

是年一月,台北城正式破土动工,离陈星聚署理台北知府已有 4 年之久。台北城修建缓慢的原因是:地基松软,不能过早开工;建城工匠与建筑材料均须从外地引入,因此稽迟了时日。

台湾道刘璈以基隆煤务办理不善,浮费过多,乃拟定章程,以补漏卮。

光绪九年　（1883）　67 岁

五月,台湾府城大火。十月,法越事起,朝廷下诏以台湾为东南海疆重地,着加强防务。时台湾兵备道刘璈驻防台南,乃整饬军备,筑炮台,建营垒,购新枪,置水雷,分汛海陆。又划全台为 5 路,各守基地,有事策应。因台地辽远,防务重大,禀请总督移驻,居中调度,未果。十一月,朝廷特命两江总督左宗棠派兵增防台湾,归刘璈调遣。寻命署福建陆路提督孙开华率所部擢胜 3 营,办理台北防务。已而提督章高元率淮军,提督杨金龙率湘军,各先后至。当是时,法舰轺游弋沿海,以窥台湾。是年重修淡水、基隆炮台。

光绪十年　（1884）　68 岁

是年台北城建成,这座城全用石头筑成,"周一千五百有六丈,池略大之。

辟五门:东曰照正,西曰宝成,南曰丽正,北曰承恩,小南曰重熙,面东、北两门又筑一郭,题曰'岩疆锁钥'。既成,聚者渐多,其后复建巡抚衙门,遂为省会"。

是年三月十八日,一艘法国军舰闯入基隆港瞭望绘图,强行购煤,意在寻衅。五月二十六日,法舰再窥基隆,因战和未定,清军未予还击。闰五月,督办台湾事务的前直隶陆军提督刘铭传抵基隆查看形势,六月二日开府台北,设团练,筹备战事。六月十四日,4艘法舰直逼基隆,命清军次日早8时交出炮台。十五日,刘铭传驰赴基隆,法舰击毁基隆炮台,清军伤亡60余人。十六日,法军进攻曹志忠营,刘铭传率军反击,法军败退,伤亡百余人。七月,法舰攻基隆不克,转攻沪尾,守将孙开华严阵以待,法国水师提督孤拔封锁沪尾港口。八月十二日,法舰8艘抵基隆,十三日攻基隆,不克,台勇伤亡逾百。十四日破晓,法军攻沪尾,遭守军反击。是日清军撤出基隆,移主力支援沪尾,仅以3营之众扼守土堵,基隆陷入法军之手。二十日,法舰8艘攻沪尾,并派兵登陆,清军奋勇迎战,法军败退。是役清兵伤亡百余人,法军死伤亦众,14名法军被俘,皆杀之,自是法军不敢窥台北。九月五日,法军宣布封锁台湾。

八月十六日,陈星聚禀报台湾道刘璈,称沪尾寂无炮声,恐法人闻知清兵撤退,必返回基隆,台湾北部便处于危险中了。他同时建议,台湾南部的安平(今台湾台南)、旗后(今台湾高雄)、斗六(今台湾云林)等港口可以泊船之处,应加强防御。自基隆失陷后,陈星聚多次请求刘铭传收复基隆,刘铭传甚为反感,说他"年近七旬,不谙军务"。

八月二十日,法舰8艘进攻沪尾,被清军击败,取得了沪尾大捷。十月,法军宣布封锁台湾港口。十二月初十至二十日,清军在月眉山(基隆附近)大败法军。

光绪十一年　(1885)　69岁

一月十八日,法军自基隆出发,分三路进攻月眉山一带,清军拼死抵抗,获得小胜。二十日黎明,清军由月眉山尾向山巅进攻,受挫。法军分为两路,一路自月眉山袭击暖暖前方,一路自鸟嘴峰袭击大水窟后背,清军腹背受敌,大水窟、四脚亭均告失守。清军夺围西退,基隆河北岸尽失,月眉山、深澳坑、暖暖皆为敌有。二十一日,清军退至五堵、七堵,据河守御,幸基隆河水骤涨,清援军聂士成部赶到,才控制住局势。战事呈胶着状态。

二月十六日,法军占领澎湖。

是月,冯子材在广西镇南关大败法军,导致法国茹尔·费里内阁倒台。

四月,法军侵华统帅孤拔病死澎湖。

是月,中法签订《中法新约》,承认越南为法国的保护国。由于法国在战场上失利,未提赔款要求。

六月二十二日,陈星聚因积劳成疾,疽发于背,逝世于台北知府任上。清廷追封他为"三品道台","御赐祭葬如例",台北为他修建了"陈公祠"。他的家属扶柩归葬,先是渡海入闽,再由水路转浙江,然后沿大运河北上,转内河至西华县逍遥镇,从此弃船陆行,几经辗转,终于到达陈村。

是年始建陈星聚墓园。次年朝廷下诏:"予故台湾台北府知府陈星聚照军营例优恤。"

光绪十五年(1889)陈星聚墓园落成,陈村改名为台陈村。

20世纪50年代及"文化大革命"中,陈星聚墓园两度遭受无妄之灾。

2008年陈星聚纪念馆落成,成为爱国主义教育基地。

引 用 书 目

1. 陈垣修,管大同纂:〔民国〕《重修临颍县志》,民国五年(1916 年)河南商务印刷所铅印本。

2. 高登艇、潘先龙修,刘敬等纂:〔民国〕《顺昌县志》,民国二十五年(1936年)铅印本。

3. 詹宣猷修,蔡振坚等纂:〔民国〕《建瓯县志》,民国十八年(1929 年)芝新印刷所铅印本。

4. 贡澄渊修,余钟英等纂:〔民国〕《古田县志》,民国三十一年(1942 年)古田县修志委员会铅印本。

5. (清)沈茂荫纂:〔光绪〕《苗栗县志》,台湾文献丛刊第 159 种,台北:台湾银行经济研究室,1962 年。

6. (清)唐景崧修,(清)蒋师辙、(清)薛绍元等纂:〔光绪〕《台湾通志》,台湾文献丛刊第 130 种,台北:台湾银行经济研究室,1962 年。

7. (清)郑鹏云、(清)曾逢辰纂:〔光绪〕《新竹县志初稿》,台湾文献丛刊第 61 种,台北:台湾银行经济研究室,1959 年。

8. (清)陈朝龙、(清)郑鹏云纂:《新竹县采访册》,台湾文献丛刊第 145 种,台北:台湾银行经济研究室,1962 年。

9. (清)陈朝龙、(清)郑鹏云纂,林文龙点校:《合校足本新竹县采访册》,南投:台湾省文献委员会,1999 年。

10. 新竹市政府编:《新竹市志》,新竹市:新竹市政府,1999 年。

11. 王月镜主修:《台北市志》,台北市:台北市文献委员会,1988~1991 年。

12. 台湾省文献委员会编:《台湾省通志》卷三,《政事志·军事篇》,南投:台湾省文献委员会,1971 年。

13. 台湾省文献委员会编:《重修台湾省通志》卷六,《文教志·学校教育篇》,南投:台湾省文献委员会,1993 年。

14. 台湾省文献委员会编:《重修台湾省通志》卷七,《政治志·社会篇》,南投:台湾省文献委员会,1992 年。

15. 台湾省文献委员会编:《重修台湾省通志》卷十,《艺文志·艺术篇》,南投:台湾省文献委员会,1997 年。

16. 台湾省文献委员会编:《重修台湾省通志》卷一,《大事志》,南投:台湾省文献委员会,1984 年。

17. 连横著:《台湾通史》,台湾文献丛刊第 128 种,台北:台湾银行经济研究室,1962

18. (民国)王元樨编:《甲戌公牍钞存》,台湾文献丛刊第 39 种,台北:台湾银行经济研究室,1959 年。

19. (清)丁日昌著:《丁禹生政书》,(香港)志濠印刷公司,1987 年。

20. (清)洪弃生著:《寄鹤斋选集》,台湾文献丛刊第 304 种,台北:台湾银行经济研究室,1972 年。

21. (清)刘璈著:《巡台退思录》,台湾文献丛刊第 21 种,台北:台湾银行经济研究室,1958 年。

22. (清)刘铭传著:《刘铭传抚台前后档案》,台湾文献丛刊第 276 种,台北:台湾银行经济研究室,1964 年。

23. (清)刘铭传著:《刘壮肃公奏议》,台湾文献丛刊第 27 种,台北:台湾经济研究室,1958 年。

24. (清)左宗棠著:《左文襄公奏牍》,台湾文献丛刊第 88 种,台北:台湾银行经济研究室,1960 年。

25. (清)左宗棠著:《左宗棠全集·奏稿2》,岳麓书社,2009 年。

26. (清)左宗棠著:《左宗棠全集·奏稿3》,岳麓书社,2009 年。

27. 台湾银行经济研究室:《清德宗实录选辑》,台湾文献丛刊第 193 种,台北:台湾银行经济研究室,1964 年。

28.（清）朱寿朋辑:《光绪朝东华续录选辑》,台湾文献丛刊第 277 种,台北:台湾银行经济研究室,1969 年。

29. 台湾银行经济研究室编:《清季申报台湾纪事辑录》,台湾文献丛刊第 247 种,台北:台湾银行经济研究室,1968 年。

30. 台湾银行经济研究室编:《清季外交史料选辑》,台湾文献丛刊第 198 种,台北:台湾银行经济研究室,1964 年。

31. 台湾银行经济研究室编:《述报法兵侵台纪事残辑》,台湾文献丛刊第 253 种,,台北:台湾银行经济研究室,1968 年。

32.（台湾）中央研究院近代史研究所编:《教务教案档》第三辑第 3 册,台北:中央研究院近代史研究所,1975 年。

33. 台湾银行经济研究室编:《法军侵台档》,台湾文献丛刊第 192 种,台北:台湾银行经济研究室,1964 年。

34. 陈金田译:《临时台湾旧惯调查会第一部调查第三回报告书:台湾私法》第 1 卷,台中:台湾省文献委员会,1990 年。

35. 台湾银行经济研究室编:《清代台湾大租调查书》,《台湾文献丛刊》第 152 种,《第五章地基租·第三节其它契字》,台北:台湾银行经济研究室,1963 年。

36. 台湾银行经济研究室编:《台湾关系文献集零》,台湾文献丛刊第 309 种,台北:台湾银行经济研究室,1972 年。

37. 台湾银行经济研究室编:《台湾私法物权编》,台湾文献丛刊第 150 种,台北:台湾银行经济研究室,1963 年。

38. 台湾银行经济研究室编:《台湾私法人事编》第四章《亲子》,台湾文献丛刊第 117 种,台北:台湾银行经济研究室,1961 年。

39. 中国史学会主编:《中法战争》,上海人民出版社,1957 年。

40. 胡绳:《从鸦片战争到五四运动》,上海人民出版社,1982 年。

41. 晁国顺:《陈星聚在福建》,未刊稿。

42. 谭建昌:《台北知府陈星聚》,打印稿,河南省临颍县政协《文史资料》第十一辑。

后　记

　　在中国近代史上，陈星聚不是一个显赫人物，因为他只是台北知府，《清史稿》没有为他立传。但是在台北、在他的家乡河南省临颍县，陈星聚却是人们耳熟能详的名字。由于他当过官，临颍人都亲切地称他为"陈官"，也因为他在台湾当官，他生于斯长于斯的陈村便改名为"台陈村"。白云苍狗，岁月悠悠，若干年后，临颍县便有了他的传说。临颍县是个只有 821 平方公里的小县，虽然在西汉就已设县，但历史名人不多，可圈可点的只有两位：一位是明朝嘉靖年间任过礼部尚书兼文渊阁大学士的贾詠，另一位便是台北知府陈星聚了。《明史》也未为贾詠立传，但他有《南坞集》传世，而陈星聚没有著作，有关他的记载也只是一鳞半爪，语焉不详。作为史学工作者，我很想给陈星聚写一本传记，但手头没有足够的资料，这一计划遂告搁浅。这大概就是孔子说的，"文献不足故也，足，则吾能征之矣"的原因吧。

　　中国河洛文化研究会申请到了国家社科基金项目，要出版一套丛书，《台北知府陈星聚评传》便是其中的一本。因为我是临颍县人，主持这套丛书编纂事宜的杨海中先生说，"君自故乡来，应知故乡事"。这本书就交给你了。其实海中先生也是临颍人，他当时正在撰写另一本书，无暇分身，我自然义不容辞，只能答应下来。2009 年春季，我回临颍县参加陈星聚学术研讨会，见到了谭建昌先生的《台北知府陈星聚》一书。那本书洋洋洒洒，有 40 余万字，未正式出版，只作为临颍县政协的文史资料梓行。作者孜孜矻矻，花了几年功夫，搜集了许多资料，才写成了这本传记，他为此付出的劳动，应该给予肯定。但是作者未按人物传记的游戏规则来写，大大降低了该书的学术价值。人物传记之类的书籍出得可谓多矣,20世纪有四大人物传记名著:梁启超的《李鸿章传》、吴晗的《朱元璋传》、林语堂的《苏东坡传》、朱东润的《张居正大传》,这些书中所写的内容字字有来历,句句有出处,叙述的每一件事都经得起推敲。而这一点正是《台北知府陈星聚》一书的不足。本书即是为补苴罅漏而作。

"上穷碧落下黄泉,动手动脚找东西。"这是史学大师傅斯年提出的治学主张。我虽然竭力搜寻有关陈星聚的史料,但总是不尽人意,要写成一篇长论文,尚不能敷衍成篇,遑论写书!就在我左支右绌之际,河南省社会科学院李乔研究员送来了他搜集到的陈星聚任台湾淡水同知和台北知府时的档案资料,这些档案绝大部分庋藏于台湾,大陆不易看到。读着这一批弥足珍贵的资料,我不禁有了当年杜甫"漫卷诗书喜欲狂"的感慨。这些档案资料大多是陈星聚办案时的来往公文,涉及社会生活的方方面面,从公文的批示里我们看到了陈星聚是一个鞠躬尽瘁、精忠报国的官吏,他为官二十余年,宦囊萧然,两袖清风,一尘不染,直至积劳成疾,疽发于背,乘鹤西去。他是晚清不可多得的良吏,他的事迹堪与北宋的范仲淹相伯仲。范仲淹在历史上从未受到过訾议,毛泽东说:"中国历史上不乏建功立业之人,也不乏以思想品行影响后世之人。前者如诸葛亮、范仲淹,后者如孔、孟等人。但两者兼有,即办事兼传教之人,历史上只有两位,即宋代的范仲淹与清代的曾国藩。"范仲淹当过参知政事,职高位崇,他逝世不久便有人为他写年谱,又有文集传世,因而名满天下。陈星聚只是四品官,逝世后才追赠为三品官,他没有范仲淹的际遇、名声,也没有著作流传,因此他没有范仲淹显赫,也就在情理之中了。

陈星聚逝世已近一个半世纪之久,但他那恫瘝在抱,为民请命的情怀和抵御外侮、殒身不恤的品格今天仍然有借鉴意义。弘扬陈星聚精神,传承优秀传统文化,这就是我写这本小书的初衷。

本书在写作过程中,承蒙陈星聚的玄孙、在临颍县教育局供职的陈文寄来图片,使本书增色不少。我的学生:临颍县第一高级中学高级教师李韧,中共临颍县委宣传部副部长兼临颍县文化广播电视旅游局局长、党委书记张辉,还有我的儿子任伟亮、儿媳王春丽、女婿杜晓宁,都曾为本书出过力,使本书得以早日完稿。在这里谨致谢忱!